de Barbecue bijbel

de Barbecue bijbel

de complete gids voor barbecuen en grillen

Linda Tubby redacteur: Jan Cutler

Veltman Uitgevers

Oorspronkelijke titel: 180 barbecues

Uitgever: Joanna Lorenz
Hoofdredacteur: Helen Sudell
Redacteur: Jan Cutler
Projectmanager: Catherine Stuart
Productiemanager: Steve Lang
Ontwerp cover: Lisa Tai
Ontwerp binnenwerk: Adelle Morris en Diane Pullen

Redactie en productie: Textcase, Utrecht
Vertaling voor Textcase: Cornelis van Ginneken

ISBN: 978 90 483 0330 4

Voor meer informatie: www.veltman-uitgevers.nl

OPMERKINGEN
Voor alle maten geldt:

1 el = 15 ml
1 tl = 5 ml

De voedingswaarde van elk recept is berekend per portie, tenzij anders vermeld. Als het recept voor '4-6 personen' is, dan geldt de voedingswaarde voor de kleinste portie, in dit geval 6 personen. Bij de natriumwaarde is geen rekening gehouden met het naar eigen smaak toegevoegde zout. Gebruik middelgrote eieren, tenzij anders aangegeven.

Op de cover: Steak op ciabatta. Recept op bladzijde 142.

INHOUD

INLEIDING

Boven: Draai voor smakelijke snacks gehakt met kruiden en noten tot balletjes en gril ze aan een stokje.

De zon schijnt, het is warm en u hebt zin om buiten te eten: dat wordt een barbecue! Eten in de openlucht is nergens mee te vergelijken, zeker als het voedsel wordt bereid op open vuur. Een barbecue is een behaaglijk en sociaal gebeuren, geliefd bij kinderen en volwassenen en kan thuis in de tuin net zo heerlijk zijn als op het platteland of het strand.

DE WORTELS VAN DE BARBECUE

Niemand weet precies waar het woord 'barbecue' vandaan komt, maar het is halverwege de 17e eeuw waarschijnlijk afgeleid van het Spaanse woord 'barbacoa', dat oorspronkelijk 'houten frame op poten' betekende. Dat zou zijn gebruikt om vlees te roken, wat de Caraïbische Arawak-indianen later leerden aan de Spaanse zeelui.

Barbecueën is in elk geval al heel lang populair in Amerika. Al vóór de Burgeroorlog roosterden mensen in het zuiden bij sociale gelegenheden buitenshuis varkens. Begin 19e eeuw kookten de cowboys op de veeranches taaiere vleessoorten enkele uren op een open vuur en in de loop van deze eeuw gebruikten kerken en politieke partijen barbecues als een goede manier om mensen bijeen te krijgen. Maar na verloop van tijd is de barbecue zelfs in koudere klimaten echt helemaal bij de zomer gaan horen: gezellig samen met anderen buiten eten in openlucht. Als u met familie eet, is iedereen erbij betrokken, zelfs als de kinderen elders spelen en rondrennen terwijl de ouders koken en genieten van een ontspannen drankje.

Zoals er barbecues in alle maten en voor elke beurs zijn, is er ook één voor elke gelegenheid, zodat u ook buiten kunt koken als u vrij weinig ruimte hebt, zolang u de barbecue maar niet op onveilige plek zet, zoals onder een garagedeur of een carport, of binnen 3 meter van het huis.

Koken op open vuur stamt uiteraard uit het verre verleden van onze voorouders, maar is ook nog steeds een essentieel onderdeel in de culinaire cultuur van diverse landen over de hele wereld. In warmere klimaten vindt het dagelijks koken om verschillende redenen buiten plaats, met name omdat de hitte (en de rook) het binnenshuis koken ondraaglijk maken. Zodra het koken naar buiten wordt verplaatst, krijgt het een compleet andere dimensie. Het wordt iets sociaals en dat is waarschijnlijk ook het belangrijkste aspect van barbecueën: samen zijn en kletsen, omringd door het aroma van op houtskool bereid voedsel. En omdat de sappen van het voedsel op de kolen druipen en voor aromatische rook zorgen, heeft het die speciale, smaakprikkelende geur. De geur is zo heerlijk en buiten eten is zo plezierig dat de trek echt wordt gestimuleerd. Zorg dus dat u voldoende in huis hebt, als u een barbecue geeft!

MODERNE BARBECUES

Barbecuetechnieken zijn in de loop van de tijd veranderd en moderne barbecues zijn efficiënter geworden. Veel barbecues hebben bijvoorbeeld een deksel, wat zorgt voor een gelijkmatige temperatuur voor zowel kleiner voedsel als voor hele bouten. Sommige barbecues hebben ook een draaispit en als u geen viezigheid van houtskool wilt, kunt u uit allerlei modellen op elektriciteit of gas kiezen.

EEN BARBECUESTIJL ONTDEKKEN

Een barbecue kan een heerlijk spontaan gebeuren zijn met snel voorbereid en gebakken voedsel. Kies simpele recepten, misschien iets met een grillpan, voor zo'n snelle, leuke en probleemloze barbecue. Grillpannen zijn ideaal voor de spontane barbecue, maar ook voor

Onder: Gebruik aromatisch hout om een rokerig aroma te geven aan gegrild voedsel.

voorgerechten of hapjes, zodat het hoofdgerecht kan worden bereid als de hitte wat minder intens is. Tips en technieken als deze worden verderop uitgelegd.

Koken voor een groot gezelschap vraagt om een zorgvuldige planning, zodat alles soepel verloopt. Doe alle voorbereidingen vooraf en als u niet thuis kookt, moet alles eenvoudig te vervoeren zijn naar de picknickplek. Zorg dat u voldoende apparatuur hebt, voor zowel het vervoeren als koel houden, en schone spullen voor het eenmaal bereide eten. Houd zo mogelijk een grillpan achter de hand: het is niet alleen een substituut bij regenachtig weer, maar ook ideaal voor het grillen van voedsel als de kolen nog erg heet zijn.

WEES AVONTUURLIJK

Als u eenmaal weet hoe veelzijdig uw barbecue kan zijn, kunt u genieten van een wereld aan verschillende smaken en texturen. U kunt niet alleen uw favoriete burgers bereiden en andere snelle, eenvoudige maar niettemin heerlijke maaltijden, maar ook smakelijke spiesen, steaks, vispakketjes in folie, hele kippen en gegrilde hoofd- of bijgerechten van vlees, vis en groenten – op tal van manieren gekruid. En als u gezond en fit wilt blijven, kan barbecue-eten ook gezond en vetarm worden gehouden door oliehoudende marinades te vervangen door vetarme, de olie te nevelen en door mager vlees of dito vis te kiezen.

Het mooie van de recepten in dit boek is dat u ze ook binnenshuis kunt bereiden, onder een grill, in de oven of zelfs op het fornuis, zodat u ook in de winter kunt genieten van een aantal stevige barbecuegerechten. U moet natuurlijk nooit een barbecue binnenshuis gebruiken, tenzij hij daar speciaal voor is ontworpen, zoals sommige elektrische.

Gebruik dit boek als hulp bij het kiezen van de juiste barbecue voor de juiste gelegenheid en om de basis te begrijpen van opstelling en koken. Door te experimenteren met de vele bereidings- en kookmethoden op de volgende bladzijdes zult u een veelzijdige kok worden, die kan experimenteren met nieuwe smaken en voedsel fraai kan presenteren. Er staan recepten in van over de hele wereld, met veel nuttige tips, zodat u zo veel mogelijk informatie ter beschikking hebt om van uw barbecue een succes te maken.

Boven: Gegrilde groenten zijn een ideale toevoeging aan salades.

Onder: Takjes kruiden kunnen worden gerookt op de kolen voor extra smaak.

Succesvol barbecueen

Barbecueën moet altijd zo ontspannen mogelijk zijn. De essentie is tenslotte dat u de simpelste apparatuur gebruikt voor een smakelijk maal in de tuin, op het strand of het platteland. Een wegwerpbarbecue of een oud grillrooster op het strand kan al volstaan, maar als u vaker wilt barbecueën, of grotere stukken vlees of gevogelte wilt bereiden, is het de moeite waard om wat meer te weten over de verschillende soorten barbecues. In dit deel behandelen we barbecues op kolen, gas en elektriciteit, met tips over hoe u ze het best kunt gebruiken en de extra uitrusting die u nodig hebt voor makkelijk en veilig buiten koken. Het bevat ook tips over welk voedsel u het best kunt kopen en hoe u dat bereidt, technieken en recepten om voedsel extra smaak te geven met marinades of gekruide boter en advies over hoe u minder vet, maar toch smakelijk eet. En met een handige bereidingstijdentabel voor de juiste kooktijden bent u helemaal klaar om u te wagen aan de schitterende selectie recepten in dit boek.

DE KEUZE VAN DE BARBECUE

Barbecueën zorgt voor een heerlijk rokerige smaak, maar het is niet de houtskool die de smaak geeft. Bij de bereiding komt vet vrij dat op de hittebron druipt. Dit veroorzaakt rook die doordringt in het voedsel. Als u het voedsel eerst marineert in kruiden, of in specerijen en olie, draagt dat ook bij aan de smaak, net als aromatische houtsnippers of kruiden die u op de houtskool strooit of in een rookbox doet bij een gasbarbecue.

De belangrijkste overweging bij de keuze van een barbecue is de vraag hoe vaak u hem denkt te gaan gebruiken. Als u regelmatig met het gezin buiten eet of tuinfeesten geeft, is een grotere geschikt. Als u echter meer van het spontane moment houdt en hem vooral gebruikt op het strand of bij een picknick, dan hebt u iets draagbaars nodig. En zo'n kleinere soort is ook perfect als u thuis af en toe barbecuet. Bedenk dat grote barbecues op een droge plek opgeslagen moeten worden als ze niet in gebruik zijn, dus daar hebt u een schuur of een hoekje in de garage voor nodig.

HOUTSKOOLBARBECUES

Er zijn in wezen drie basistypes houtskoolbarbecue. Tot de eerste categorie hoort de kleine en compacte Japanse hibachi, in feite een bak op korte poten met een rooster onderin voor de kolen. Er zijn verschillende uitsparingen voor het rooster, zodat de hoogte boven de hittebron kan worden gevarieerd. Bij sommige modellen kan aan de achterkant een deksel worden opengeklapt als windscherm. Dichtgeklapt is het geheel dan makkelijk te vervoeren.

Ook kleine wegwerpbarbecues horen tot deze categorie. Ze bevatten hun eigen kolen onder een grillrooster. De hitte kan niet worden geregeld, dus u moet het voedsel continu

Boven: U kunt een oud grillrooster gebruiken voor een geïmproviseerde strandbarbecue.

in beweging houden en u kunt het best voedsel kiezen dan snel klaar is voor deze eenvoudig draagbare alles-in-één barbecues die slechts één keer worden gebruikt.

De tweede categorie is de barbecue op hoge poten, die normaal bestaat uit een open bak op een standaard en met een windscherm aan de achterkant. Ook de rvs-barbecue op een voetstuk valt in deze categorie. Die bestaat uit een zuil waarin kranten worden gestopt onder een kom met de kolen en een grillrooster. Als het papier wordt aangestoken, ontbranden meteen de kolen. Hoewel dit soort barbecues stijlvol oogt, moet u wel bedenken dat de zuil erg heet wordt en stabiel en waterpas op een niet-brandbare ondergrond moet staan.

Ook de komvormige barbecue, of pot-oven, valt in deze categorie. Hij is gemaakt van gietijzer en heeft luchtgaten om het brandproces te bespoedigen. De kolen zijn in 30 minuten klaar voor gebruik. Het rooster kan op verschillende hoogten worden gezet.

De derde categorie is de ketel-barbecue, die is gemaakt van staal en meestal rond is. Hij heeft een los deksel en er zitten zowel luchtgaten in de bak als in het deksel. Ketelbarbecues zijn er in tal van maten en de kleinere zijn draagbaar. Omdat hij een deksel heeft is het waarschijnlijk de efficiënste barbecue, omdat er zowel direct boven de kolen kan worden geroosterd als indirect (met de kolen aan weerszijden van een druipschaal) zodat grotere stukken vlees, zoals een hele kip, gebraden kunnen worden. Met het deksel erop gaart het voedsel gelijkmatig in de hitte rondom en dat komt zowel het indirect als direct roosteren ten goede.

GAS EN ELEKTRISCH

Als u niet zo dol bent op 'dat gedoe met houtskool', dan is gas of elektrisch waarschijnlijk een betere keuze, want die barbecues zijn makkelijk en efficiënt in gebruik. Met een gasbarbecue krijgt u hetzelfde barbecue-aroma en dito smaak omdat de sappen uit het voedsel op de keramische blokjes, de hete

Links: De Japanse hibachi-barbecue is klein, goedkoop en ideaal voor een geïmproviseerd maal thuis of voor als u een uitstapje plant.

Boven: Lichtgewicht barbecues zijn populair bij wie een draag- en opvouwbare barbecue wil. Door de hoge poten is hij handig voor de kok.

lavastenen of geëmailleerde stalen spijlen vallen. Eenmaal aangesloten op een gasfles zijn ze met een draai van de knop aan te steken. Er zijn zowel kleine draagbare als tafelhoge versies die makkelijk te verplaatsen zijn op een verrijdbaar onderstel.

De hitte van een elektrische barbecue komt van verhitte elementen onder het rooster. Elektrische barbecues zijn waarschijnlijk het makkelijkst te gebruiken en zijn vrijwel meteen heet. Door het ontbreken van rook zijn het de enige barbecues voor binnenshuis gebruik. Ze zijn snel en schoon, maar doorgaans kleiner dan een gasgril. Bedenk dat u wel een verlengsnoer voor buiten nodig hebt.

UITRUSTING

Voor veiligheid en kookgemak moet u gereedschap met lange handvatten kiezen. Hier volgt een aantal nuttige items.

Kwast

Behalve een kwast met een lang handvat voor het bedruipen kunt u ook een 'kruidenkwast' maken door takjes tijm, laurier, rozemarijn of salie samen te binden om smaak aan voedsel te geven. Dompel ze eerst een paar uur in olie om de olie smaak te geven.

Schalen

Gebruik voor het marineren ondiepe, niet-roestende schalen die groot genoeg zijn om het voedsel er in één laag in te leggen (gebruik geen aluminium of ijzer).

Druipschalen

Leg bij het koken met indirecte hitte een metalen druipschaal onder het voedsel om de sappen op te vangen. U kunt wegwerpschalen nemen of ze zelf maken van dik aluminiumfolie.

Folie

Als uw barbecue geen deksel heeft, kunt u er zelf een maken van dik aluminiumfolie. Gebruik gewone folie voor het inpakken van voedsel in een pakketje. Als u een hol pakketje maakt, kunt u vlees, vis en groente er zachtjes in laten stomen; erg handig ook bij kwetsbaar voedsel, zoals zaken met een vulling.

Boven: Maak holle foliepakketjes om delicaat voedsel als gevulde groente te stomen.

Vork

Gebruik een vork met lang handvat voor het optillen van grote stukken vlees van de barbecue.

Handschoenen of wanten

Kies voor de beste bescherming ovenwanten met een lang mouwstuk.

Grillpan

Een gietijzeren grillpan maakt het bereiden van kleine zaken op de barbecue makkelijker. Omdat hij hoog vuur nodig heeft, kunt u hem het best gebruiken als de kolen nog branden (of het vuur hoger zetten bij gas of elektrisch).

Roosters

In roosters met een scharnier kunt u burgers, vis en kleine zaken vastklemmen. Ze zijn er in tal van vormen, maken het omkeren makkelijk en houden voedsel intact dat anders wellicht uit elkaar zou vallen.

Onder: Een grote houten of metalen spatel is handig om voedsel om te keren.

Boven: Metalen spiesen kunnen het voedsel bij de bereiding op zijn plaats houden.

Spiesen

Kies een reeks spiesen van verschillende dikte en lengte. Neem platte metalen spiesen, want dan draait het voedsel niet rond bij het omkeren. U kunt ook cocktailprikkers en bamboestokjes gebruiken, maar leg die dan wel altijd eerst 30 minuten in water.

Spatel

Een brede spatel of pizzaschep met een lang handvat is handig voor het omkeren van platte producten, zoals steaks.

Tang

Gebruik één tang voor de kolen, één tang voor rauw voedsel en weer een andere tang voor bereid voedsel.

Staalborstel

Gebruik een harde staalborstel om het rooster na gebruik schoon te maken. Borstel schoon met veel heet zeepsop.

Onder: Gebruik een lange tang voor het schikken van de kolen.

DE BARBECUE VOORBEREIDEN

Zorg dat u alles bij de hand hebt als u begint, inclusief noodvoorzieningen – zie de Veiligheidstips hiernaast.

BEGINNEN

Zorg altijd eerst dat de barbecue stabiel staat. Controleer bij een gasbarbecue of er voldoende gas in de fles zit en volg nauwkeurig de gebruiksaanwijzing. Als hij eenmaal aan staat, is hij in zo'n 15 minuten klaar voor gebruik. Zorg dat een elektrische barbecue veilig en uit de buurt van water is aangesloten voor u hem aanzet.

Bij het aansteken van houtskool-barbecues komt wat meer kijken. Begrip van de eigenschappen van verschillende brandstoffen vergroot de kans op succes. Houtskool en houtskoolbriketten zijn de gebruikelijkste brandstoffen en zijn ideaal voor elk gebruik; hout is wat lastiger in het gebruik.

Houtskool is meestal gemaakt van zachthout en bevat brokken van verschillende grootte, maar de grootste stukken zijn het best. Het is makkelijker aan te steken dan briketten, maar brandt doorgaans ook sneller op. Houtskoolbriketten branden langer, met een minimum aan geur en rook, al doen ze er soms lang over om te ontbranden. Gebruik houtskool uit duurzaam beheerde bossen. Controleer hiervoor het keurmerk van de FSC ('Forest Stewardship Council'). Zelfontbrandend houtskool of dito briketten zijn behandeld met een ontvlambare substantie. Wacht voor het bakken altijd tot de aanmaakstof is uitgebrand, anders kan de geur het voedsel aantasten.

Hout

Hardhout, zoals eiken-, appel-, olijven- en kersenhout zijn het beste voor de barbecue, want die branden langzaam, met een aangenaam aroma. Zachthout brandt te snel en geeft vonken en rook. Hout kan worden gebruikt om het vuur aan te maken of om aroma te geven, maar omdat het meer zorg vraagt, is het meer geschikt voor spontane strandbarbecues dan voor tuinfeesten.

Vuurstarters

Kies alleen geurloze aanmaakblokjes en duw ze tussen twee stukken brandstof. Gebruik een lange lucifer om ze aan te steken. Als uw vloeistof of brandgel gebruikt, spuit of knijp het dan over de koude brandstof, laat een paar minuten rusten en steek, volgens de gebruiks aanwijzing, aan met een lange lucifer.

Aromaten

U kunt houtmot of kruiden toevoegen aan de kolen voor een aangenaam aroma.

Onder: Vul een vuurschoorsteen eerst met papier.

Onder: Steek het papier aan met een lange lucifer en de houtskool zal snel ontbranden.

Boven: Gebruik altijd een lange lucifer of lont om een barbecue aan te steken.

Verdeel direct over de kolen tijdens de bereiding of leg in een druipschaal onder het grillrooster. Probeer appel- of eikenschilfers (voor gebruik 30 minuten in water zetten), die verkrijgbaar zijn bij tuincentra, of strooi wat takjes jeneverbes, rozemarijn, tijm, salie of venkel op het vuur.
Bij een gasbarbecue doet u ze in een rookbox, die u aan één kant op het grilrooster plaatst.

EEN HOUTSKOOLBARBECUE AANSTEKEN

1 Spreid een laag hout, houtskool of briketten van zo'n 5 centimeter dik op het vuurrooster. Stapel de brandstof in een kleine piramide in het midden van het rooster. Gebruik eventueel kranten of aanmaakhout onder de stapel of steek twee aanmaakblokjes in het midden van de piramide. U kunt ook, volgens de gebruiksaanwijzing, aanmaakvloeistof of -gel over de brandstof gieten en dan 1 minuut wachten.

2 Steek aan met een lange lucifer of lont en wacht tot de kolen zijn bedekt met grijze as; dit duurt zo'n 25 minuten. (Als de kolen rood gloeien met een beetje witte of grijze as kunt u voedsel met korte bereidingstijd snel dichtschroeien, als u uw steaks graag 'rood' eet bijvoorbeeld, maar voor de meeste andere producten is grijze as nodig.)

3 Gebruik een tang om de kolen te schikken. Voor het bakken op direct vuur spreidt u ze gelijkmatig over het vuurrooster; voor indirecte hitte schuift u ze naar één kant of maakt u ruimte in het midden voor een druipschaal.

4 Plaats het grillrooster boven de hete kolen en laat het 10 minuten opwarmen voor u voedsel toevoegt.

EEN VUURSCHOORSTEEN GEBRUIKEN

Met een metalen buisvormige vuurschoorsteen is het vuur makkelijk aan te steken. Zet de schoorsteen op het vuurrooster en vul met kranten. Stapel kolen op het papier. Steek het papier aan met een lange lucifer en laat de kolen ontbranden. Als de bovenste kolen een laagje as hebben, tilt u de schoorsteen weg. De kolen zullen zich dan gelijkmatig over het rooster verspreiden.

SCHOONMAKEN

Borstel het grillrooster met een staalborstel als het na gebruik nog warm is; zet de gasbarbecue eventueel opnieuw aan om het rooster weer op te warmen. Bij houtskoolbarbecues borstelt u het rooster als de kolen nog warm zijn. Borstel bij nieuw gebruik opnieuw grondig af.

Zorg dat gas of elektra zijn afgesloten. Als uw barbecue een deksel heeft, sluit dit dan, evenals de luchtgaten. Zorg er op het strand voor dat alle kolen zijn gedoofd voor u vertrekt.

Onder: Controleer of grote stukken vlees gaar zijn door er voorzichtig in te prikken.

OPSLAG

Er zijn plastic hoezen te koop ter bescherming van houtskool- en gasbarbecues. Dit soort hoezen biedt echter maar beperkte bescherming, zeker als een barbecue maanden buiten staat. Zorg er bij de winteropslag voor dat de apparatuur grondig is schoongemaakt en gedroogd en sla hem droog op, op een zolder of in een kelder.

De temperatuur regelen

Bij gas en elektrisch hoeft u alleen maar aan een knop te draaien voor het regelen van de hitte: hoog, halfhoog of laag. Bij houtskool zijn er drie basismanieren om de temperatuur te regelen:

1 Zet het rooster hoger voor langzaam bakken; gebruik de onderste stand voor dichtschroeien.

2 Schuif de kolen uiteen voor minder hitte; schuif ze opeen voor meer hitte.

3 Open de luchtgaten om het vuur aan te wakkeren; sluit ze om de hitte te temperen.

Veiligheidstips

- Zorg dat de barbecue stevig en waterpas staat voor u hem aansteekt. Verplaats nooit een brandende barbecue. Zet de barbecue niet bij bomen of struiken en beschut hem tegen de wind.
- Lees de gebruiksaanwijzing van uw barbecue, want voor sommige soorten is maar één soort brandstof geschikt.
- Giet nooit brandbare vloeistof, zoals aanstekervloeistof, op de brandende barbecue.
- Doof een steekvlam door het deksel en alle luchtgaten te sluiten of zet een gasbarbecue uit.
- Gebruik een brandblusser of een emmer zand als het uit de hand loopt. Gebruik geen water.
- Houd kinderen en huisdieren uit de buurt van het vuur.
- Houd een eerstehulpdoos onder handbereik. Houd verbrande huid meteen onder koud water.
- Gebruik altijd gereedschap met lange steel en ovenhandschoenen of -wanten.
- Als u een koeken- of grillpan gebruikt op de barbecue, neem er dan een met metalen steel.
- Houd rauw voedsel gekoeld tot u het bereidt. Een koeltas is handig als u niet thuis kookt. Houd rauw en gaar voedsel gescheiden.
- Zorg dat vlees goed gaar is, zonder een spoortje roze in de sappen. Test dit door in het dikste deel van het vlees te prikken; het sap moet doorzichtig zijn.
- Was uw handen na aanraking van rauw vlees voor u ander voedsel aanraakt. Gebruik verschillend gereedschap voor rauw en gekookt voedsel en leg nooit gekookt voedsel terug op een bord waarop rauw voedsel heeft gelegen.
- Snijd overtollig vet van het vlees en gebruik niet te veel olie in marinades want vet kan gevaarlijke steekvlammen veroorzaken.

INGREDIENTEN EN SMAAKMAKERS

Gebruik voor de smakelijkste barbecue altijd verse ingrediënten. Het meeste voedsel zult u vers moeten inkopen, al zijn er ook paar essentiële zaken uit de voorraadkast en producten uit de diepvries.

VERSE PRODUCTEN

Supermarkten leveren tegenwoordig wel de meeste verse producten die u nodig hebt, maar voor excellente kwaliteit moet u toch bij goede visboeren en slagers zijn. Vis van de visboer moet supervers zijn en de visboer zal de vis voor u schoonmaken en fileren. Probeer voor de beste smaak zo mogelijk biologisch vlees, gevogelte en dito groenten te kopen. Overweeg een abonnement op een wekelijks biologisch groentepakket en sommige biologische winkels hebben ook fruit, zuivel, vlees en gevogelte.

Barbecueën is een avontuur in smaakcombinaties, dus verse kruiden zijn een must. Supermarkten verkopen nu vele soorten, maar u kunt ook grote bossen kopen bij de groenteman of op de markt.

Onder: Gebruik pitabrood voor smakelijke hapjes. U kunt pita's ook grillen op de barbecue.

Boven: Kies de verste ingrediënten voor de best mogelijke smaak.

U kunt ze ook zelf proberen te kweken; zelfs een paar planten in potten of in een bak achter het raam zijn al handig om altijd een vers en smaakvol verschil mee te maken. Sommige, wat ongebruikelijker smaken zijn ook geschikt voor de barbecue. Lavendel bijvoorbeeld is heerlijk bij kip en lam en combineert prachtig met zomerfruit als bosvruchten.

Salades zijn ideale en frisse bijgerechten bij de barbecue en kunnen tal van slasoorten bevatten, zoals mizuna en rucola. Kies gemengde sla bij uw biologische groenteman of supermarkt. Neem voor de volste smaak tomaten die aan de tak zijn gerijpt; de zomer is hier de beste tijd voor. Kerstomaatjes zijn ideaal voor salades en een combinatie van geel en rood zorgt voor een kleuraccent. Experimenteer met smaakcombinaties en texturen: rode ui en felgekleurde paprika's, knapperige taugé, sappige komkommer, peperige waterkers en bitter lof.

Denk als begeleiding van uw barbecue aan plat brood, zoals pitabrood. Dit boek

> **Probeer iets nieuws**
> Kijk eens rond in oosterse winkels, voor andere, ongewone smaken als ras-el-hanout, sumak en rozenblaadjes. Ga dan ook meteen op zoek naar bananen- of pandanbladeren, want daar kunt u mooie pakketjes mee maken om voedsel in te stomen en sappig te houden.

Onder: Met pandan- en bananenbladeren maakt u geweldige barbecuepakketjes en blijft het verpakte voedsel sappig.

bevat een paar handige broodrecepten, maar als u weinig tijd hebt, kunt u het ook vers inkopen. Pita's kunt u snel opwarmen op de grill, het zijn handige envelopjes om gegrilde hapjes in te stoppen en kinderen zijn er dol op. Ook wraps van maïs- en tarwetortilla's zijn handig en kunt u bewaren in de vriezer, net als ciabatta-brood. U kunt ook een snel voorgerecht serveren van op de grill geroosterde plakken ciabatta met gehakte tomaat, olijven en olie die u in een grillpan hebt gebakken.

IN VOORRAAD

Veel barbecuevoedsel wordt eerst gemarineerd en meestal is olie een van de ingrediënten, dus houd een goede olijfolie in uw voorraadkast. Chili-olie en andere gekruide oliën zijn ook handig om smaak te geven aan voedsel en kunt u ook zelf maken: vul een potje voor de helft met gewassen en gedroogde verse kruiden, zoals rozemarijn of basilicum, of een rood pepertje. Zet onder de olijfolie, sluit het potje af en zet 3 dagen op een koele, donkere plek. Zeef de olie in een schoon potje of flesje en gooi kruiden of pepertje weg.

Zorg ook voor een paar verschillende soorten azijn – wijn-, cider-, rijst-, frambozen- en balsamico-azijn zijn handig – want ook die worden zowel in marinades als dressings gebruikt. Voor sterke smaken als tamari en shoyu moet u in Aziatische toko's zijn en voor kruidenmengsels als ras-el-hanout gaat u naar de Marokkaanse winkel.

SMAAK TOEVOEGEN

Kruiden, specerijen en aromaten als knoflook en citroengras geven extra dimensie aan de barbecue. Ze kunnen worden gebruikt in een vulling, een rub of een glazuur en er is een verbluffend scala aan smaakvolle combinaties. Anders dan marinades, waarin het voedsel trekt, worden rubs vlak voor de bereiding aangebracht en wordt het voedsel pas aan het eind bestreken met een glazuur.

VIS EN ZEEVRUCHTEN

Een hele vis is geweldig om te vullen. Stop bijvoorbeeld citroen- en limoenschijfjes, in combinatie met wat

Boven: Combinaties van gemengde specerijen kunt u als rub voor het vlees gebruiken.

peterselie, dille, venkel of laurier, in de schoongemaakte vis. Deze smaken complementeren de delicate smaak van de vis, zonder hem te overweldigen.

Eenmaal gevuld kan de vis in folie worden verpakt voor het barbecueën. Dan kunt nog extra smaken toevoegen in het pakket. De sterkere smaak van basilicum is met name geschikt voor vette vis als forel of makreel en combineert goed met citroen. Vergeet bij het vullen niet de holte ook te kruiden.

VLEES EN GEVOGELTE

Net als vis zijn kleine vogels, zoals kwartels of piepkuikens, heel geschikt om te vullen en te braden op de barbecue. Gebruik prikkers om de vulling op zijn plaats te houden of verpak ze in aluminiumfolie. Een andere populaire manier om een smaakkick te geven is een droge rub of een kleverig glazuur. De sterkere smaken van het voedsel doen het goed met robuuste aromaten als gekneusde komijnzaden of peperkorrels, maar ook met wat delicatere. Probeer de volgende combinaties voor vleesgerechten:

Cajunkruidenrub voor steaks en kip

Meng 1 theelepel elk van gedroogde tijm, oregano, fijngemalen zwarte peperkorrels, zout, gekneusd komijnzaad en heet paprikapoeder. Wrijf de rub op het rauwe vlees of de kip en gaar op de barbecue.

Chilirub voor vlees en gevogelte

Meng 2 theelepels elk van rodepepervlokken, paprikapoeder, fijne

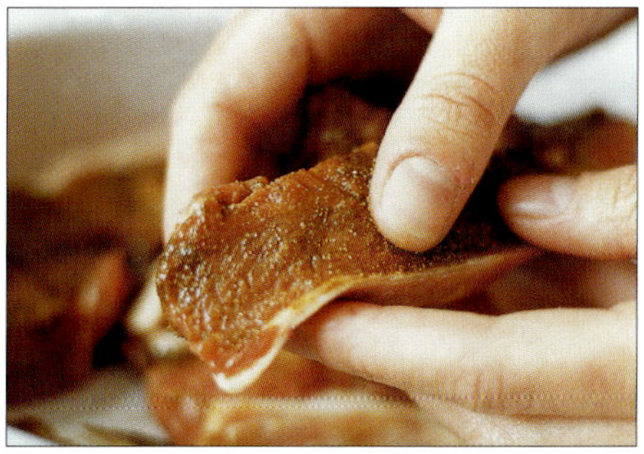

Boven: Wrijf het mengsel met uw vingertoppen op het vlees en braad het naar voorkeur.

tafelsuiker, lichtbruine basterdsuiker, zout en vers gemalen zwarte peper. Voeg 1 theelepel elk van gemalen komijn en cayennepeper toe. Meng en gebruik als rub.

Mild gekruid mosterdglazuur voor kip, varkensvlees en rood vlees

Meng 3 eetlepels elk van Dijonmosterd, vloeibare honing en bruine basterdsuiker met ½ theelepel chilipoeder en ¼ theelepel gemalen kruidnagel. Voeg zout en zwarte peper toe. Bestrijk er het voedsel zo'n 10 minuten voor het eind van de bereidingstijd mee.

Gember-honingglazuur voor kip en varkensvlees

Doe een stukje gember van 2,5 centimeter (geschild en geraspt) in een pan met 6 eetlepels vloeibare honing, 2 eetlepels droge sherry en de gerapte schil en het sap van 1 limoen. Kruid, breng aan de kook en laat 3 minuten trekken. Gebruik als bovenstaand glazuur.

Onder: Kruiden- en chili-olie kunt u makkelijk zelf maken.

MAGISCHE MARINADES

Vlees, gevogelte en vis worden vaak gemarineerd want dat geeft een mooie smaak en malse sappigheid. Gebruik als regel oliehoudende marinades voor droge producten, zoals mager vlees of witvis, en wijn- of azijnmarinades voor vettere zaken. Veel citroen- en kruidenmengsels voor vis doen het ook goed bij kip. Voor het beste resultaat marineert u al een dag van tevoren.

Visfilets kunnen worden gemarineerd in olijfolie met geplette knoflook en de geraspte schil en het sap van een limoen. Een van de snelste marinades voor zalmfilet is wat lichte olijfolie met een gespleten vanillestokje.

Hoeveel hebt u nodig?
De hoeveelheid marinade hangt af van de kwantiteit en het soort voedsel, maar in het algemeen hebt u zo'n 150 milliliter nodig per pond voedsel.

Boven: Marineer voedsel liefst een hele nacht, zodat de smaak optimaal kan intrekken.

Kruidenmarinade voor zalm

Hak de blaadjes fijn van een ruime handvol verse kruiden, zoals kervel, tijm, peterselie, salie, bieslook, rozemarijn en oregano. Meng met 3 eetlepels olijfolie en 2 eetlepels dragonazijn. Voeg een gekneusde teen knoflook toe, 2 fijngesneden lente-uitjes of sjalotjes en wat vers gemalen zwarte peper. Goed mengen.

Sinaasappel-groenepepermarinade voor vis

Meng 1 in ringen gesneden rode ui, 2 kleine sinaasappels (geschild, zonder wit vlies en in plakken), 6 eetlepels lichte olijfolie en 2 eetlepels elk van ciderazijn en uitgelekte groene peperkorrels uit een potje. Voeg 2 eetlepels gehakte verse peterselie toe en een snuf suiker. Goed mengen. (Verpak de vis eventueel in aluminiumfolie en leg de plakjes sinaasappel op de vis.)

Gember-limoenmarinade voor garnalen

Meng 1 eetlepel elk van vloeibare honing, lichte sojasaus en droge sherry. Voeg 2 gekneusde tenen knoflook, een klein stukje gember (geschild en fijngehakt) en het sap van 1 limoen toe.

Rodewijnmarinade voor rood vlees

Meng 150 milliliter rode wijn, 1 eetlepel olijfolie, 1 eetlepel rodewijnazijn, 2 gekneusde tenen knoflook, 2 verkruimelde blaadjes laurier en gemalen zwarte peper.

De kunst van het marineren
Veel barbecuerecepten bevatten marinades, dus het is belangrijk om goed te plannen zodat u genoeg tijd hebt om te marineren. Marinades geven niet alleen smaak, maar maken vlees ook malser en houden voedsel sappig tijdens de bereiding. Pas echter wel op met zout bij marinades, want zout onttrekt de natuurlijke sappen als u te lang marineert. Als u langer dan 30 minuten marineert, volg dan deze richtlijn:

Zout toevoegen
Vlees zout 30 minuten voor de bereiding
Vis en groente zout 15 minuten voor de bereiding

1 Leg het voedsel op een groot bord of een ruime schaal, waar het in één laag op past. (Gebruik altijd een niet-roestende schaal als de marinade wijn, azijn of citrussap bevat.)

2 Meng de ingrediënten voor de marinade grondig.

3 Giet de marinade over het voedsel en keer het om.

4 Dek de schaal af en zet, afhankelijk van het recept, 30 minuten tot enkele uren in de koelkast. In de regel marineert u rood vlees, gevogelte en wild 2 uur op kamertemperatuur of 24 uur in de koelkast. Vis, zeevruchten en groenten moeten tussen de 30 minuten en 2 uur marineren in de koelkast.

5 Keer het voedsel nu en dan om en lepel er de marinade over. Als u lang marineert, voeg dan zout pas toe zoals boven vermeld.

6 Neem het voedsel met een schuimspaan of een tang uit de marinade, laat uitlekken en bewaar de marinade. Laat het voedsel op kamertemperatuur komen voor de bereiding.

7 Als u het voedsel tijdens het koken bedruipt of bestrijkt, moet u de laatste laag op tijd aanbrengen, zodat hij gaar is als u het voedsel serveert.

Lavendel-balsamicomarinade voor lamsvlees

Meng 1 gesnipperde sjalot met 3 eetlepels gehakte verse lavendel en 1 eetlepel balsamico-azijn. Voeg 2 eetlepels olijfolie en 1 eetlepel citroensap toe. Goed mengen. Strooi wat takjes lavendel op het grillrooster voor u het vlees braadt.

Citroengras-limoenmarinade voor kip

Hak 1 stengel citroengras fijn. Klop de geraspte schil en het sap van 1 limoen door 3 eetlepels olijfolie, zwarte peper en het citroengras. Ook lekker bij vis.

Honing-citrusmarinade voor kip

Meng de fijngeraspte schil en het sap van ½ limoen, ½ citroen en een kleine sinaasappel. Voeg 3 eetlepels zonnebloemolie, 2 eetlepels vloeibare honing, 1 eetlepel sojasaus en 1 theelepel Dijonmosterd toe. Kruid met peper. Deze marinade is ook lekker bij vis.

Citroengras-gembermarinade voor kip of varkensvlees

Hak de dikke uiteinden van 2 stengels citroengras fijn en draai in een keukenmachine glad met 2 eetlepels gember in plakjes, 6 gehakte tenen knoflook en 4 gesnipperde sjalotje. Voeg een bosje gehakte korianderwortel, 2 eetlepels elk van Thaise vissaus en lichte sojasaus, 120 milliliter kokosmelk en 1 eetlepel palmsuiker toe. Draai glad.

> **Gebuiken als saus?**
> Als een marinade ook bedoeld is als saus, kunt u het mengsel in tweeën verdelen en de ene helft gebruiken om te marineren of over het voedsel te wrijven als het gaart, of de marinade in zijn geheel in een pan doen en voor serveren minstens 1 minuut laten doorkoken.

Rechts: Kruidenboters zijn een uitstekende snelle saus voor vis. Bereid ze, bewaar in de koelkast en snijd in plakjes als u ze nodig hebt. Ze zijn enkele dagen houdbaar.

Boven: Zwarte olijven doen het fijngehakt erg goed in boter.

BOTERS

Kruidenboters zijn makkelijk te maken en, omdat ze van tevoren worden gemaakt, handig bij etentjes. Doe een klontje kruidenboter op gare vis, vlees, gevogelte of groente. Bij het smelten ontstaat vanzelf een heerlijke saus. Verse aromatische kruiden als dragon en bieslook combineren goed met boter, maar u kunt ook andere ingrediënten gebruiken. Hak eens wat ontpitte olijven fijn of wat ansjovisfilets. Doe alles in een stuk plasticfolie en draai tot een rol. Laat in de koelkast opstijven. Snijd de boter in plakjes en verdeel hem over warm voedsel. De volgende combinaties moeten worden gemengd met 120 gram zachte boter.

Ansjovisboter voor witvis

Spoel 6 ansjovisfilets uit blik af in koud water en dep droog op keukenpapier. Wrijf door een zeef en meng met de boter

Citroenboter voor vis, kip en groente

Meng de geraspte schil van 1 citroen en zout en peper door de boter.

Kruiden- of knoflookboter voor vis, vlees of groente

Hak 50 gram verse kruiden fijn, zoals bieslook, dragon, peterselie, kervel of tijm, of plet 3 tenen knoflook. Meng met de boter en voeg zout en peper toe.

Mierikswortelboter voor rundvlees

Meng 4 eetlepels geraspte mierikswortel in een vijzel door de boter voor een pittige maar toch boterzachte saus.

Mosterdboter voor vlees en vis

Meng 1 eetlepel Engels mosterdpoeder of Dijonmosterd (voor een mildere smaak) door de boter.

Olijfboter voor vis, vlees, gevogelte en groente

Hak 50 gram ontpitte zwarte of groene olijven fijn en meng met de boter en de geraspte schil van ½ citroen.

Barbecuetechnieken

Een geïmproviseerde barbecue kan op het laatste moment en met weinig planning succesvol worden georganiseerd. Als u voor een grote groep kookt of iets speciaals plant, moet u uw menu echter wel zorgvuldig doornemen en georganiseerd te werk gaan, zodat alles soepel verloopt als u gaat koken. Het is de moeite waard om wat basistechnieken en kookprocedures te kennen voor u begint.

VOORBEREIDEN

Voor probleemloos barbecueën bereidt u alles voor, zodat u meteen kunt beginnen als de kolen de juiste temperatuur hebben. Dit betekent dat al het hakken, marineren, vullen en aan spiesen rijgen van te voren gebeurt. Plan uw menu grondig. Een grillpan kunt u bijvoorbeeld het beste gebruiken op de felste beginhitte, dus uw eerste

Boven: Met een paar simpele technieken kunt u de barbecue gebruiken voor allerhande gerechten.

gerecht kan wellicht in de grillpan worden bereid. Vergeet niet bij de voorbereiding om overtollig vet van vlees weg te snijden want dit kan op de kolen druipen en steekvlammen veroorzaken.

Haal het voedsel op tijd uit de koelkast, maar als u diepvrieszeebanket gebruikt, probeer het dan te bereiden als het net is ontdooid en nog vóór de sappen eruit lopen.

DE KUNST VAN HET GRILLEN

De sleutel voor succesvol grillen is om het voedsel net genoeg tijd te geven om de hitte helemaal naar het midden door te laten dringen zonder de buitenkant al te gaar te maken. Schroei voor die heerlijke gekarameliseerde en rokerige smaak eerst het voedsel snel dicht en bak dan verder op lagere hitte.

Een hele vis bereiden voor de grill
Kleine hele vissen zijn ideaal voor de barbecue, met name vette vis als makreel of forel. U kunt uw visboer vragen om ze schoon te maken, maar het is ook makkelijk zelf te doen. Een scharnierrooster is ideaal voor het barbecueën van vis.

1 Snijd de vinnen af en knip de kieuwen weg met een schaar.

2 Houd de vis stevig bij de staart en schraap met de achterkant van een klein mes naar de kop toe om schubben te verwijderen. Spoel af onder koud water.

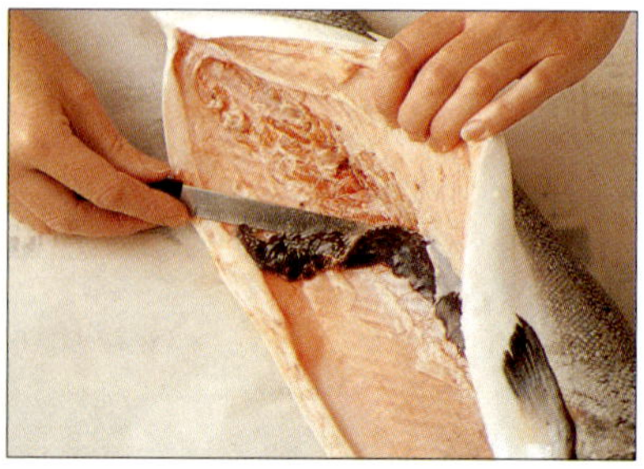

3 Maak een lange snede aan de onderkant, van net onder de staart tot achter de kieuwen, om de buikholte te openen. Gebruik het mes om de ingewanden eruit te halen. Gooi ze weg en spoel de vis met koud water.

4 Wrijf de buikholte van de vis in met zout en spoel opnieuw; dep droog met keukenpapier.

Koken in pakketjes

Delicate producten of voedsel dat langzaam moet garen in eigen stoom kunt u in foliepakketjes doen en die direct op de kolen leggen of op het grillrooster. U kunt ook allerlei smaakmakers in de pakketjes doen.

1 Scheur voor dubbele dikte twee gelijke delen stevig, dik aluminiumfolie af, die groot genoeg zijn om het product in te pakken. Kwast het midden lichtjes in met gesmolten boter of olie.

2 Leg het voedsel midden op het folie en voeg eventuele smaakmakers en peper en zout toe. Vouw het folie over het voedsel.

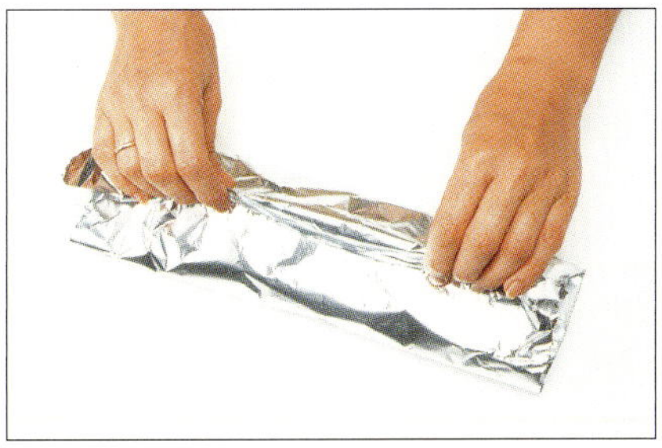

3 Maak een dubbele vouw bovenop zodat de vis zachtjes kookt in eigen stoom.

4 Vouw de uiteinden van het folie toe en zorg dat het pakket volledig is afgesloten, zodat de sappen niet kunnen ontsnappen.

Laat een groot stuk vlees niet te lang op hoog vuur liggen want dan borrelen alle sappen naar buiten. Er vormt zich een dikke, zwarte korst, terwijl de binnenkant koud blijft. Als het vlees dan langere tijd wordt gebraden, zal het taai worden. Als het eenmaal is dichtgeschroeid en goudbruin is, beweegt u het voedsel regelmatig tussen de koudere en hetere delen van de barbecue voor de rest van de kooktijd. Een ketelbarbecue is hiervoor ideaal, want onder het deksel heerst een egale warmte.

Laat vlees en vis voor het serveren even rusten. Ook van het vuur zullen ze nog even doorgaren en vlees moet rusten om de sappen te laten herstellen.

Probeer voedsel niet te vaak om te draaien als het recept zegt dat u het maar één keer moet doen. Kom ook niet in de verleiding om tijdens het koken in het vlees te steken of te snijden, om te kijken of het gaar is, want hierbij ontsnapt vocht. U kunt de gaarheid testen met een prikker. Als het uittredende vocht helder is, is het klaar. Druk er ook niet op met een spatel, want ook dan verliest het sappen.

KOKEN OP DIRECTE EN INDIRECTE HITTE

Hoewel we barbecueën meestal associëren met individuele porties voedsel, zoals steaks, burgers, kleine vissen en kipdelen, kunnen ook grotere delen worden bereid met een barbecue. Sommige barbecues hebben een spit, wat handig is voor het direct boven de kolen braden van hele kippen of grote stukken vlees op hoog vuur. Braad ze anders boven indirecte hitte. Bij houtskool schuift u daarvoor de kolen naar één kant of maakt u in het midden een opening waarin u een druipschaal zet. Het vlees wordt dan boven de druipschaal gelegd. Bij deze methode hebt u wel een deksel of een groot stuk aluminiumfolie nodig. De meeste kleinere producten worden direct boven de kolen bereid (directe hitte). Als u zowel een groot stuk als kleinere stukjes voedsel bereidt, schuift u de kolen naar één kant, zodat het grote stuk aan één kant kan liggen en de kleinere stukken boven de kolen. Gasbarbecues zijn in te stellen op indirecte hitte.

HOE LANG DUURT HET?

Uw rund- en lamsvlees hebt u wellicht liever rosé, maar kip en varkensvlees moeten altijd helemaal gaar zijn, tot de uittredende sappen helder zijn, zonder een spoortje roze. De meeste producten hoeven maar één keer te worden omgedraaid, maar kleinere delen, zoals spiesen of worstjes moeten vaak en regelmatig worden gedraaid voor gelijkmatig garen. Voedsel in folie doet er wat langer over om te garen.

Als u de hoogte van het grillrooster van uw barbecue kunt aanpassen, is dat de eenvoudigste manier om de hitte van de kolen tijdens het koken te regelen. Voor halfhoog vuur zet u het rooster zo'n 10 centimeter boven de kolen. Zet het rooster hoger voor minder hitte en lager voor meer. Als u voedsel op erg hoog vuur wilt dichtschroeien, zoals steaks,

Onder: Deze decoratieve barbecue heeft gleuven voor het grillen van spiesen.

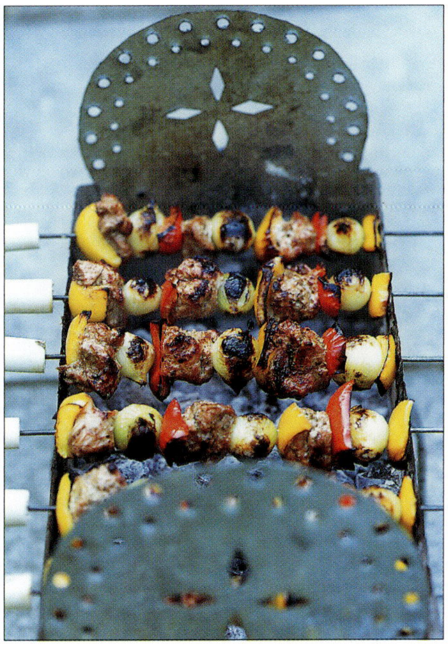

Boven: Vlees kan aan een spit worden bereid op hoog vuur en regelmatig worden bestreken om sappig te blijven.

zet het rooster dan op 4-5 centimeter boven de kolen en bak daarna verder op minder hitte. Als de barbecue luchtgaten heeft, kunt u die ook gebruiken om de hitte te regelen.

De tabel rechts geeft een globale richtlijn voor de bereidingstijd van verschillende soorten vlees, gevogelte en vis.

WANNEER IS HET GAAR?

Behalve dat u in het dikste deel van het vlees kunt prikken, kunt u de gaarheid ook testen door er met uw vinger op te drukken.

- Rood of 'rare' voelt zacht.
- Medium voelt veerkrachtig.
- Door en door gaar voelt stevig aan.

Gebruik voor grote delen vlees een vleesthermometer om de binnentemperatuur te meten: kip is gaar bij 85 °C, rund bij 65 °C, lam bij 60 °C en varken bij 75 °C.

EEN GRILLPAN GEBRUIKEN

Een geribbelde, gietijzeren grillpan is nuttig gereedschap op een hete barbecue. Het is belangrijk dat hij gloeiend heet is en droog als u het voedsel erin legt. Test dit door er een paar druppeltjes water in te laten vallen: die moeten meteen verdampen. Vet het voedsel in en niet de pan, dat geeft minder rook, en dep overtollige marinade weg met keukenpapier. U hebt maar een beetje olie nodig.

Een goed moment om de pan te gebruiken is als de kolen nog roodgloeiend zijn, met slechts een dun laagje as. Gebruik dit moment om dun voedsel dicht te schroeien en temper daarna het vuur.

VETARME BARBECUES

Hoewel barbecuen vaak wordt geassocieerd met machtig voedsel – met name vlees – zijn er ook vele manieren om gezond te koken boven kolen. U moet alleen één of twee vettere ingrediënten in een gerecht vervangen.

GAARTIJDEN

soort voedsel	gewicht of dikte	hitte	kooktijd (totaal)
rundvlees			
steaks	2,5 cm	heet	rare: 5 min.; medium: 8 min.; door en door gaar: 12 min.
burgers	2 cm	heet	6-8 minuten
spiesen	2,5 cm	heet	5-8 minuten
rosbief of lendestuk	1,6 kg	draaispit of indirect halfhoog vuur	2-3 uur
lamsvlees			
plakken lamsbout	2 cm	medium	10-15 minuten
koteletten	2,5 cm	medium	10-15 minuten
spiesen	2,5 cm	medium	6-14 minuten
lamsbout zonder bot	7,5 cm	laag	rare: 40-45 minuten door en door gaar: 1 uur
schouderrollade	1,6 kg	draaispit of indirect halfhoog vuur	1,25-1,5 uur
varkensvlees			
koteletten	2,5 cm	medium	15-18 minuten
spiesen	2,5 cm	medium	12-15 minuten
spareribs		medium	30-40 minuten
worstjes	dik	medium	8-10 minuten
schouder of lende	1,6 kg	draaispit of indirect halfhoog vuur	2-3 uur
kip			
heel	1,6 kg	draaispit of indirect halfhoog vuur	1-1,25 uur
poten of borsten		medium	30-35 minuten
filets		medium	10-15 minuten
drumsticks		medium	25-30 minuten
spiesen		medium	6-10 minuten
piepkuiken, heel	450 g	draaispit of indirect halfhoog vuur	25-30 minuten
piepkuiken, open	450 g	medium	25-30 minuten
eend			
heel	2,25 kg	draaispit of indirect hoog vuur	1-1,5 uur
half		medium	35-35 minuten
filets		medium	15-20 minuten
vis			
groot, heel	2.25-4.5 kg	laag/medium	10 min. per 2,5 cm
klein, heel	500-900 kg	heet/medium	12-20 minuten
sardines		heet/medium	4-6 minuten
vissteaks of filets	2.5cm/1in	medium	6-10 minuten
spiesen	2.5cm/1in	medium	5-8 minuten
grote garnalen, ongepeld		medium	6-8 minuten
schelpdieren, in schelp		medium	tot ze opengaan
grote garnalen, gepeld		medium	4-6 minuten
schelpdieren, zonder schelp of aan spies		medium	5-8 minuten
halve kreeft		laag/medium	15-20 minuten

Boven: Een omgekeerde wok past precies op een klein grillrooster als deksel en bevordert de sappigheid.

Welk voedsel?

Vooral rood vlees, zoals lams- en rundvlees, bevatten veel verzadigd vet en kunt u beter mijden of zo min mogelijk gebruiken als u een vetarm dieet volgt of minder ongezonde (verzadigde) vetten in uw menu wilt. Kip en kalkoen zijn wel mager, op voorwaarde dat u het vel verwijdert. Dat kan eventueel ook na het koken.

Kies bij een vetarm dieet witvis als kabeljauw of zeeduivel, al kan vette vis, die veel gezonde omega-3-vetzuren bevat, ook wel worden opgenomen in de meeste gezondheidsmenu's. Wees creatief met de groentegerechten die u barbecuet, door bijvoorbeeld gemarineerde tofu toe te voegen aan groentespiesen.

Te veel vet vermijden

Beperk olie tot een minimum en gebruik het liefst olijfolie voor marineren en koken. U kunt een recept altijd aanpassen door een minimale hoeveelheid olijfolie aan te vullen met citrussap of magere yoghurt met kruiden. Kwast het voedsel in met de marinade om het sappig te houden, maar doe dit spaarzaam, zodat u niet de olie vervangt die juist is weggedropen. Kwast één keer, vlak voor u het voedsel keert. Knijp er wat citrussap over als het droog wordt. Er bestaan ook spuitbussen met olie, waarmee u een fijn waas van olie kunt aanbrengen.

Barbecue vis op de huid, om hem sappig te houden; die is makkelijk te verwijderen als hij gaar is. Bereid kleine groente, aardappelen en vis in foliepakketjes, zodat het vocht bewaard blijft en u ook niet veel olie nodig hebt.

Gebruik wijn, cider, azijn, citroen- of limoensap voor de sappigheid in plaats van grote hoeveelheden olie. Gebruik echter niet al te veel wijn, omdat de alcohol mogelijk niet voldoende verdampt bij snel bereid voedsel.

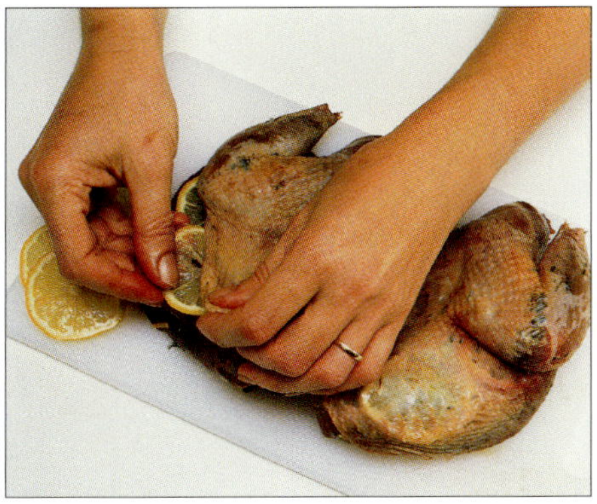

Boven: Vlees en vis vullen met citrus is een goede manier van smaak geven zonder vet.

Smaak toevoegen zonder vet

Het is niet nodig om veel vet te gebruiken om eten smaak te geven. Probeer een rub met kruiden, specerijen en gehakte knoflook op kip zonder vel, of stop kruiden en knoflook onder het vel. Verwijder het vel voor het eten. Probeer mosterdmarinades op kipfilets, om de sappen in te sluiten en pittigheid te geven. Snipper voor een uitgesproken smaak sjalot, ui of lente-ui door marinades.

Pep de smaakpapillen op door een frisse salsa of relish, van fijngehakte vruchten of groente, lente-ui en gehakte verse kruiden, bij de barbecue te serveren. Dat is ook heerlijk in gevulde pitabroodjes. Ook salades met lichte dressings en vetvrije dips zijn lekker bij de barbecue. Volkoren- of pitabroodjes zorgen voor een gezonde, stevige begeleiding en zijn, uiteraard, handig om mee te dippen. Kies magere yoghurt, crème fraîche of zure room voor marinades en dips, die zijn net zo lekker als hun volvette tegenhangers en voorkomen een schuldgevoel.

Onder: Gebruik de gaartijdentabel links om mager vlees naar eigen voorkeur te koken.

VOORGERECHTEN EN HAPJES

Zodra de barbecue oplaait, krijgt iedereen trek in lekker eten. Laat die hongerige mensen dus niet wachten – maak snel wat spannende en avontuurlijke hapjes en voorgerechtjes. Voor veel van de recepten in dit hoofdstuk wordt een grillpan gebruikt, die u op het rooster boven de kolen kunt zetten als die voor het meeste voedsel nog te heet zijn voor direct grillen. Zo'n pan is dus ideaal om te gebruiken bij een net aangestoken barbecue. U zult verrast zijn door de grote variatie aan hapjes die u op de barbecue kunt maken, van minipizza's en gegrilde maïskoekjes tot warme avocado's en allerlei vleesspiesen, plus snel gekookte schelpdieren die nauwelijks voorbereiding vragen. En bedenk dat veel van deze lichte hapjes ook als bijgerecht bij een hoofdmaal kunnen dienen, of perfect zijn voor feestjes.

MAISTOSTADITA'S MET SALSA

DIT IS DE PRECIES DE JUISTE SNACK OM TE MAKEN ALS DE KOLEN NOG ERG HEET ZIJN, WANT ER IS EEN GRILLPAN VOOR NODIG. DE SALSA EN GUACAMOLE ZIJN SNEL TE BEREIDEN EN ZIJN HEERLIJK BIJ DE GESTREEPTE TOSTADITA'S. ZORG DAT DE PAN GOED HEET IS VOOR U DE TOSTADITA'S BAKT.

VOOR 6 PERSONEN

INGREDIENTEN

- 2 el chili-olie
- 1 el zonnebloemolie
- 8 maïstortilla's (in totaal zo'n 300 g)

Voor de salsa

- 4 tomaten
- 2 el gehakt basilicum
- sap van ½ limoen
- 4 tl chilisaus van goede kwaliteit
- 1 gesnipperde, kleine rode ui (eventueel)
- zout en vers gemalen zwarte peper

Voor de guacamole

- 4 avocado's
- sap van ½ limoen
- 1 verse, dikke, milde rode peper, zonder zaad en fijngehakt
- zout en vers gemalen zwarte peper

1 Maak de salsa liefst 1 of 2 uur van tevoren, zodat de smaken kunnen mengen. Halveer de tomaten, verwijder hart en de meeste pitjes. Snijd het vlees in blokjes. Voeg het gehakte basilicum, limoensap en chilisaus toe. Roer er de ui door (eventueel) en breng op smaak met zout en peper.

2 Halveer voor de guacamole de avocado's, schep er de pit uit en lepel het vlees in een kom. Voeg limoensap, gehakte rode peper en zout en peper toe. Prak met een vork tot een vrij grove massa. Steek de barbecue aan.

3 Meng chili- en zonnebloemolie. Pak de tortilla's en smeer beide kanten lichtjes in met het oliemengsel. Leg de tortilla's op een stapel.

4 Snijd de stapel tortilla's diagonaal in zes driehoeken. Verhit de grillpan op het rooster boven de hete kolen. Grill de tostadita's 30 seconden aan elke kant, met een paar tegelijk, en druk ze zachtjes tegen de ribbels van de pan.

5 Leg de tostadita's in een diepe kom zodat ze bij het afkoelen een kromme vorm aannemen. Serveer met de salsa en de guacamole.

Energie 334 kcal; eiwit 5,6 g; koolhydraten 36,8 g (waarvan 6,3 g suikers); vet 19 g (waarvan 3,6 g verzadigd); cholesterol 0 mg; calcium 71 mg; vezels 4,4 g; natrium 313 mg.

CROSTINI

DIT IS EEN PRIMA MANIER OM DE ERGSTE HONGER TE STILLEN IN AFWACHTING VAN HET HOOFDGERECHT. GRIL, ZODRA DE BARBECUE KLAAR IS, DE PLAKKEN BROOD, SCHEP DE SAUS EROP EN BESPRENKEL ROYAAL MET GOEDE EXTRAVERGINE OLIJFOLIE.

VOOR 6 PERSONEN

INGREDIËNTEN

2 dunne stokbroodjes, in de lengte in 3 plakken gesneden
1 teen knoflook, gehalveerd
blaadjes van 4 takjes verse oregano
18 zwarte Griekse olijven (kalamata), ontpit en fijngesneden
extravergine olijfolie, voor het besprenkelen
vers gemalen zwarte peper

Voor de aromatische tomaten

800 g rijpe roma-tomaten
2 el extravergine olijfolie
2 tenen knoflook, fijngewreven met een snuf zout
1 stukje gedroogde rode peper, zonder zaad, fijngehakt

VARIANT

Met diagonaal gesneden plakken baguette of ciabatta gaat het ook prima.

1 Steek de barbecue aan. Dompel de tomaten 30 seconden in kokend water en laat ze schrikken in koud water. Ontvel ze, verwijder pitjes en hart en hak het vlees grof. Meng olie en knoflook in een ruime koekenpan.

2 Zet de pan op hoog vuur. Voeg, zodra de knoflook gaat pruttelen, tomaten en rode peper toe. Laat de knoflook niet verbranden. Bak 2 minuten. Het is de bedoeling dat het vocht verdampt, maar dat de tomaten hun vorm behouden.

3 Rooster het brood aan beide kanten op het rooster of in een grillpan. Druk bij gebruik van een grillpan het brood stevig aan om de mooie strepen te krijgen. Wrijf elke plak royaal in met het snijvlak van een stukje knoflook.

4 Hak bijna alle oregano grof en meng door de tomatensalsa. Verdeel het mengsel over het brood. Strooi er de resterende, hele oreganoblaadjes en stukjes olijf over. Bestrooi met veel peper, besprenkel royaal met olijfolie en serveer.

Energie 261 kcal; eiwit 7,8 g; koolhydraten 38,8 g (waarvan 6,2 g suikers); vet 9,4 g (waarvan 1,4 g verzadigd); cholesterol 0 mg; calcium 95 mg; vezels 3,1 g; natrium 558 mg.

GEGRILDE MAISKOEKJES

DEZE 'AREPA'S' ZIJN STANDAARDVOEDSEL IN DIVERSE LATIJNS-AMERIKAANSE LANDEN. ZE ZIJN HEERLIJK MET EEN VULLING VAN ZACHTE WITTE KAAS, ZOALS IN DIT RECEPT, OF GEWOON ALS BIJGERECHT. MET HUN KROKANTE KORST EN STEVIGE BINNENKANT VORMEN AREPA'S EEN ONGEWONE, MAAR SMAKELIJKE SNACK OF BEGELEIDING BIJ EEN BARBECUEMAALTIJD.

VOOR 15 STUKS

INGREDIËNTEN

- 200 g masarepa (of masa harina; zie Kooktip)
- ½ tl zout
- 300 ml water
- 1 el olie
- 200 g verse witte kaas, zoals feta of mozzarella, grof gehakt

1 Meng meel en zout in een kom. Roer er geleidelijk het water door tot een soepel deeg ontstaat. Zet het deeg zo'n 20 minuten weg.

2 Verdeel het deeg in 15 gelijke balletjes en druk daarna elk balletje met de vingers in een rondje van ongeveer 1 centimeter dik. Steek de barbecue aan.

3 Verhit een ruime, zware koeken- of grillpan op halfhoog vuur en voeg 1 theelepel olie toe. Veeg met een stuk keukenpapier zachtjes door de pan zodat hij heel licht is ingevet.

4 Leg vijf van de arepa's in de pan. Bak zo'n 4 minuten, draai ze om en bak nog eens 4 minuten. De arepa's moeten aan beide kanten licht geblakerd zijn.

5 Open de arepa's en vul ze met een paar stukjes kaas. Leg ze weer in de pan tot de kaas begint te smelten. Neem van het vuur en houd warm.

6 Bak de resterende arepa's op dezelfde manier en vet tussen de porties de pan in en veeg hem uit, zodat hij steeds licht ingevet blijft. Serveer de arepa's warm, zodat de gesmolten kaas zacht en vloeibaar is.

KOOKTIP

Masarepa is meel van witte maïs uit de Andes. Als u dat niet kunt vinden, kunt u ook *masa harina* gebruiken (mediterrane winkels) of een mengsel van volkoren- en 'gewoon' maïsmeel. Het resultaat is wat minder delicaat, maar de arepa's zijn net zo lekker.

VARIANT

In plaats van kaas kunt u ook vlees gebruiken. Bak wat rundergehakt in een beetje olie in een koekenpan, samen met een gesnipperd uitje, 1 kleine, fijngehakte rode peper, 1 teen fijngehakte knoflook, wat zwarte peper en verse tijm. Schep het gare gehakt in de arepa's.

Energie 86 kcal; eiwit 3,7 g; koolhydraten 10,4 g (waarvan 0,2 g suikers); vet 3,6 g (waarvan 2 g verzadigd); cholesterol 8 mg; calcium 67 mg; vezels 0,4 g; natrium 53 mg.

Gerookte aubergine op ciabatta

Door hele aubergines te bereiden boven open vuur krijgen ze niet alleen een aparte rooksmaak, maar ook zacht, romig vlees. Maak ze als het vuur intens is. Daarna moeten ze 20 minuten afkoelen, voor u ze klein hakt en serveert.

VOOR 4-6 PERSONEN

INGREDIENTEN

- 2 aubergines
- 2 rode paprika's
- 3-5 tenen knoflook, gehakt (of meer, naar smaak)
- ½ tl komijnpoeder
- sap van ½-1 citroen, naar smaak
- ½ tl sherry- of wijnazijn
- 3-4 el extravergine olijfolie
- 1-2 snufjes cayennepeper, druppels Tabasco of een andere hete chilisaus
- grof zeezout
- gehakte verse koriander, om te garneren
- pitabrood, dunne plakken stokbrood of ciabatta, sesamcrackers en plakjes komkommer, om te serveren

1 Steek de barbecue aan. Leg de aubergines en paprika's op een rooster op vrij laag vuur (u kunt ze ook binnenshuis maken). Draai de groenten regelmatig tot ze opzwellen en het vel gelijkmatig is geblakerd.

2 Doe aubergines en paprika's in een plastic zak en sluit goed af. Laat 20 minuten afkoelen.

3 Ontvel de groenten, bewaar de sappen en hak het vlees grof. Doe het vlees in de kom en voeg de sappen, knoflook, komijn, citroensap, azijn, olijfolie, Tabasco en zout toe. Goed mengen. Schep alles in een kom en garneer met koriander. Serveer met op de barbecue geroosterd brood, sesamcrackers en schijfjes komkommer.

Energie 95 kcal; eiwit 1,3 g; koolhydraten 5 g (waarvan 4,7 g suikers); vet 7,9 g (waarvan 1,2 g verzadigd); cholesterol 0 mg; calcium 12 mg; vezels 2,5 g; natrium 4 mg.

WALNOTENBROOD MET AUBERGINEPUREE

DIT TURKSE GERECHT BESTAAT UIT GEGRILDE-AUBERGINEPUREE MET KAAS, GESERVEERD MET OLIJVEN EN GEROOSTERD BROOD. U KUNT DE OLIJVEN KANT EN KLAAR KOPEN, MAAR HET IS LEUKER OM ZE MET DIVERSE SMAAKMAKERS ZELF TE MARINEREN IN EEN GOEDE OLIE.

VOOR 8 PERSONEN

INGREDIËNTEN

- 3 aubergines, zo'n 675 g in totaal, overlangs in plakken van 5 mm dik
- 4 el fijngeraspte kefalotiri- of kasseri-kaas (of een mengsel van parmezaan en gruyère)
- sap van ½ citroen
- 1 walnotenbrood, zo dun mogelijk gesneden
- extravergine olijfolie voor het insmeren
- zout en vers gemalen zwarte peper

Voor de gemarineerde olijven

- 175 g olijven van verschillende kleur
- venkelzaad of gedroogd venkeltakjes en vers gemalen zwarte peper
- verse hete pepers en takjes rozemarijn
- schijfjes citroen en takjes verse tijm
- 120 ml extra vergine olijfolie

1 Verdeel de olijven over drie bakjes en voeg bij elk een andere smaakcombinatie: venkelzaad en peper bij gemengde olijven, rode peper en rozemarijn bij zwarte olijven en citroen en tijm bij groene olijven.

2 Steek de barbecue aan. Verhit de grillpan op het rooster boven de kolen. Smeer de aubergineplakken in met wat olie van de olijven en gril 5 minuten, of tot ze zacht zijn en aan beide kanten grillstrepen hebben. Doe ze in een kom en prak tot een grove pulp.

3 Voeg, als het mengsel nog warm is, geraspte kaas en citroensap toe en roer goed door. Breng op smaak met zout en peper. Laat de meeste olie van de olijven uitlekken en meng door de pulp. Dek het auberginemengsel af en zet zolang op een koele plek.

4 Smeer het brood heel lichtjes aan één kant in met olie en gril op een ingevet rooster op de barbecue. Let goed op want de toast hoeft alleen maar krokant te worden, niet zwart, en de kolen zijn heet in dit stadium.

5 Serveer de toast met kommetjes aubergine-kaasmengsel en de gemarineerde olijven.

KOOKTIP

Het gerecht kan ook worden bereid naast een langzaam garend hoofdgerecht op indirect vuur. Start met het hoofdgerecht en gril de aubergines er op direct vuur naast.

Energie 240 kcal; eiwit 7,5 g; koolhydraten 23,2 g (waarvan 2,5 g suikers); vet 13,5 g (waarvan 3,1 g verzadigd); cholesterol 7 mg; calcium 92 mg; vezels 5,2 g; natrium 823 mg.

KLASSIEKE QUESADILLA'S

DEZE MET KAAS GEVULDE TORTILLA'S ZIJN HET MEXICAANSE EQUIVALENT VAN TOSTI'S. SERVEER ZE WARM WANT ANDERS WORDEN ZE TAAI. ALS U ZE VOOR EEN GROOT GEZELSCHAP MAAKT, KUNT U ZE VAN TEVOREN VULLEN EN VOUWEN EN LATER DE PEPER TOEVOEGEN EN AFBAKKEN.

VOOR 8 PERSONEN

INGREDIËNTEN

- 400 g mozzarella of jonge Goudse
- 2 verse rode pepers (eventueel)
- 16 tarwetortilla's, met een diameter van 15 cm
- uiencompote of tomatensalsa, om te serveren

KOOKTIP

U kunt het beste keukenhandschoenen aandoen bij het ontvellen van geroosterde pepers. Het zijn vooral de zaadlijsten die de scherpe stof bevatten.

1 Laat de mozzarella grondig uitlekken, dep hem droog en snijd in dunne reepjes. Goudse kaas moet grof worden geraspt, want fijngeraspt smelt hij en druipt weg bij de bereiding. Zet de kaas zolang weg.

2 Steek de barbecue aan. Rijg de eventuele pepers aan een lange metalen spies en rooster ze op hoog vuur op het rooster of direct boven een vlam, tot het vel blakert en donker wordt. Laat het vlees niet verbranden. Doe de pepers in een plastic zak en sluit af onder een omgekeerde kom. Laat 20 minuten staan om de velletjes los te maken.

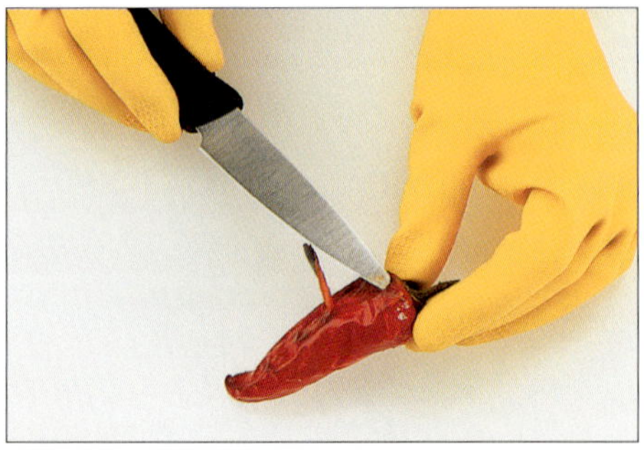

3 Neem de pepers uit de zak en ontvel ze. Verwijder steeltjes, snijd de pepers open en verwijder de zaadjes. Snijd het vlees in 16 gelijke reepjes.

4 Verhit een grill- of koekenpan op het rooster boven de kolen. Leg tekens één tortilla in de pan en strooi éénzestiende van de kaas op een helft en leg er (eventueel) een stukje rode peper op. Vouw de tortilla over de kaas en druk de randjes samen. Bak de gevulde tortilla 1 minuut, draai om en bak nog eens 1 minuut.

5 Neem de gevulde tortilla uit de pan, snijd in drie driehoeken en serveer meteen als hij nog heet is, samen met uiencompote of tomatensalsa.

VARIANTEN

Smeer, voor u de kaas toevoegt, een laag van uw favoriete salsa op de tortilla's, of doe er wat gare kip of garnalen in voor u ze dichtvouwt.

Energie 392 kcal; eiwit 18,2 g; koolhydraten 44,8 g (waarvan 0,8 g suikers); vet 16,8 g (waarvan 10,4 g verzadigd); cholesterol 53 mg; calcium 428 mg; vezels 1,8 g; natrium 545 mg.

TOMATEN-MOZZARELLASALADE

HET GRILLEN VAN DE TOMAAT GEEFT EEN NIEUWE DIMENSIE AAN DIT HEERLIJKE GERECHT EN EEN GEWELDIGE ZOETHEID AAN DE TOMATEN. MAAK DE BASILICUMOLIE NIET TE LANG VAN TEVOREN ZODAT DE VERSE SMAAK EN DE LEVENDIGE GROENE KLEUR BEHOUDEN BLIJVEN.

VOOR 4 PERSONEN

INGREDIENTEN
- 6 grote roma-tomaten
- 350 g verse mozzarella, in 8-12 plakjes
- verse blaadjes basilicum, om te garneren

Voor de basilicumolie
- 25 blaadjes basilicum
- 2 el extra vergine olijfolie
- 1 teen knoflook, fijngehakt

Voor de salade
- 90 g slablaadjes
- 50 g gemengde kruiden, zoals koriander, basilicum en rucola
- 3 el pompoenpitten
- 3 el zonnebloempitten

Voor de dressing
- 4 el extra vergine olijfolie
- 1 el balsamico-azijn
- ½ tl Dijonmosterd

1 Draai voor de basilicumolie basilicum, olijfolie en knoflook glad in een blender. Schep in een kom en zet in de koelkast.

2 Doe de slabladeren in een ruime kom. Voeg gemengde kruiden toe en schep lichtjes om met uw handen. Doe de ingrediënten voor de dressing in een pot met deksel. Schud of klop met een kleine garde of vork tot een geheel. Zet weg.

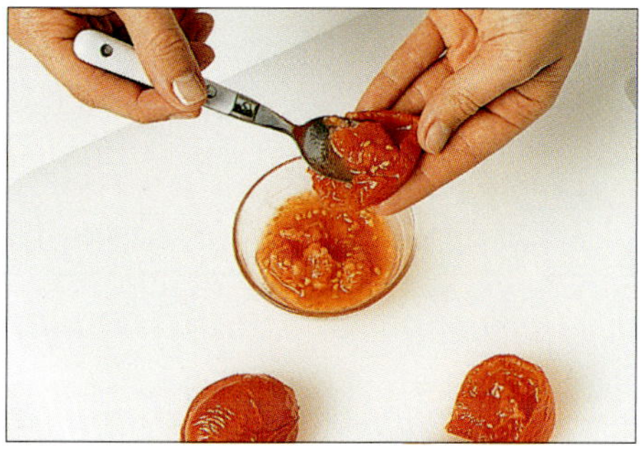

3 Halveer de tomaten in de lengte en verwijder pitjes. Steek de barbecue aan. Verhit een grillpan op het rooster boven de hete kolen. Leg de tomaten onder in de pan en bak 12-15 minuten, tot ze zacht zijn.

4 Rooster intussen de pompoen- en zonnebloempitten 2 minuten in een droge koekenpan op het rooster, tot ze goudbruin zijn. Schud regelmatig om. Laat afkoelen en strooi over de salade. Roer de dressing door, giet over de salade en schep om.

5 Verdeel voor elke portie de tomatenhelften over 2 of 3 plakken mozzarella en sprenkel er de basilicumolie over. Kruid met zout en peper en garneer met blaadjes basilicum.

KOOKTIP

Let goed op de roosterende zaden, ook als u tegelijk de tomaten bereidt – ze verbranden snel.

Energie 528 kcal; eiwit 20,3 g; koolhydraten 8 g (waarvan 5,5 g suikers); vet 46,3 g (waarvan 15,9 g verzadigd); cholesterol 51 mg; calcium 351 mg; vezels 2,7 g; natrium 361 mg.

GEGRILDE KAASHAPJES

DEZE GEGRILDE KAASBLOKJES IN AROMATISCH BLAD ZIJN HEERLIJK BIJ EEN KOUDE RETSINA, VEEL GOEDE OLIJVEN, FRUITIGE OLIJFOLIE EN BOERENBROOD. HET KOST MAAR EEN PAAR MINUTEN EN ZE ZIJN PERFECT ALS HAPJE VOOR EEN GROOT GEZELSCHAP.

VOOR 6 PERSONEN

INGREDIËNTEN

- 18 grote laurierbladeren, of half laurier-, half citroenbladeren
- 275 g kefalatiri- of kasseri-kaas, in 18 blokjes
- 4 tl extra vergine olijfolie
- vers gemalen zwarte peper

1 Leg 18 korte houten prikkers 30 minuten in koud water. Leg de laurier- en/of citroenbladeren ook in het water zodat ze niet verbranden in de grillpan.

2 Doe de kaasblokjes in een ruime schaal. Giet er de olijfolie over. Bestrooi met wat peper en schep om. Laat de prikkers uitlekken en steek ze dan door de kaas en de uitgelekte laurier- en/of citroenbladeren. Leg de kaasprikkers terug in de olie. Steek de barbecue aan.

3 Verhit de grillpan op het rooster boven de hete kolen. Temper het vuur een beetje en leg de prikkers, op gelijke afstand, in de pan. Bak zo'n 5 minuten aan elke kant. De blokjes kaas moeten goudbruine strepen hebben en net beginnen te smelten. Meteen serveren.

KOOKTIP

Probeer de aanbevolen kaas te gebruiken. Kefalotiri is een gerijpte kaas met een pittige, nootachtige smaak, die oorspronkelijk van Kreta komt.

Energie 213 kcal; eiwit 11,8 g; koolhydraten 0 g (waarvan 0 g suikers); vet 18,4 g (waarvan 10,6 g verzadigd); cholesterol 48 mg; calcium 316 mg; vezels 0 g; natrium 307 mg.

CHILI-KRUIDENPOLENTA

POLENTA KAN PRIMA DE PLAATS INNEMEN VAN AARDAPPELPUREE EN KAN GERUST WORDEN BESCHOUWD ALS TROOSTRIJK VOEDSEL. HIER WORDT HIJ GEKRUID MET RODEPEPERVLOKKEN, DIE VOOR EEN HINT VAN GEDROOGD FRUIT EN DROP ZORGEN. SERVEER MET PEBRE, EEN FRISZURE SALSA.

VOOR 6-12 PERSONEN

INGREDIËNTEN

- 2 tl gekneusde gedroogde rodepepervlokken
- 1,3 l water
- 250 g snelkookpolenta
- 50 g boter
- 75 g parmezaan, fijngeraspt
- 2 el verse dille, fijngehakt
- 2 el verse koriander, fijngehakt
- 2 el olijfolie
- zout

Voor de *pebre*

- ½ sjalotje, gesnipperd
- 4 uitgelekte zoete rode paprika's uit pot, fijngehakt
- 1 verse, halfhete rode peper, zonder zaad en fijngehakt
- 1 kleine rode paprika, in vieren en zonder zaad
- 2 tl frambozenazijn
- 2 el olijfolie
- 4 tomaten, gehalveerd, ontdaan van hart en pitjes en grof gehakt
- 3 el verse koriander, fijngehakt

1 Hak de pepervlokken fijn. Doe ze in een pan water. Breng aan de kook en voeg naar smaak zout toe. Giet, al kloppend, de polenta in één stroom in het water. Temper het vuur en blijf een paar minuten doorkloppen. Klop er, als de polenta dik is en borrelt als een vulkaan, boter, parmezaan en kruiden door.

2 Giet de polenta op een ingevette bakplaat van 33 x 23 centimeter en laat afkoelen. Laat onafgedekt zodat de buitenkant stevig wordt en zet een nacht in de koelkast.

3 Maak de *pebre* zo'n uur voordat u gaat serveren. Doe ui, uitgelekte paprika's en rode peper in een vijzel. Haal het vel van de paprikahelften. Hak het vlees fijn en doe het met de azijn en olie in de vijzel.

4 Stamp alles 1 minuut fijn en schep in een serveerschaal. Roer er tomaat en koriander door, dek af en zet in de koelkast.

5 Haal de polenta uit de koelkast en laat 30 minuten rusten. Snijd in 12 gelijke driehoeken en bestrijk de top met olie.

6 Steek de barbecue aan. Verhit een grillpan op het rooster. Temper het vuur wat en gril de polenta zo'n 2 minuten in porties, met de oliekant onder. Draai 180° en bak nog 1 minuut, voor een mooi ruitpatroon. (U kunt ze ook direct op het ingevette rooster dichtschroeien.) Serveer de polenta meteen, samen met de gekoelde *pebre*.

Energie 181 kcal; eiwit 5 g; koolhydraten 17,3 g (waarvan 2 g suikers); vet 10 g (waarvan 4 g verzadigd); cholesterol 15 mg; calcium 88 mg; vezels 1,2 g; natrium 98 mg.

HAMPIZZAATJES MET MANGO

DEZE INDIVIDUELE PIZZAATJES HEBBEN EEN TOPPING VAN EEN ONGEWONE MAAR ZEER SMAKELIJKE COMBINATIE VAN GEROOKTE HAM, BRIE EN SAPPIGE STUKJES MANGO.

VOOR 6 PERSONEN

INGREDIËNTEN
- 225 g patentbloem
- 5 g gedroogde gist of 10 g verse gist
- 150 ml warm water
- 4 el olijfolie

Voor de topping
- 1 rijpe mango
- 150 g gerookte ham, vliesdun gesneden
- 150 g brie, in blokjes
- 12 gele kerstomaatjes, gehalveerd
- zout en vers gemalen zwarte peper

1 Meng in een ruime kom bloem en gist met een snufje zout. maak een kuiltje in het midden en roer er het water en 3 eetlepels olijfolie door. Roer grondig.

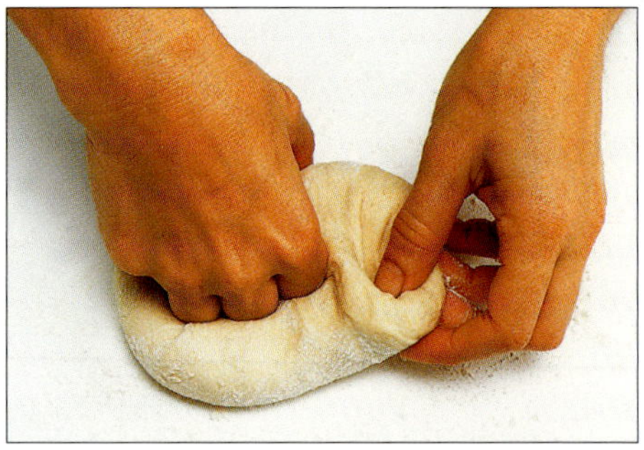

2 Leg het deeg op een bebloemd oppervlak en kneed het 5 minuten of tot het soepel is.

3 Doe het deeg weer in de kom en dek af met een vochtige doek of ingevet plasticfolie. Laat zo'n 30 minuten op een warme plek rijzen, of tot het in omvang is verdubbeld en veerkrachtig aanvoelt.

4 Steek de barbecue aan. Verdeel het deeg in zessen en rol van elk stukje een bal. Druk deze plat en maak van elk stukje deeg een rondje van zo'n 15 centimeter doorsnee met een opstaand randje.

5 Halveer, ontpit en schil de mango en snijd in blokjes. Schik deze met de ham op de pizzaatjes. Maak af met kaas en tomaten en bestrooi met zout en vers gemalen zwarte peper.

6 Sprenkel er de rest van de olie over. Leg ze op een ingevet rooster boven halfhoog vuur en bak 8 minuten, of tot ze goudbruin en van onderen krokant zijn.

Energie 326 kcal; eiwit 13,6 g; koolhydraten 34 g (waarvan 5,3 g suikers); vet 15,5 g (waarvan 6 g verzadigd); cholesterol 38 mg; calcium 124 mg; vezels 2,2 g; natrium 444 mg.

AARDAPPELPARTJES MET BASILICUM-CITROENDIP

GEBARBECUEDE AARDAPPELPARTJES ZIJN HEERLIJK MET DEZE FRISSE MAYONAISE. DE AARDAPPELEN WORDEN LICHT VOORGEKOOKT ZODAT ZE MAAR EEN PAAR MINUTEN HOEVEN TE GRILLEN OP DE BARBECUE.

VOOR 4 PERSONEN

INGREDIËNTEN

4 grote vastkokende aardappelen, geschild
6 el olijfolie
zout en vers gemalen zwarte peper

Voor de dip

2 grote eigelen
1 el citroensap
150 ml olijfolie
150 ml zonnebloemolie
handvol groen basilicum
handvol paars basilicum
4 tenen knoflook, fijngehakt
blaadjes groen en paars basilicum en zeezout om te garneren

1 Meng eigelen en citroensap kort in een keukenmachine of blender.

2 Roer beide oliën samen in een kom. Giet ze langzaam, met één druppel tegelijk en met draaiende motor, bij het mengsel.

3 Als de helft van de olie is opgenomen, kan de rest er sneller bij worden gegoten. Laat draaien tot een dikke, romige mayonaise ontstaat.

4 Scheur beide basilicumsoorten in stukjes en roer met gehakte knoflook, peper en zout door de mayonaise. Schep in een schaaltje, dek af en zet zolang in de koelkast. Serveer gegarneerd met blaadjes basilicum en zeezout.

5 Snijd de aardappelen in partjes van zo'n 7,5 centimeter lang en 2,5 centimeter dik. Doe de partjes in kokend water en kook 4-5 minuten (de aardappel moet net zacht, maar nog wel stevig zijn). Giet de aardappelen af en spoel na met koud water. Dep grondig droog, haal snel door de olijfolie en kruid met zout en peper.

6 Steek de barbecue aan. Leg een ingevet rooster boven de hete kolen. Leg de aardappelen op het rooster boven halfhoog vuur en bak ze 3-4 minuten aan elke kant, zodat ze door en door warm, goudbruin en zacht zijn. Serveer met de dip.

VARIANT
U kunt de partjes eventueel ook serveren met een barbecuesaus, naar het recept in het hoofdstuk Maaltijdbegeleiders bijvoorbeeld.

KOOKTIP
Donkerpaars basilicum heeft gekreukelde, dieppaarse blaadjes met een lichte zwarte bessensmaak.

Energie 680 kcal; eiwit 3,4 g; koolhydraten 11,1 g (waarvan 0,9 g suikers); vet 69,4 g (waarvan 9,8 g verzadigd); cholesterol 101 mg; calcium 18 mg; vezels 1,1 g; natrium 11 mg.

KLEINE COURGETTE-WRAPS

DIT IS EEN SMAKELIJK VOORGERECHT OF GROENTEBIJGERECHT VAN MOZZARELLABALLETJES VERPAKT IN SAPPIGE REEPJES COURGETTE. GEEF ER EEN FLINK GEKRUIDE SALADE BIJ.

VOOR 6 PERSONEN

INGREDIËNTEN

- 2 grote gele courgettes, zo'n 675 g in totaal
- 3 el olijfolie
- 250 g spinazie
- 250 g mozzarellaballetjes
- blaadjes molsla, rucola en mizuna, om te garneren (eventueel)

Voor de dressing

- 2 hele, ongepelde tenen knoflook
- 2 el wittewijnazijn
- 2 el olijfolie
- 1 el extra vergine olijfolie
- 3 el walnotenolie
- zout en vers gemalen zwarte peper

KOOKTIP

Gele courgettes zijn zoeter dan de groene variant en makkelijk verkrijgbaar.

1 Doe voor de dressing de knoflook in een steelpan met een bodempje water. Breng aan de kook, temper het vuur en laat 5 minuten trekken. Giet af. Knijp de afgekoelde teentjes uit het vel en prak met wat zout tot een gladde pasta. Schep in een kom, voeg azijn toe, klop er de oliën door en breng op smaak.

2 Snijd de courgettes in de lengte in zes of meer brede repen van zo'n 3 mm dik. Leg ze los van elkaar op een schaal. Bewaar 1 theelepel olie en gebruik de rest om de reepjes helemaal en gelijkmatig in te vetten.

3 Zet een wok op hoog vuur. Voeg, als hij begint te roken, de bewaarde olie toe en roerbak de spinazie gedurende 30 seconden.

4 Schep, zodra hij slap wordt, de spinazie in een vergiet, laat goed uitlekken en dep droog met keukenpapier. Snijd of scheur de mozzarellaballetjes in tweeën en laat ze uitlekken op keukenpapier.

5 Steek de barbecue aan. Leg een ingevet rooster boven halfhete tot hete kolen. Leg de courgettes op het rooster. Gril 2-3 minuten aan één kant, tot ze goudbruine strepen hebben. Leg de reepjes met de gegrilde kant boven terug in de schaal.

6 Leg hoopjes spinazie aan één kant van elke reepje. Leg twee stukjes mozzarella op elk hoopje spinazie. Kruid met zout en peper.

7 Leg de reepjes met een metalen spatel en met een paar tegelijk voorzichtig terug op het rooster en gril zo'n 2 minuten, tot de onderkant goudbruine grillstrepen heeft.

8 Vouw, als de kaas begint te smelten, de onbedekte kant van de courgette over de vulling. Til voorzichtig op en laat uitlekken op keukenpapier. Serveer desgewenst met een garnering van saladeblaadjes en sprenkel de dressing erover.

KOOKTIP

U hebt lange courgettes nodig, van zo'n 20 centimeter, om reepjes van de goede lengte te maken.

Energie 237 kcal; eiwit 11 g; koolhydraten 2,7 g (waarvan 2,5 g suikers); vet 20,2 g (waarvan 7,4 g verzadigd); cholesterol 24 mg; calcium 250 mg; vezels 1,9 g; natrium 224 mg.

GEGRILDE ARTISJOKJES

DIT IS EEN AANGENAME MANIER OM ARTISJOKKEN TE ETEN. HOUD DE PRIKKER MET DE ARTISJOK IN EEN HAND, SCHEUR MET DE ANDERE EEN BLAADJE AF EN DOOP DAT IN DE WARME BOTER.

VOOR 6 PERSONEN

INGREDIËNTEN

- 12 jonge artisjokken met steel, totaal zo'n 1,3 kg
- 1 citroen, gehalveerd
- 200 g boter
- 2 tenen knoflook, fijngewreven met wat zout
- 1el bladpeterselie, fijngehakt
- zout en vers gemalen zwarte peper

1 Leg twaalf houten prikkers 30 minuten in koud water. Laat uitlekken en rijg aan elk een artisjok. Breng een ruime pan gezouten water aan de kook. Voeg het sap van een halve citroen toe, samen met de uitgeperste schil.

2 Doe de artisjokken op hun kop in de pan en kook 5-8 minuten, of tot ze net zacht zijn. Laat uitlekken. Zet maximaal 1 uur weg of gebruik meteen.

3 Steek de barbecue aan. Doe boter, knoflook en peterselie in een steelpan, samen met het sap van de andere citroenhelft.

4 Plaats een licht ingevet rooster boven halfhete kolen. Wikkel afgekoelde artisjokken in aluminiumfolie, leg ze 3 minuten op de gril, pak ze uit en leg ze, onder regelmatig draaien, nog 1 minuut op het rooster. Als ze nog warm zijn, grilt u ze 4 minuten, zonder folie en onder regelmatig draaien.

5 Verwarm, als de artisjokken bijna klaar zijn, de pan met botersaus op de barbecue. Schep de saus in zes kommetjes of giet wat op elk bord. Serveer de artisjokken aan de prikkers.

KOOKTIP

Zorg voor voldoende servetten om eventueel druipende botersaus op te vangen.

Energie 263 kcal; eiwit 1,4 g; koolhydraten 2,5 g (waarvan 1,2 g suikers); vet 27,7 g (waarvan 17,4 g verzadigd); cholesterol 71 mg; calcium 49 mg; vezels 1,4 g; natrium 262 mg.

GEGRILDE AVOCADO

ALS U DE BASILICUMOLIE VAN TEVOREN MAAKT, OF KANT-EN-KLAAR KOOPT, IS DIT EEN ULTRASIMPEL GERECHT DAT IN EEN WIP KLAAR IS. HET IS EEN OPVALLEND VOORGERECHT EN EEN UITSTEKENDE AMUSE OM TE SERVEREN ALS DE REST VAN HET ETEN WORDT GEBARBECUED.

VOOR 6 PERSONEN

INGREDIËNTEN
- 3 rijpe avocado's
- 100 ml balsamico-azijn

Voor de basilicumolie
- 40 g vers basilicum, zonder takjes
- 200 ml olijfolie

KOOKTIPS
- Let er bij de aanschaf van avocado's op of de schil ingedeukt is. Dat kan er op duiden dat het vlees eronder gekneusd is.
- De grillpan is klaar voor gebruik als een paar gesprenkelde druppels water direct verdampen.

1 Doe voor de basilicumolie het basilicum in een kom en giet er kokend water over. Laat 30 seconden staan. Giet af, spoel af onder koud water en laat uitlekken. Knijp droog en dep met keukenpapier om zo veel mogelijk vocht te verwijderen.

2 Draai met de olie in een keukenmachine tot puree. Schep in een kom, dek af en zet een nacht in de koelkast.

3 Bekleed de volgende dag een zeef met mousseline (kaasdoek) boven een kom en giet er de basilicumolie op. Laat 1 uur met rust, of tot alle olie de kom in is gefilterd. Gooi de resten weg, giet de olie in een fles en zet in de koelkast.

4 Steek de barbecue aan. Halveer elke avocado en verwijder de pit. Bestrijk met een beetje basilicumolie.

5 Verhit voorzichtig de balsamico-azijn, op het fornuis of de barbecue. Als hij begint te borrelen, laat hem dan 1 minuut pruttelen, tot hij licht stroperig begint te worden.

6 Verhit een grillpan op het rooster boven hete kolen. Temper het vuur wat en leg de avocado's met de snijkant onder in de pan. Bak 30-60 seconden, tot ze gestreept zijn. (Verplaats de avocado's zorgvuldig met een tang voor een geruit effect.) Serveer warm met de azijn en extra olie erover gesprenkeld.

Energie 222 kcal; eiwit 1 g; koolhydraten 1 g (waarvan 0,3 g suikers); vet 23,8 g (waarvan 4,1 g verzadigd); cholesterol 0 mg; calcium 6 mg; vezels 1,7 g; natrium 3 mg.

PORTOBELLO'S MET KNOFLOOK-CHILISAUS

ALS U EEN BARBECUE VOOR VRIENDEN EN FAMILIE PLANT, KAN HET LASTIG ZIJN OM IETS ECHT SPECIAALS TE VINDEN VOOR DE VEGETARIERS IN HET GEZELSCHAP. DEZE SMAKELIJKE PADDENSTOELSPIESEN ZIJN IDEAAL OMDAT ZE GEWELDIG OGEN, RUIKEN EN SMAKEN.

VOOR 4 PERSONEN

INGREDIËNTEN

- 12 grote portobello's of grote oesterzwammen, gehalveerd
- 4 tenen knoflook, grof gehak
- 6 korianderwortels, grof gehakt
- 1 el kristalsuiker
- 2 el lichte sojasaus
- vers gemalen zwarte peper

Voor de dipsaus

- 1 el kristalsuiker
- 6 el rijstazijn
- 1 tl zout
- 1 teen knoflook, fijngehakt
- 1 kleine rode peper, zonder zaad en fijngehakt

1 Leg acht houten prikkers eerst minstens 30 minuten in koud water om ze niet te laten verbranden. Steek de barbecue aan.

2 Maak de dipsaus door suiker, azijn en zout te verwarm in een steelpan. Roer nu en dan tot suiker en zout zijn opgelost. Voeg knoflook en rode peper toe, giet in een schaaltje en houd warm.

3 Rijg 3 paddenstoelhelften aan elke prikker. Leg de prikkers naast elkaar op een ondiep bord.

4 Pureer knoflook en korianderwortel in een vijzel. Schraap de kom uit en meng de inhoud met de suiker, sojasaus en wat peper.

5 Kwast het sojasausmengsel over de paddenstoelen en laat 15 minuten marineren. Bak de paddenstoelen aan beide kanten 5-6 minuten boven halfhoog vuur. Serveer met de dipsaus.

Energie 63 kcal; eiwit 4,2 g; koolhydraten 9,6 g (waarvan 9,1 g suikers); vet 1,2 g (waarvan 0,2 g verzadigd); cholesterol 0 mg; calcium 43 mg; vezels 2,8 g; natrium 1040 mg.

OPENGESLAGEN GAMBA'S

HET SUCCES VAN DIT GERECHT HANGT AF VAN DE KWALITEIT VAN DE GARNALEN, DUS KIES ECHT GOEDE UIT, MET VEEL SMAAK EN EEN STEVIGE TEXTUUR. EEN FRUITIG, LICHT KRUIDIGE DIP IS EEN EENVOUDIGE MAAR GEWELDIGE BEGELEIDING.

VOOR 6 PERSONEN

INGREDIËNTEN

30 rauwe grote garnalen (gamba's), gepeld, zonder kop maar met staart
1 el zonnebloemolie
grof zeezout

Voor de chili-frambozendip

30 ml frambozenazijn
1 el suiker
120 g frambozen
1 grote verse rode peper, zonder zaad, fijngehakt

1 Steek de barbecue aan. Leg 30 houten prikkers 30 minuten in koud water.

2 Maak de dip door azijn en suiker te mengen in een steelpan. Verhit al roerend tot de suiker is opgelost en voeg dan de frambozen toe.

3 Schep, zodra de frambozen sap verliezen, alles in een zeef boven een kom. Werk de frambozen met de achterkant van een soeplepel door de zeef. Gooi de pitjes weg.

4 Roer de rode peper door de frambozenpuree. Dek af als alles is afgekoeld en zet zolang in de koelkast.

5 Klap elke garnaal open door een insnede langs de rug en verwijder het zwarte darmkanaal met een stuk keukenpapier.

6 Meng de olie met wat zout. Voeg de garnalen toe, schep om en rijg ze vanaf de kop aan de uitgelekte prikkers.

7 Verhit een licht ingevet rooster boven de kolen. Gril de garnalen zo'n 5 minuten (afhankelijk van het formaat) op hoog vuur en draai ze één keer om. Warm serveren met de chili-frambozendip.

KOOKTIP

Deze garnalen zijn ook heerlijk met een frisse chili-mangodip. Gebruik één grote, rijpe mango in plaats van de frambozen en snijd het vlees in plakjes.

Energie 44 kcal; eiwit 5,6 g; koolhydraten 0,9 g (waarvan 0,9 g suikers); vet 2,1 g (waarvan 0,3 g verzadigd); cholesterol 59 mg; calcium 29 mg; vezels 0,5 g; natrium 58 mg.

PIJLINKTVIS GEVULD MET FETA

EEN GEWELDIG RECEPT UIT GRIEKENLAND DAT TWEE VAN DE POPULAIRSTE INGREDIENTEN UIT DAT LAND COMBINEERT: INKTVIS EN FETA. DE INKTVIS WORDT GEKRUID MET MAJORAAN EN KNOFLOOK EN BEVAT EEN ROMIGE FETAVULLING. HET IS SIMPEL VOOR TE BEREIDEN EN SNEL TE MAKEN.

VOOR 4 PERSONEN

INGREDIËNTEN

- 4 middelgrote pijlinktvissen, zo'n 900 g in totaal, schoongemaakt
- 4-8 vingerlange plakken feta
- citroenpartjes, om te serveren

Voor de marinade

- 6 el olijfolie
- 2 tenen knoflook, fijngehakt
- 3-4 verse takjes majoraan, de blaadjes fijngehakt
- zout en vers gemalen zwarte peper

KOOKTIP

Vraag uw visboer om de inktvis schoon te maken zodat de lichamen intact blijven. Hij zal de tentakels en twee zijvinnen verwijderen die u apart kunt bereiden.

1 Spoel de inktvis van binnen en buiten grondig af en laat uitlekken. Leg de lichamen en tentakels in één laag op een ondiep bord. Leg de stukjes kaas ertussen.

2 Giet voor de marinade de olie in een kom en klop er knoflook en majoraan door. Breng op smaak met zout en peper. Giet de marinade over de inktvis en kaas, dek af en laat 2-3 uur marineren in de koelkast, onder één keer omdraaien. Leg vier houten prikkers 30 minuten in water.

3 Stop 1 of 2 stukjes feta en wat majoraan uit de marinade in elke inktvis en rijg de tentakels via het midden aan de prikkers.

4 Steek de barbecue aan. Plaats een licht ingevet rooster boven de hete

kolen. Gril de gevulde inktvissen 6 minuten op halfhoog vuur en draai ze dan voorzichtig om. Gril ze nog 1-2 minuten en voeg dan de tentakels toe. Gril ze 2 minuten aan elke kant, tot ze gaan schroeien. Serveer de gevulde inktvis met de tentakels. Geef er wat citroenpartjes bij om erover uit te knijpen.

Energie 357 kcal; eiwit 42,5 g; koolhydraten 3,5 g (waarvan 0,8 g suikers); vet 19,4 g (waarvan 8,5 g verzadigd); cholesterol 541 mg; calcium 209 mg; vezels 0 g; natrium 968 mg.

KOUDE OESTERS MET MERGUEZ

HET LIJKT EEN ONGEWOON BARBECUERECEPT, MAAR DEZE TWEE VULLEN ELKAAR PERFECT AAN. BIJT IN EEN PITTIG GEKRUID WORSTJE EN BLUS HET BRANDENDE GEVOEL MET DE ZUIVERE, KOELE TEXTUUR VAN EEN IJSKOUDE OESTER.

VOOR 6 PERSONEN

INGREDIËNTEN
- 675 g merguez-worstjes
- ijsschaafsel, om te serveren
- 24 oesters
- 2 citroenen, in partjes

1 Steek de barbecue aan. Verhit een licht ingevet rooster boven de kolen. Leg de worstjes op het rooster op halfhoog-hoog vuur. Gril ze, onder regelmatig omdraaien, 8 minuten, of tot ze gaar en goudbruin zijn.

2 Verdeel ondertussen het geschaafde ijs over een schaal en houd het koud terwijl u de oesters klaarmaakt. Borstel de schelpen en verwijder zand. Controleer of alle oesters gesloten zijn. Gooi open exemplaren weg.

3 Leg ze op het rooster, met een paar tegelijk en de bolle kant naar beneden, zodat bij opengaan de sappen bewaard blijven. Ze gaan na 3-5 minuten open en moeten dan meteen van de barbecue worden gehaald zodat ze niet gaan koken.

4 Leg de oesters op het ijs. Maak ze nu met een scherp mesje helemaal open. Maak ze los van de platte bovenste schelp en leg ze in het sap van de diepe schelp. Gooi oesters die niet opengaan weg. Serveer met de hete, gare worstjes en citroenpartjes om uit te knijpen.

Energie 439 kcal; eiwit 16,3 g; koolhydraten 11,8 g (waarvan 1,6 g suikers); vet 36,6 g (waarvan 13,8 g verzadigd); cholesterol 76 mg; calcium 102 mg; vezels 0,6 g; natrium 1059 mg.

SINT-JAKOBSSCHELPEN MET RODE PEPER

JAKOBSSCHELPEN HEBBEN EEN PRACHTIGE VOLLE SMAAK EN DOEN HET GOED OP DE BARBECUE MET EEN CHILI-HONINGGLAZUUR. U KUNT DE SINT-JAKOBSSCHELPEN HET BEST ZO IN DE OPEN SCHELP OP DE BARBECUE LEGGEN – SIMPELER KAN HET NIET, VOOR EEN SNEL EN BUITENGEWOON SMAKELIJK GERECHT.

VOOR 4-6 PERSONEN

INGREDIËNTEN

- 1 verse, dikke groene peper, zonder zaad en fijngehakt
- ½-1 vers madame jeanette- of rawitpepertje, zonder zaad en fijngehakt
- 1 sjalotje, gesnipperd
- 1 el vloeibare honing
- 4 el olijfolie
- 24 sint-jakobsschelpen op schelp
- 2 citroenen, in partjes
- zout en vers gemalen zwarte peper

1 Steek de barbecue aan. Meng ondertussen pepers, sjalot, honing en olie.

2 Leg de schelpen op een schaal. Bestrooi ze met wat zout en schep er dan wat van het chili-mengsel op. Verhit een rooster boven de kolen op halfhooghoog vuur. Leg er de sint-jakobsschelpen op.

3 Laat de schelpen maar 1½-2 minuten op de barbecue liggen. Probeer er zo veel mogelijk tegelijk te doen en beweeg ze zo nodig van de zijkant naar het midden van het grillrooster. Laat ze niet te lang liggen, want dan worden ze taai. Leg ze op een serveerschaal, met wat partjes citroen. Meteen serveren.

Energie 133 kcal; eiwit 11,7 g; koolhydraten 3,6 g (waarvan 1,9 g suikers); vet 8 g (waarvan 1,3 g verzadigd); cholesterol 24 mg; calcium 15 mg; vezels 0 g; natrium 90 mg.

GEGRILDE TONIJN

GEBRUIK TONIJN VAN SASHIMI-KWALITEIT VAN EEN EERSTEKLAS VISBOER, DIE ER EEN MOOIE RECHTHOEK VAN MAAKT. SERVEER MET JAPANSE SHISO-BLAADJES OF BASILICUM.

VOOR 4 PERSONEN

INGREDIËNTEN
- 15 g gedroogd arame-zeewier, geweld in water
- 4 el tamari
- 2 el mirin
- 120 ml water
- 1 tl wit sesamzaad
- 1 el zwart sesamzaad
- 2 tl gedroogde roze peperkorrels
- ½ tl zonnebloemolie
- 250 g sashimi-tonijn, aan één stuk
- 16 verse shiso-blaadjes
- 1,5 tl wasabi
- 50 g daikon, fijngeraspt

1 Laat de arame uitlekken en doe hem dan 1 uur in een kom met de tamari, de mirin en het water. Giet het vocht van de arame in een steelpan en leg de arame op een serveerschaal.

2 Breng het vocht aan de kook. Laat 3-5 minuten koken, tot het stroperig wordt. Laat 2 minuten afkoelen en giet over de arame. Bestrooi met het witte sesamzaad en dek zolang af.

3 Steek de barbecue aan. Maal zwart sesamzaad en roze peperkorrels lichtjes in een specerijmolen. Strijk de olie over de tonijn en haal de tonijn dan gelijkmatig door het specerijmengsel.

4 Verhit een grillpan op een rooster boven hete kolen. Schroei de tonijn 30 seconden aan alle vier zijkanten. Snijd er met een scherp mes plakken van 5 millimeter dik van en schik ze op de borden met de sisho-blaadjes, een beetje wasabi, arame en gerapste daikon.

Energie 96 kcal; eiwit 15,3 g; koolhydraten 1,3 g (waarvan 1,2 g suikers); vet 3,3 g (waarvan 0,8 g verzadigd); cholesterol 18 mg; calcium 18 mg; vezels 0,2 g; natrium 743 mg.

WARME FOREL MET RODE GROENTE

GRIL DE GROENTEN VAN TEVOREN VOOR DEZE SMAKELIJKE EN FELGEKLEURDE MEDITERRANE SANDWICH ZODAT U ALLES BIJ DE HAND HEBT ZODRA DE FOREL GAAR IS.

VOOR 4 PERSONEN

INGREDIENTEN

- 2 rode paprika's
- 8 kerstomaatjes
- 4 el extra vergine olijfolie
- 2 el citroensap
- 4 dunne forelfilets, elk van zo'n 120 g, ontveld
- 2 kleine ciabatta's
- 1 el rode pesto
- 2 el mayonaise
- 120 g rucola
- zout en vers gemalen zwarte peper

1 Verwarm de oven voor op 180 °C. Leg paprika's en tomaten in een bakblik en sprenkel de helft van de olie erover. Bak 25-30 minuten of tot het paprikavel geblakerd is. Laat afkoelen.

2 Klop de rest van de olie door het citroensap met wat zout en peper. Leg de forel in een ondiepe, niet-metalen schaal en giet er olie en citroensap over. Draai de vis om zodat hij helemaal bedekt wordt.

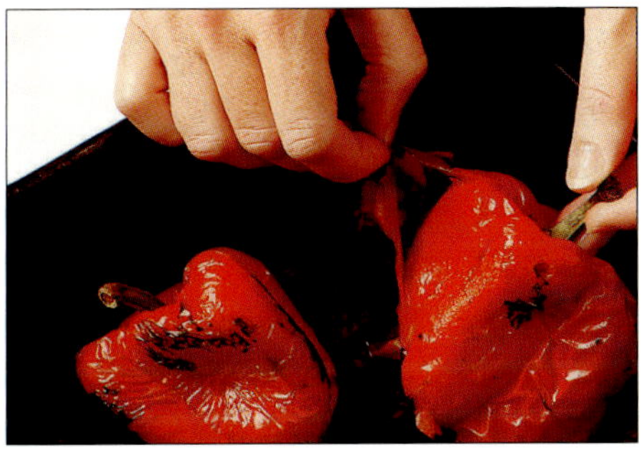

3 Ontvel de paprika's en gooi zaadlijsten en zaadjes weg. Snijd het vlees in reepjes. Halveer de ciabatta's in de lengte en vervolgens in de breedte.

4 Steek de barbecue aan. Verhit en grillpan op het rooster boven hete kolen. Haal de forel uit de marinade en gril ze 1-2 minuten, zonder extra olie, tot ze net gaar zijn.

5 Meng de pesto en mayonaise en smeer op het brood. Verdeel de rucola over vier helften van het brood en leg er de forel, paprikareepjes en tomaatjes op. Leg de andere helften brood erop en serveer.

KOOKTIPS

- U kunt ook ander brood gebruiken, maar snijd het wel dik.
- Dit recept is ook lekker met gerookte vis als vulling. Probeer eens forel- of zalmfilet te roken op de barbecue met aromatische houtsnippers. U kunt de techniek gebruiken van het recept voor warm gerookte zalm uit het hoofdstuk Vis, schaal- en schelpdieren.
- Kleine olijfoliebroodjes, zoals ciabatta en foccacia, zijn ideaal voor deze sandwiches.
- Maak de rode pesto eventueel zelf door 2 eetlepels verse, gehakt basilicum te mengen met 1 eetlepel pasta van zongedroogde tomaten.

Energie 538 kcal; eiwit 32,6 g; koolhydraten 46,7 g (waarvan 9,8 g suikers); vet 25,7 g (waarvan 3,8 g verzadigd); cholesterol 9 mg; calcium 206 mg; vezels 4,2 g; natrium 588 mg.

KIPSATE

PANDANBLADEREN WORDEN ALOM GEBRUIKT IN DE THAISE EN ZUIDOOST-AZIATISCHE KEUKENS EN HETEN IN INDONESIE 'DAUN PANDAN'. ZE ZIJN ERG VEELZIJDIG EN WORDEN HIER ZOWEL GEBRUIKT VANWEGE DE DELICATE SMAAK DIE ZE DE KIP GEVEN ALS VOOR HET VISUELE ASPECT.

VOOR 6 PERSONEN

INGREDIËNTEN

- ongeveer 1 kg kipfilet
- 2 el olijfolie
- 1 tl korianderpoeder (ketoembar)
- ½ tl komijnpoeder
- stukje verse gember van 2,5 cm, fijngeraspt
- 2 tenen knoflook, fijngehakt
- 1 tl fijne tafelsuiker
- 1,5 tl zout
- 18 lange pandanbladeren, elkgehalveerd tot een lengte van zo'n 20 cm

Voor de hete cashew-sambal

- 2 tenen knoflook, grof gehakt
- 4 kleine, verse hete groene pepers (geen rawit), zonder zaad en in ringetjes
- 50 g cashews
- 2 tl suiker, liefst palmsuiker
- 5 el lichte sojasaus
- sap van ½ limoen
- 2 el kokosroom

1 Maal voor de sambal knoflook en pepers vrij fijn in een vijzel. Voeg de noten toe en blijf stampen tot het mengsel vrijwel glad is, met nog net wat textuur. Meng de overige ingrediënten erdoor, dek af en zet in de koelkast.

2 Leg 36 lange prikkers van bamboe of hout 30 minuten in water. Snijd de kip horizontaal in dunne stukken en dan in reepjes van zo'n 2,5 centimeter breed. Schep door de olie. Meng koriander, komijn, gember, knoflook, suiker en zout. Smeer dit mengsel op de kipreepjes. Laat marineren terwijl u de barbecue aansteekt.

3 Rijg een stuk pandanblad en een stukje kip in de lengte aan elke prikker. Schuif de kolen, als de vlammen zijn gedoofd, naar één kant. Verhit een licht ingevet rooster boven de kolen.

4 Leg de saté's met de vleeskant onder boven de kolen en dek af met een deksel of een koepel van dik aluminiumfolie en gril 5-7 minuten. Verplaats de satés als het vlees eenmaal is dichtgeschroeid, zodat ze niet direct boven de kolen liggen. Zo verbranden de bladeren niet. Serveer warm met de sambal.

KOOKTIP

De makkelijkste manier om de sambal te maken is met een diepe Thaise vijzel. Het resulterende mengsel heeft een aangename beet en wordt geen gladde puree.

Energie 280 kcal; eiwit 42,3 g; koolhydraten 5,9 g (waarvan 4,6 g suikers); vet 9,8 g (waarvan 1,9 g verzadigd); cholesterol 117 mg; calcium 19 mg; vezels 0,5 g; natrium 1026 mg.

MINI-KIPFILETS

VOOR DIT RECEPT WORDEN FRUITIGE, MAAR OOK VRIJ HETE PEPERS GEBRUIKT EN DAAROM IS HET EEN GOED IDEE OM DE MARMELADE EEN DAG VAN TEVOREN TE MAKEN, ZODAT DE SMAKEN WAT ZACHTER WORDEN EN GOED MENGEN. DE MARMELADE IS PERFECT BIJ KIPFILETS MET KNOFLOOK.

VOOR 4 PERSONEN

INGREDIËNTEN

- 500 g kipfilets, elk in vier reepjes gesneden
- 2 tenen knoflook, tot pasta gewreven met ½ tl zout
- 2 el olijfolie
- vers gemalen zwarte peper

Voor de chilimarmelade

- 50 g gedroogde hete rode pepers
- 120 ml water
- 4 el olijfolie
- 2 uien, gesnipperd
- 3 tenen knoflook, fijngehakt
- 1 tl komijnpoeder
- 2 tl (Mexicaanse) oregano
- 125 g suiker
- 200 ml cider- of wittewijnazijn
- 2 kleine rode paprika's, in vieren, zonder zaad

1 Verhit voor de marmelade een zware koekenpan, voeg de gedroogde pepers toe en rooster ze door ze anderhalve minuut continu rond te roeren, zonder ze te laten verbranden.

2 Zet ze dan net onder water in een kom. Gebruik een schoteltje om ze onder water te houden en laat ze zo'n 2 uur of, desgewenst langer, wellen.

3 Snijd de pepers open, verwijder zaad en hak het vlees in stukjes. Draai met het water in een blender tot puree.

4 Verhit de olie in een zware koekenpan, voeg ui en knoflook toe en fruit 5 minuten op laag vuur. Voeg komijn, oregano en chilipuree toe. Doe er suiker bij en roer tot het stroperig wordt. Voeg dan de azijn toe er roer goed door. Breng aan de kook, temper het vuur en laat 30 minuten trekken.

5 Verhit een grillpan op het fornuis. Rooster de paprika's, met het vel onder, tot ze zijn geblakerd. Leg de paprika's onder een omgekeerde schaal. Wrijf, als ze genoeg zijn afgekoeld, het vel eraf en snijd het vlees in blokjes. Voeg bij het chilimengsel en laat nog 25 minuten trekken, of tot de marmelade dikker wordt. Schep in een kom. Dek af als alles is afgekoeld en zet tot 30 minuten voor gebruik in de koelkast.

KOOKTIP

De chilimarmelade is gekoeld een week houdbaar. Hij is ook lekker bij warmgerookte zalm.

6. Verdeel de kip over een ondiepe schaal en voeg knoflook, olie en peper toe. Schep de kip om, dek af en zet, onder nu en dan keren, 30-45 minuten in de koelkast.

7 Steek de barbecue aan. Verhit een licht ingevet rooster boven de kolen. Gril de stukken kip 2,5-3 minuten aan beide kanten op halfhoog-hoog vuur, of tot ze gaar zijn en grilsporen vertonen. Houd de delen met een tang zorgvuldig in beweging om ze niet te verbranden. Laat 5 minuten op een warm bord rusten voor u ze serveert met de marmelade.

Energie 401 kcal; eiwit 32,2 g; koolhydraten 47,5 g (waarvan 44,9 g suikers); vet 10,4 g (waarvan 1,7 g verzadigd); cholesterol 88 mg; calcium 56 mg; vezels 2,8 g; natrium 84 mg.

GEGRILDE KIPBALLETJES

DEZE SMAKELIJKE JAPANSE KIPBALLETJES, TSUKUNE, ZIJN ZOWEL POPULAIR BIJ KINDEREN ALS VOLWASSENEN. U KUNT DE BALLETJES VAN TEVOREN MAKEN TOT EN MET STAP 2 EN ZE OOK PRIMA INVRIEZEN.

VOOR 4 PERSONEN

INGREDIËNTEN

- 300 g kippengehakt
- 2 eieren
- ½ tl zout
- 2 tl bloem
- 2 tl maïzena
- 6 el broodkruim
- stukje gember van 2,5 cm, geraspt

Voor de *yakitori*-saus

- 4 el sake
- 5 el shoyu
- 1 el mirin
- 1 el fijne tafelsuiker
- ½ tl maïzena, vermengd met 1 tl water
- shichimi togarashi of sansho (eventueel), om te serveren

1 Leg acht bamboeprikkers 30 minuten in water. Draai alle ingrediënten voor de balletjes, behalve de gember, fijn in een keukenmachine.

2 Maak uw handen nat en draai van eetlepels van het mengsel balletjes van het formaat golfbal; in totaal 30-32.

3 Pers het sap uit de geraspte gember en gooi de pulp weg.

4 Doe het gembersap in een steelpan kokend water. Voeg de kipballetjes toe en kook zo'n 7 minuten, of tot de kleur van het vlees verandert en de balletjes naar het oppervlak drijven. Schep ze eruit met een schuimspaan en laat uitlekken op een bord met keukenpapier.

5 Meng in een steelpan alle ingrediënten voor de *yakitori*-saus, behalve het maïzenapapje. Breng aan de kook, temper het vuur en laat zo'n 10 minuten trekken, of tot de saus iets is ingekookt. Voeg de maïzena toe en roer tot de saus dik is. Schep in een kommetje.

6 Steek de barbecue aan. Plaats een licht ingevet rooster boven de hete kolen. Rijg drie tot vier balletjes aan elke prikker en draai ze een paar minuten om boven de hitte tot ze bruin beginnen te worden. Bestrijk ze met de saus en leg ze weer boven de hitte. Herhaal dit proces twee keer. Bestrooi ze voor het serveren desgewenst met wat shichimi togarashi of sansho.

KOOKTIP

Sansho is een Japanse specerij van de gemalen schilletjes van de bessen van een struik uit de Zanthoxylum-familie die vaak over soepen en stoofpotten wordt gestrooid. Het is een belangrijk deel van het 'zevenkruidenpoeder' shichimi togarashi, dat ook rode peper, sesamzaad, zeewier en citrusschil kan bevatten.

Energie 263 kcal; eiwit 24,1 g; koolhydraten 25,9 g (waarvan 4,8 g suikers); vet 4,1 g (waarvan 1 g verzadigd); cholesterol 148 mg; calcium 54 mg; vezels 0,6 g; natrium 520 mg.

GEHAKT AAN CITROENGRASPRIKKERS

DIT SIMPELE RECEPT VORMT EEN STEVIG VOORGERECHT EN DE CITROENGRASPRIKKERS GEVEN NIET ALLEEN EEN SUBTIELE SMAAK MAAR ZIEN ER OOK ATTRACTIEF UIT.

VOOR 4 PERSONEN

INGREDIËNTEN

- 300 g varkensgehakt
- 4 tenen knoflook, fijngehakt
- 4 verse korianderwortels, fijngehakt
- ½ tl kristalsuiker
- 1 el sojasaus
- 8 sprieten citroengras van 10 cm
- zout en vers gemalen zwarte peper
- zoete chilisaus, om te serveren

VARIANT

Kleinere versies van deze gehaktsticks zijn perfect voor feestjes. Het mengsel is voldoende voor twaalf prikkers, als u goed doseert.

1 Meng gehakt, knoflook, korianderwortel, suiker en sojasaus in een ruime kom en breng op smaak met zout en peper.

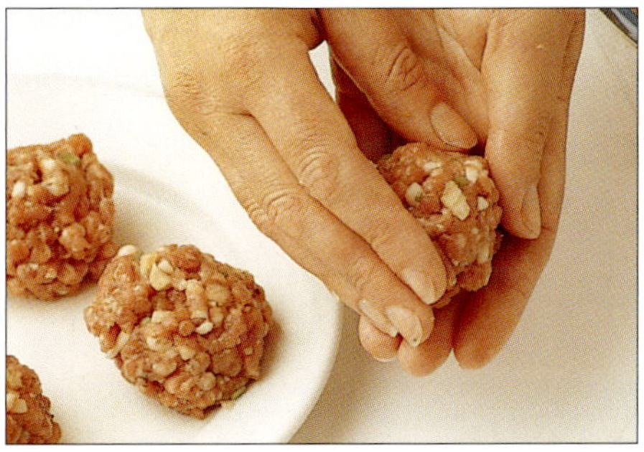

2 Maak er acht porties van en vorm deze tot balletjes. Het is handig om eerst de handen vochtig te maken om te voorkomen dat het plakt.

3 Steek een stuk citroengras tot halverwege in elke bal en druk het vlees dan aan.

4 Steek de barbecue aan. Plaats een licht ingevet rooster boven de hete kolen. Gril de gehaktsticks 3-4 minuten aan elke kant, tot ze goudbruin en gaar zijn. Serveer met de chilisaus als dip.

Energie 97 kcal; eiwit 16,6 g; koolhydraten 0,7 g (waarvan 0,6 g suikers); vet 3,2 g (waarvan 1,1 g verzadigd); cholesterol 47 mg; calcium 31 mg; vezels 0,6 g; natrium 324 mg.

MINIBURGERS MET MOZZARELLA

Deze burgertjes in Italiaanse stijl worden gemaakt van rundergehakt, afgetopt met gesmolten mozzarella en hartige ansjovis. Ze vormen een stevig en ongewoon voorgerechtje.

VOOR 6 PERSONEN

INGREDIËNTEN

- ½ witte boterham, zonder korst
- 50 ml melk
- 675 g rundergehakt
- 1 ei, losgeklopt
- 50 g paneermeel
- olijfolie, om te bestrijken
- 2 grote vleestomaten, in plakken
- 1 el gehakte verse oregano
- 1 mozzarella, in 6 plakken
- 6 uitgelekte ansjovisjes uit blik, in de lengte gehalveerd
- zout en vers gemalen zwarte peper

1 Verhit brood en melk zachtjes in een steelpan, tot het brood alle melk absorbeert. Prak fijn en laat afkoelen.

2 Doe gehakt en het afgekoelde broodmengsel in een kom. Roer er het ei door en kruid met ruim zout en vers gemalen zwarte peper. Goed mengen.

3 Vorm er met uw handen zes burgers van. Strooi het paneermeel op een bord en haal de burgers erdoor.

4 Steek de barbecue aan. Plaats een licht ingevet rooster boven de hete kolen. Bestrijk de burgers met olijfolie en gril ze 2-3 minuten aan één kant op de hete barbecue, of tot ze bruin zijn. Draai ze om.

5 Laat de burgers op de barbecue liggen, leg er een plak tomaat op en bestrooi met oregano, peper en zout. Leg er een plak mozzarella op en schik twee reepjes ansjovis in een kruis over de kaas.

6 Gril nog 4-5 minuten, of tot de burgers gaar zijn en de mozzarella is gesmolten.

Energie 360 kcal; eiwit 28,6 g; koolhydraten 9,6 g (waarvan 2,2 g suikers); vet 23,2 g (waarvan 10,9 g verzadigd); cholesterol 82 mg; calcium 121 mg; vezels 0,7 g; natrium 374 mg.

GEGRILDE FOIE GRAS

DE VOLLE EN WEELDERIGE TEXTUUR VAN FOIE GRAS WORDT HIER GECOMBINEERD MET EEN PITTIGE, FRISZURE JAPANSE SAUS, PONZU JOYU. DE GEKARAMELISEERDE SMAAK VAN DE NASHI-PEER ZORGT VOOR DE PERFECTE BALANS.

VOOR 4 PERSONEN

INGREDIËNTEN

- 2 nashi-peren, elk in acht parten
- 1 el vloeibare honing, gemengd met 3 el water
- 225 g foie gras van eend of gans, gekoeld en in 8 plakken van 1 cm dik

Voor de *ponzu joyu*

- 3 el mirin
- 120 ml tamari
- 5 el gedroogde bonitovlokken
- 3 el rijstazijn
- sap van 1 grote citroen
- 4 reepjes gedroogde kombu (zeewier)

1 Breng voor de ponzu joyu de mirin in een steelpan aan de kook en laat 30 seconden koken.

2 Giet in een kommetje en voeg alle overige ingrediënten toe. Laat afkoelen, dek af en zet 24 uur in de koelkast. Zeef het mengsel boven een afsluitbare pot en zet tot gebruik koel weg.

KOOKTIP

De ingrediënten voor de ponzu joyu vindt u bij Japanse toko's. Bonitovlokken zijn gedroogde vlokken van de Pacifische bonito (een klein soort tonijn). Ze geven smaak en worden altijd uitgezeefd zodra hun smaak is geabsorbeerd. Ze worden vaak gebruikt voor Japanse salades en groenteschotels.

3 Schep de peerpartjes door het honingmengsel. Verhit een grilpan op het rooster boven de hete kolen. Gril de peer zo'n 30 seconden aan beide kanten.

4 Veeg de pan schoon met keukenpapier en verhit opnieuw. Gril er, als hij zeer heet is, de foie gras 30 seconden in aan beide kanten. Meteen serveren met de ponzo joyu en partjes peer.

Energie 238 kcal; eiwit 7,5 g; koolhydraten 11,1 g (waarvan 10,9 g suikers); vet 18,5 g (waarvan 5,4 g verzadigd); cholesterol 96 mg; calcium 18 mg; vezels 1,7 g; natrium 692 mg.

VIS EN ZEEVRUCHTEN

Verse zeevruchten zijn heerlijk om te barbecueën en er zijn talloze manieren om vis, schaal- en schelpdieren te bereiden. Verpak ze in bladeren of stoom ze in foliepakketjes, snijd ze in blokjes en spies ze, vul ze of bestrijk ze gewoon met olie of een verse marinade en gril direct op de barbecue. Schelpdieren horen tot het snelst boven kolen te bereiden voedsel, dus ze zijn perfect voor een geïmproviseerd maal. Kleine hele vissen zijn ook een prima keus voor een snel hapje, maar als u wat meer tijd hebt, zijn ook de recepten met sauzen of salsa's de moeite waard, net als gerechten die van tevoren moeten worden gemarineerd. Deze simpele accenten en technieken transformeren uw gebarbecuede zeevruchten – en de veelbelovende aroma's verleiden de smaakpapillen van iedere gast. Als u op het strand gaat eten, kunt u ook de 'zeevruchtenpicknick' maken, met ter plekke gevangen zeevruchten op een geïmproviseerde barbecue.

VERPAKTE VENUSSCHELPEN EN MOSSELEN

DEZE FRAAIE, MET RAFFIA DICHTGEBONDEN PAKKETJES KUNT U METEEN BEREIDEN OF EERST NOG 30 MINUTEN IN DE KOELKAST BEWAREN, ZODAT U WAT TIJD HEEFT VOOR HET ECHTE KOKEN BEGINT. MET BANANENBLAD MAAKT U MOOIE PAKKETJES, MAAR U KUNT OOK ALUMINIUMFOLIE GEBRUIKEN.

VOOR 6 PERSONEN

INGREDIËNTEN
- 1 el olijfolie
- 1 grote ui, gesnipperd
- 2 tenen knoflook, fijngehak
- ¼ tl saffraandraadjes
- 4 el Noilly Prat of andere droge vermout
- 2 el water
- 2 el gehakte bladpeterselie
- 500 g venusschelpen, geboend
- 900 g mosselen, gewassen
- 6 bananenbladeren
- zout en vers gemalen zwarte peper
- raffia, om dicht te binden
- stokbrood, om te serveren

1 Verhit de olie in een pan en voeg ui, knoflook en saffraan toe. Fruit 4 minuten op laag vuur. Voeg vermout en water toe, draai het vuur hoger en laat 2 minuten trekken Roer er peterselie door en peper en zout naar smaak. Schep in een kom en laat helemaal afkoelen.

2 Tik op alle schelpen en gooi exemplaren die open blijven weg. Roer ze door de kom met het uimengsel. Snijd de harde rand van de bananenbladeren en halveer ze in de lengte. Leg ze 10 minuten in koud water en laat uitlekken. Veeg witte resten af en giet er kokend water over om ze zacht te maken.

3 Leg een stuk bananenblad, met de gladde kant boven, op een vel aluminiumfolie. Leg er kruislings een tweede stuk op. Het geeft niet als de bladeren nat zijn. Het is belangrijker om snel te werken nu ze nog zacht en plooibaar zijn.

4 Leg een zesde van het schelpenmengsel in het midden, vouw de bladeren samen en bind ze als een buideltje op met de raffia. Doe hetzelfde met de folie en knijp de bovenkant dicht. Maak de overige pakketjes net zo en houd ze tot gebruik koel.

5 Steek de barbecue aan. Verhit een licht ingevet rooster boven de kolen. Bak de pakketjes zo'n 15 minuten op halfhoog-hoog vuur. Verwijder voorzichtig de folielaag en leg de pakketjes nog 1 minuut terug op het rooster.

6 Verdeel over de borden. De pakketjes blijven wel even warm, dus u kunt ze nog wel 5 minuten zo laten staan. Maak de raffia los en eet vanaf het blad. Geef er eventueel stokbrood bij.

KOOKTIP

Kijk voor het serveren even in de pakketjes om zeker te weten dat de schelpen open zijn. Gooi schelpen die nog dicht zijn weg.

Energie 116 kcal; eiwit 14 g; koolhydraten 6,2 g (waarvan 4 g suikers); vet 3,1 g (waarvan 0,5 g verzadigd); cholesterol 40 mg; calcium 131 mg; vezels 0,9 g; natrium 498 mg.

REUZENGAMBA'S IN CITROENBLAD

DEZE ENORME GARNALEN KUNNEN MEER DAN 30 CENTIMETER WORDEN EN ZIJN PERFECT VOOR DE BARBECUE. DIT GERECHT IS SNEL EN SIMPEL, MAAR TOCH INDRUKWEKKEND; MET EEN SALADE ERBIJ IDEAAL VOOR EEN LUNCH AAN HET ZWEMBAD, OF ALS VOORGERECHT TERWIJL HET HOOFDGERECHT WORDT BEREID.

VOOR 6 PERSONEN

INGREDIËNTEN

- 6 reuzengamba's, in totaal zo'n 900 g
- sap van 2 limoenen
- 4 el olijfolie
- 12 grote citroenbladeren
- 12 pandanbladeren
- 2 limoenen, in partjes, om te serveren

VARIANT

Serveer ze met een dip: een mix van 150 milliliter mayonaise en 4 theelepels zoete Thaise chilisaus.

1 Leg zes houten cocktailprikkers 30 minuten in het water. Maak een ondiepe snede langs de rug van elke garnaal.

2 Leg de garnalen in een ondiepe schaal waar ze naast elkaar kunnen liggen. Meng limoensap en olie en giet over de garnalen. Laat de smaak 15 minuten intrekken.

3 Leg op elke garnaal twee citroenblaadjes, wikkel er twee pandanbladeren omheen en zet ze vast met een cocktailprikker.

4 Steek de barbecue aan. Verhit een licht ingevet rooster boven de kolen. Gril, als de kolen halfheet zijn, de verpakte garnalen 3 minuten aan elke kant. Serveer met partjes limoen. Pak de garnalen uit, pel ze en verwijder het zwarte darmkanaal.

KOOKTIP

Bij veel barbecues wordt met de handen gegeten, dus een paar vingerkommetjes zijn handig. U kunt het water parfumeren met citrusschijfjes, kruiden of bloemessences, zoals roos. Laat ter decoratie eventueel wat blaadjes erin drijven.

Energie 122 kcal; eiwit 12,9 g; koolhydraten 0,1 g (waarvan 0,1 g suikers); vet 7,8 g (waarvan 1,2 g verzadigd); cholesterol 158 mg; calcium 65 mg; vezels 0 g; natrium 900 mg.

ZEEVRUCHTEN AAN SUIKERRIET

TOLEE MOLEE IS EEN BIRMESE TERM VOOR DE LIFLAFJES DIE EEN HOOFD GERECHT BEGELEIDEN, ZOALS KOMMETJES MET KRUIDEN, KNAPPERIG GEBAKKEN UIRINGEN EN BALACHAUNG, EEN PASTA VAN RODE PEPER EN GARNAAL. IN PLAATS VAN SUIKERRIET KUNT U OOK GEWONE SPIESEN GEBRUIKEN.

VOOR 12 STUKS

INGREDIËNTEN

- 400 g gamba's, gepeld
- 225 g kabeljauw- of heilbotfilet, zonder vel, in grove stukken
- snufje kurkuma
- ¼ tl gemalen witte peper
- ¼ tl zout
- 4 el verse koriander, gehakt
- 1 verse lange rode peper, zonder zaad en fijngehakt
- een stuk suikerriet, in 12 stukken gesneden (zie Kooktip) of 12 houten prikkers
- 2 el zonnebloemolie

Voor de *tolee molee*

- 25 g verse koriander
- 3 el olijfolie
- 300 g zoete uien, gehalveerd en in dunne plakjes
- 6 el balachaung
- 1 el suiker
- sap van ½ limoen
- 2 el water

1 Leg de suikerriet of prikkers 30 minuten in water. Maak een ondiepe snede over het midden van de rug van de gamba's. Verwijder het zwarte darmkanaal met een cocktailprikker. Snijd de gamba's grof en doe ze met vis, kurkuma, peper en zout in een keukenmachine.

2 Pulseer tot het mengsel een pasta vormt. Voeg koriander en rode peper toe en pulseer lichtjes om alles te mengen. Schep in een kom en laat 30 minuten afkoelen.

3 Doe de koriander voor de *tolee molee* in een kommetje koud water. Zet zolang in de koelkast. Verhit een ruime koekenpan met de olie en fruit de ui 10 minuten op halfhoog vuur, roer af en toe en draai het vuur de laatste paar minuten wat hoger zodat de ui goudbruin en krokant wordt.

4 Schep de ui in een kommetje. Doe de balachaung in een ander kommetje en meng er suiker, limoensap en het water door. Roer goed door en zet weg.

5 Kneed met vochtige handen het vismengsel rond de uitgelekte suikerrietprikkers, tot een ovale worstvorm.

6 Steek de barbecue aan. Plaats een licht ingevet rooster boven de hete kolen. Strijk het vismengsel in met zonnebloemolie en gril zo'n 3 minuten aan beide kanten op halfhoog-hoog vuur, tot het net gaar is. Serveer met de *tolee molee.*

KOOKTIP

Hak voor de suikerrietprikkers een stuk suikerriet door met een koksmes en maak er splinters van 1 centimeter dik van. Suikerriet is te koop bij toko's en dierenspeciaalzaken.

Energie 98 kcal; eiwit 9,9 g; koolhydraten 3,5 g (waarvan 2,9 g suikers); vet 5,1 g (waarvan 0,7 g verzadigd); cholesterol 74 mg; calcium 52 mg; vezels 0,8 g; natrium 78 mg.

GEMARINEERDE OCTOPUS

OCTOPUS DIE DIEPGEVROREN IS EN ONTDOOID WORDT, WORDT DOOR DAT PROCES MALS EN IS DUS SNEL GAAR. VRAAG HET BIJ UW VISBOER, WANT VERSE OCTOPUS HEEFT AANZIENLIJK MEER STOOFTIJD NODIG. SERVEER MET RODE PIPIAN VOOR WAT EXTRA PIT.

VOOR 8 PERSONEN

INGREDIËNTEN
- 1 kg hele octopus
- 1 ui, in vieren
- 2 laurierblaadjes
- 2 el olijfolie
- geraspte schil en sap van 1 limoen
- 1 el verse koriander, gehakt

Voor de rode *pipian*
- 1 grote gedroogde rode peper
- 4 tenen knoflook, gepeld
- 1 sjalotje, gesnipperd
- 500 g roma-tomaten, hart en pitjes verwijderd
- 2 el olijfolie
- 1 tl suiker
- 2 el pijnboompitten
- 2 el pompoenpitten
- snufje kaneel
- 1 el chipotles in adobo-saus, of een andere chilisaus van zoete, rokerige pepers
- 3 el groentebouillon
- blaadjes van 4 takjes van verse tijm, fijngehakt
- zout
- verse takjes koriander, om te garneren

1 Maak eerst de pipian. Verwarm de oven voor op 200 °C. Laat de gedroogde peper 20 minuten wellen in een afgedekte kom warm water. Doe ondertussen knoflook, ui en tomaten in een braadpan, besprenkel met olijfolie en bestrooi met de suiker en wat zout. Bak 15 minuten. Strooi pijnboompitten, pompoenpitten en kaneel op het mengsel en bak nog 5 minuten. Giet de gedroogde peper af, verwijder zaad en hak het vlees.

2 Draai het mengsel met de gedroogde peper, de chipotles of chilisaus, groentebouillon en tijm al pulserend tot puree, schep alles in een schaaltje en zet in de koelkast.

KOOKTIP
U kunt de octopusspiesen ook bereiden in een grillpan; de gaartijd is hetzelfde.

3 Snijd de tentakels van de kop van de octopus. Laat het vel zitten, maar knip grote flappen weg met een schaar. Gooi de kop weg. Leg de tentakels in een ruime pan, zet onder koud water en voeg ui en laurier toe. Breng langzaam aan de kook en laat zo'n 20 minuten (diepvries) of ongeveer 2 uur (vers) trekken.

4 Giet de tentakels af en spoel na met koud water. Wrijf loszittende donkere membranen weg. Rijg de tentakels aan acht metalen prikkers en doe ze in een plastic zak met olijfolie, citroenschil en -sap en gehakte koriander. Knoop dicht en schud om. Laat 1 uur tot maximaal 12 uur marineren op een koele plek.

5 Steek de barbecue aan. Plaats een licht ingevet rooster boven de hete kolen. Gril de octopus 2-4 minuten aan elke kant op halfhoog-hoog vuur, tot hij mooi goudbruin is. Serveer met de pipian, gegarneerd met takjes koriander.

Energie 149 kcal; eiwit 23,2 g; koolhydraten 3,8 g (waarvan 3,4 g suikers); vet 4,7 g (waarvan 0,8 g verzadigd); cholesterol 60 mg; calcium 62 mg; vezels 1,2 g; natrium 8 mg.

ZEEVRUCHTENSPIESEN MET LENTE-UI

ZEEDUIVEL IS EEN PRIMA VIS VOOR DE BARBECUE, WANT HET STEVIGE VLEES HOUDT ZIJN VORM EN IS MAKKELIJK AAN PRIKKERS TE RIJGEN. HET HEEFT EEN FIJNE ZOETE SMAAK, DIE HIER HEEL AANTREKKELIJK WORDT GECOMBINEERD MET DIE VAN SCHELPDIEREN.

VOOR 9 STUKS

INGREDIËNTEN

- 675 g zeeduivelfilet, zonder vel en membraan
- 1 flinke bos lente-ui, in stukjes van 5 cm
- 5 el olijfolie
- 1 teen knoflook, fijngehakt
- 1 el citroensap
- 1 tl gedroogde oregano
- 2 el bladpeterselie, gehakt
- 12-18 kleine sint-jakobsschelpen of rauwe gamba's
- 75 g vers broodkruim
- zout en vers gemalen zwarte peper

Voor de tartaarsaus

- 2 eigelen
- 300 ml olijfolie of een mengsel van plantaardige olie en olijfolie
- 1-2 el citroensap
- 1 tl Dijonmosterd
- 1 el fijngehakte augurk
- 1el fijngehakte kappertjes
- 2 el bladpeterselie, fijngehakt
- 2 el bieslook, fijngehakt
- 1 tl verse dragon, fijngehakt

1 Leg negen houten prikkers 30 minuten in water zodat ze niet verbranden op de barbecue.

2 Klop voor de saus de eigelen met een snufje zout. Klop er de olie door, druppel voor druppel in het begin. Giet hem, als de helft van de olie is opgenomen, er in een gelijkmatig straaltje bij, onder voortdurend kloppen. Stop als de mayonaise dik is.

3 Klop er 1 eetlepel citroensap door en dan nog wat olie. Roer er mosterd, augurk, kappertjes, peterselie, bieslook en dragon door. Voeg nog wat citroensap toe en breng op smaak.

4 Snijd de zeeduivel in 18 stukken. Meng olie, knoflook, citroensap, oregano, de helft van de peterselie, peper en zout. Voeg de zeevruchten toe en laat 15 minuten marineren.

5 Meng broodkruim en overige peterselie. Schep zeevruchten en lente-ui door het mengsel om ze te paneren.

6. Steek de barbecue aan. Plaats een licht ingevet rooster boven de kolen. Laat de prikkers uitlekken en rijg de zeeduivel, sint-jakobsschelpen of garnalen, en lente-ui eraan. Besprenkel met wat marinade en gril 7-8 minuten op halfhoog vuur, onder één keer omdraaien en bedruipen met marinade, tot de vis net gaar is. Meteen serveren met de tartaarsaus.

Energie 352 kcal; eiwit 16,6 g; koolhydraten 6,9 g (waarvan 0,6 g suikers); vet 28,9 g (waarvan 4,3 g verzadigd); cholesterol 88 mg; calcium 41 mg; vezels 0,4 g; natrium 111 mg.

HELE GEVULDE INKTVIS

HEERLIJK VERSE PIJLINKTVIS IS FANTASTISCH OP DE BARBECUE EN DE LICHAAMSHOLTE IS PERFECT VOOR EEN RIJKE WALNOTENVULLING. MET NAME DE TENTAKELS ZIJN SMAKELIJK DUS GRIL DIE OOK MEE.

VOOR 6 PERSONEN

INGREDIËNTEN

- 12 kleine, hele pijlinktvissen, in totaal zo'n 675 g
- 3 el extra vergine olijfolie
- 2 uien, gesnipperd
- 3 tenen knoflook, fijngehakt
- 2 el walnoten, fijngehakt
- 1½ tl sumakpoeder of een scheutje citroensap
- ¼ tl rodepepervlokken, fijngehakt
- 75-90 g rucola, zonder harde takjes
- 120 g gekookte rijst
- zout en vers gemalen zwarte peper
- partjes citroen en limoen, om te serveren

1 Maak de inktvis schoon. Houd het lichaam in één hand en de onderkant van de tentakels in de andere. Trek de kop van het lichaam en neem daarbij ook de ingewanden mee. Snijd de tentakels (en het deel van de kop boven de ogen) van de ingewanden af. Verwijder de harde bek in het midden van de tentakels en gooi weg, samen met de ingewanden die nog aan de rest van de kop zitten.

2 Haal het paarsachtige membraan van het lichaam, trek er de harde transparante schacht uit en gooi weg. Was tentakels en lichaam grondig, van binnen en buiten, onder koud water.

3 Leg de tentakels op een bord, dek af en zet koud weg. Trek de zijflapjes van het lichaam, hak ze fijn en zet weg. Bewaar de lichamen bij de tentakels.

KOOKTIPS

- U kunt eventueel ook uw visboer vragen om de inktvis schoon te maken.
- Als u de inktvis van tevoren vult en in de koelkast bewaart, moet u hem voor het grillen wel op kamertemperatuur brengen.

4 Verhit en koekenpan. Voeg olie, ui en knoflook toe en fruit 5 minuten, of tot de ui zacht en goudgeel is. Doe er de inktvisflapjes bij, bak 1 minuut en voeg walnoten, sumak en pepervlokken toe. Voeg de rucola toe en roerbak tot hij slap wordt. Roer er de rijst door, kruid en schep in een kom om af te koelen. Leg zes houten prikkers 30 minuten in water.

5 Steek de barbecue aan. Vul elke inktvis met het koude mengsel en rijg ze per twee aan een prikker, met twee bosjes tentakels. Haal door olie en zout. Verhit een licht ingevet rooster boven de kolen. Gril de inktvis ongeveer 1½ minuut aan elke kant op halfhoog-hoog vuur.

6 Verplaats ze naar een minder heet stuk van de barbecue als ze eenmaal licht goudgeel zijn en bak nog 1½ minuut aan elke kant, zodat de vulling goed warm is. Bestrijk met de rest van het olie-zoutmengsel als u ze omdraait. Serveer met partjes limoen en citroen.

Energie 212 kcal; eiwit 19,3 g; koolhydraten 10,3 g (waarvan 2,2 g suikers); vet 10,7 g (waarvan 1,6 g verzadigd); cholesterol 253 mg; calcium 56 mg; vezels 1 g; natrium 146 mg.

GAMBASPIESEN

GROTE GARNALEN HEBBEN VEEL SMAAK EN ZIJN IDEAAL VOOR DE BARBECUE; EN ZE ZIJN RAZENDSNEL KLAAR. IN DIT RECEPT WORDEN ZE GEMARINEERD IN EEN ONGEWONE WALNOTENPESTO, DIE SIMPEL EN OOK EEN DAG VAN TEVOREN TE MAKEN IS. LAAT EEN NACHT MARINEREN VOOR HET BESTE RESULTAAT.

VOOR 4 PERSONEN

INGREDIËNTEN

- 12-16 gamba's, ongepeld
- 50 g walnoten
- 4 el bladpeterselie, fijngehakt
- 4 el basilicum, fijngehakt
- 2 tenen knoflook, fijngehakt
- 3 el parmezaan, geraspt
- 2 el extra vergine olijfolie
- 2 el walnotenolie
- zout en vers gemalen zwarte peper

1 Pel de garnalen, verwijder de kop, maar laat de staart zitten. Verwijder het darmkanaal met een cocktailprikker en doe ze dan in een ruime kom.

VARIANT

Voor knoflookgarnalen rijgt u ze aan prikkers, bestrijkt u ze met olie en grilt u ze. Smelt 50 gram boter in een steelpan op de barbecue. Voeg twee fijngehakte tenen knoflook toe, 2 eetlepels gehakte peterselie, de geraspte schil van ¼ citroen en 1 eetlepel citroensap. Serveer bij de garnalen.

2 Draai voor de pesto walnoten, peterselie, basilicum, kaas en oliën in een keukenmachine fijn. Kruid.

3 Voeg de helft van de pesto bij de garnalen en schep om. Dek af en zet 1 uur tot een hele nacht in de koelkast.

4 Leg vier houten prikkers 30 minuten in water. Steek de barbecue aan. Plaats een licht ingevet rooster boven de kolen Rijg de garnalen aan de prikkers en gril ze 3-4 minuten op hoog vuur, onder één keer omdraaien. Serveer met de resterende pesto en eventueel een groene salade.

Energie 256 kcal; eiwit 13,9 g; koolhydraten 0,9 g (waarvan 0,8 g suikers); vet 21,9 g (waarvan 4,2 g verzadigd); cholesterol 90 mg; calcium 209 mg; vezels 1,3 g; natrium 578 mg.

GEMARINEERDE ZEEDUIVEL-MOSSELSPIESEN

DIT RECEPT COMBINEERT ZEEVRUCHTEN MET KALKOEN, VOOR EXTRA SMAAK. DE EENVOUDIGE MARINADE IS RAZENDSNEL KLAAR. DE MARINADE ZORGT ZOWEL VOOR EEN HEERLIJKE SMAAK VAN DE ZEEDUIVEL ALS EEN KORTERE BEREIDINGSTIJD, DUS LET GOED OP DE KOOKTIJD.

VOOR 4 PERSONEN

INGREDIËNTEN

- 450 g zeeduivel, ontveld en gefileerd
- 1 tl olijfolie
- 2 el citroensap
- 1 tl paprikapoeder
- 1 teen knoflook, fijngehakt
- 4 plakjes kalkoenfilet
- 8 gekookte mosselen
- 8 rauwe gamba's
- 1 el verse dille, fijngehakt
- zout en vers gemalen zwarte peper
- partjes citroen, om te garneren
- salade en rijst, om te serveren

1 Meng olie, citroensap, paprikapoeder en knoflook en kruid met peper.

2 Snijd de zeeduivel in vierkante blokjes van 2,5 centimeter en leg ze in een glazen schaal.

3 Giet er de marinade over en schep om. Dek af en zet 30 minuten in de koelkast.

4 Halveer de plakjes kalkoenfilet en wikkel elk reepje om een mossel. Rijg aan prikkers, afgewisseld met visblokjes en gamba's.

KOOKTIP

Als u de spiesen aan twee parallelle prikkers rijgt, zijn ze makkelijker om te keren.

5 Steek de barbecue aan. Plaats een licht ingevet rooster boven de kolen. Gril de spiesen 7-8 minuten op hoog vuur, draai één keer om en bedruip met de marinade. Bestrooi met gehakte dille en zout. Garneer met partjes citroen en serveer met een salade en rijst.

Energie 126 kcal; eiwit 26,5 g; koolhydraten 0,3 g (waarvan 0 g suikers); vet 2,1 g (waarvan 0,5 g verzadigd); cholesterol 67 mg; calcium 26 mg; vezels 0 g; natrium 103 mg.

GEGRILDE KREEFT

DIT IS EEN CHIC MAAR TOCH ONPRETENTIEUS GERECHT EN HET BEETJE EXTRA INSPANNING ZEKER WAARD. KREEFT IS EEN FANTASTISCH INGREDIENT OM MEE TE KOKEN MAAR, ALS U HET ENG VINDT, IS HET DODEN ERVAN ERG LASTIG. IN DAT GEVAL KUNT U HET BETER AAN DE VISBOER OVERLATEN. INSTRUCTIES OM HEM HUMAAN TE DODEN VOLGEN HIERONDER.

VOOR 2-4 PERSONEN

INGREDIËNTEN

15 blaadjes basilicum, grof gehakt
4 el olijfolie
1 teen knoflook, fijngehakt
2 recent gedode kreeften, in de lengte gehalveerd (zie Kooktip)
zout en vers gemalen zwarte peper
2 limoenen, gehalveerd, om te serveren

Voor de basilicumolie en mayonaise
40 g basilicum, zonder steeltjes
175 ml zonnebloemolie (eventueel wat extra)
3 el olijfolie
1 teentje knoflook, fijngehakt
½ tl Engelse mosterdpoeder
2 tl citroensap
2 eigelen
vers gemalen witte peper

1 Doe voor de basilicumolie het basilicum in een kom en giet er kokend water over. Laat 30 seconden staan, tot de blaadjes helderder groen worden. Giet af, spoel na met koud water, laat uitlekken en dep droog met keukenpapier. Doe de blaadjes met beide oliën in een keukenmachine en draai tot puree.

2 Bekleed een zeef met mousseline boven een kom. Giet de basilicumpuree erin en laat hem 1 uur met rust, of tot alle olie in de kom is gefilterd. Gooi de resten weg. Dek af en zet koel weg.

3 Voor de mayonaise hebt u 200 milliliter basilicumolie nodig. Vul eventueel aan met zonnebloemolie. Doe de gehakte knoflook in een kom. Voeg mosterd, ½ theelepel citroensap en wat zout en witte peper toe.

4 Klop de eigelen en voeg, onder continu kloppen en eerst met druppels tegelijk, de basilicumolie toe, tot het mengsel dikker wordt. In dit stadium kunt u de olie wat sneller toevoegen. Klop er, als u nog 3 eetlepels olie over hebt, de rest van de citroensap door en dan de laatste olie. Klop er tot slot 1½ theelepel koud water door. Dek af en zet koel weg.

5 Steek de barbecue aan. Hak het basilicum en meng met olie en knoflook. Kruid lichtjes. Schuif, als de vlammen eenmaal zijn gedoofd, de kolen meer naar de ene kant dan de andere. Verhit een licht ingevet rooster boven de kolen.

6 Strijk wat oliemengsel over de snijkant van elke kreefthelft. Leg ze met de snijkant op de kant van het rooster waar de minste kolen liggen. Gril 5 minuten. Draai de kreeft om, strijk er nog wat oliemengsel over en kook nog 10-15 minuten. Beweeg de helften op en neer en bestrijk ze regelmatig.

7 Gril tegelijkertijd de limoenhelften door ze 3 minuten met de snijkant op het rooster te leggen om te karameliseren. Serveer de kreeft met de mayonaise en de limoen.

KOOKTIP

Als u zelf de kreeft gaat doden, doe dat dan humaan. Leg de levende kreeft in een diepvriesschaal en bedek hem met ijs om hem bewusteloos te maken of leg hem twee uur in de vriezer. Als de kreeft erg koud is en niet meer beweegt, legt u hem op een snijplank en steekt u de punt van een lang, scherp en zwaar mes, of een erg sterke spies, door het midden van het kruis op zijn kop. Volgens kenners is hij dan acuut dood.

Leg de kreeft op zijn rug en strek het lichaam. Gebruik een scherp, zwaar mes om de kreeft in de lengte in tweeën te snijden. Gooi de wittige zak en de veerachtige kieuwen uit de kop en de grijszwarte ingewandszak die langs de staart loopt weg. De groenige lever en het koraal zijn heerlijk, dus bewaar die.

Energie 518 kcal; eiwit 21,8 g; koolhydraten 0,4 g (waarvan 0,3 g suikers); vet 47,9 g (waarvan 6,5 g verzadigd); cholesterol 201 mg; calcium 92 mg; vezels 0,6 g; natrium 309 mg.

ZEEVRUCHTENPICKNICK

EEN STRANDPICKNICK IS ERG LEUK EN BIJNA EXACTE WETENSCHAP, DIE ENIGE TOEWIJDING VRAAGT VAN MINSTENS TWEE ZEER GEMOTIVEERDE PERSONEN MET EEN VOORLIEFDE VOOR KUILEN GRAVEN. BASEER UW VANGST OP DE LIJST HIERONDER EN VERMENIGVULDIG HEM NAAR BEHOEFTE.

VOOR 1 PERSOON

INGREDIËNTEN

- 2 rivierkreeftjes
- 4 langoestines
- 2 grote venusschelpen, van zo'n 6 cm breed
- 6 kleine venusschelpen
- 3 wulken
- 12 kokkels
- citroenen, brood en goede olijfolie

Andere benodigdheden

- zand of aarde
- spades en emmers
- droge kiezels
- veel droog brandhout, kranten en takjes
- lucifers of een aansteker
- een lange riek of hark
- zeewier, goed gewassen en geweld in water
- een groot stuk canvas, gedrenkt in water
- 12 zware stenen
- ovenhandschoenen
- cocktailprikkers of tandenstokers

1 Graaf een kuil van 1 vierkante meter groot en 30 centimeter diep; groter als u voor een groot gezelschap kookt. Bedek de bodem en een deel van de zijkant met kiezel. Bouw een piramide van aanmaakhout in het midden, met wat verfrommelde kranten onderop.

2 Steek het vuur aan. Voeg, als het hout goed brand, grotere stukken hout toe, zodat het vuur tot slot de hele bodem van de kuil bedekt. Houd het vuur 45-60 minuten flink aan de gang en laat het dan afzwakken tot een stadium waarin alleen gloeiende sintels resten. Gebruik een lange riek om zo veel mogelijk dovende sintels uit de kuil te halen, zonder de kiezels te verstoren.

3 Nu is het belangrijk om de ovenachtige temperatuur van de kiezels te behouden, dus verdeel snel de helft van het zeewier gelijkmatig over de kiezels. Schik de zeevruchten op het zeewier, met de kleinere ingrediënten aan de zijkanten om ze beter te kunnen pakken, want die zijn het eerst gaar. Bedek met de rest van het zeewier en dek alles tot slot af met canvas. Dit moet groter zijn dan de kuil en buiten de kuil op zijn plaats worden gehouden met 12 zware stenen.

4 Laat alles 1-2 uur ongemoeid bakken. Hoe heter de kiezel, hoe sneller het gaat, dus kijk na 1 uur even snel of de kokkels en kleine schelpen al gaar zijn. Die kunnen er dan uit worden gehaald en opgegeten, terwijl de rest verder gaart.

KOOKTIP

Voor u de plek verlaat, moet u water over de sintels gooien om er zeker van te zijn dat ze niet meer heet zijn.

Energie 175 kcal; eiwit 38,9 g; koolhydraten 0,9 g (waarvan 0 g suikers); vet 1,8 g (waarvan 0,4 g verzadigd); cholesterol 268 mg; calcium 164 mg; vezels 0 g; natrium 1139 mg.

JAKOBSSCHELPEN MET LIMOENBOTER

DOOR VENKEL TE GRILLEN KOMT DE ANIJSSMAAK LOS, WAT HEERLIJK IS BIJ DEZE ZOETE SINT-JAKOBSSCHELPEN. DEZE PRACHTIGE SCHELPDIEREN ZIJN IDEAAL VOOR DE BARBECUE OMDAT ZE STEVIG VLEES HEBBEN EN SNEL GAREN – HAAL ZE VOOR HET KOKEN ALLEEN EVEN DOOR LIMOENSAP.

VOOR 4 PERSONEN

INGREDIËNTEN

- 1 venkelknol
- 2 limoenen
- 12 grote sint-jakobsschelpen, schoongemaakt
- 1 eigeel
- 6 el gesmolten boter
- olijfolie, om te bestrijken
- zout en vers gemalen zwarte peper

KOOKTIP

Kies een mooi witte, stevige venkelknol.

1 Snijd de veerachtige bladeren van de venkel en bewaar ze. Snijd de knol in de lengte in dunne parten.

2 Snijd één limoen in parten. Rasp de schil van de andere limoen fijn en pers er het sap uit. Schep de helft van het sap en de rasp door de sint-jakobsschelpen.

3 Klop het eigeel glad met de rest van het sap en de rasp.

4 Klop er langzaam de warme boter door tot alles dik en glad is. Hak het venkelgroen klein en roer het erdoor, met peper en zout.

5 Steek de barbecue aan. Plaats een licht ingevet rooster boven de kolen. Strijk de venkel in met olijfolie en gril 3-4 minuten op hoog vuur. Draai één keer om.

6 Voeg de sint-jakobsschelpen toe en bak nog 3-4 minuten. Draai ze één keer om. Serveer met de limoen-venkelboter en de partjes limoen.

KOOKTIP

Rijg kleine schelpen aan platte prikkers om ze makkelijker te keren.

Energie 232 kcal; eiwit 10 g; koolhydraten 2,2 g (waarvan 0,9 g suikers); vet 20,5 g (waarvan 12,3 g verzadigd); cholesterol 116 mg; calcium 31 mg; vezels 1,1 g; natrium 211 mg.

GEGRILDE ZOUTE SARDINES

HELE GEGRILDE SARDINES ZIJN KLASSIEK MEDITERRAAN STRANDVOEDSEL, DAT HERINNERT AAN LUIE LUNCHES ONDER RUSTIEKE LUIFELS, OP EEN PAAR PASSEN VAN ZEE. HIER WORDEN ZE GESERVEERD MET SALMORIGLIO, EEN ITALIAANSE KRUIDENSALSA MET ZEEZOUT.

VOOR 4-8 PERSONEN

INGREDIËNTEN

8 sardines, in totaal zo'n 800 g, geschubd en schoongemaakt
50 g zout
olie, om te bestrijken
focaccia, om te serveren

Voor de *salmoriglio*

1 tl grof zeezout
4 el verse dragon, gehakt
40 g bladpeterselie gehakt
1 kleine rode ui, fijngesnipperd
7 el extra vergine olijfolie
4 el citroensap

1 Wrijf de sardines van binnen en buiten in met zout. Dek af en zet 30-45 minuten op een koele plek. Maak de *salmoriglio* door het zout in een vijzel te doen en er één voor één de andere ingrediënten door te malen.

2 Steek ondertussen de barbecue aan. Spoel het zout van de sardines. Dep ze droog met keukenpapier en laat ze 15 minuten drogen aan de lucht. Plaats een licht ingevet rooster boven de hete kolen.

3 Strijk de sardines in met wat olie en leg ze in een klein, scharnierend visrooster. Gril ze zo'n 3 minuten op halfhoog-hoog vuur aan de ene kant en nog 2,5 minuut aan de andere. Serveer ze warm met *salmoriglio* en focaccia.

KOOKTIP

Scharnierende visroosters zijn er in tal van vormen en maten en zijn vaak ovaal voor een hele vis, vierkant voor filets en steaks of speciaal ontworpen voor meerdere vissen (zie links). Het idee is het hele rooster omkeren in plaats van de vis, wat ideaal is bij delicaat voedsel. U kunt echter ook rechtstreeks op het rooster bakken. Vet de vis dan wel goed in en draai hem pas om als de onderkant krokant is.

Energie 210 kcal; eiwit 15,7 g; koolhydraten 0,8 g (waarvan 0,6 g suikers); vet 16 g (waarvan 3,2 g verzadigd); cholesterol 0 mg; calcium 90 mg; vezels 0,4 g; natrium 87 mg.

SARDINEROLLETJES MET UMEBOSHI

MAAK DIT SIMPELE EN HEERLIJKE JAPANSE RECEPT ALS DE SARDINES IN HET SEIZOEN ZIJN. KRAAKVERSE SARDINES, GEROLD OM LAAGJES SHISOBLAD EN UMEBOSHI, EEN JAPANSE ABRIKOOS (VAAK 'JAPANSE PRUIM' GENOEMD), DIE IS INGEMAAKT IN ZOUT.

VOOR 4 PERSONEN

INGREDIËNTEN

- 8 sardines, schoongemaakt en gefileerd
- 1 tl zout
- 4 umeboshi, in totaal 30 g (kies de zachte variant)
- 1 tl sake
- 1 tl geroosterd sesamzaad
- 16 shiso-bladeren, in de lengte gehalveerd
- 1 limoen, in dunne plakjes enuitgehold, zodat ze ringetjes vormen, om te serveren.

KOOKTIP

Sardines bederven snel en moeten dezelfde dag nog worden gegeten. Let er bij aanschaf op: ogen en kieuwen mogen niet te roze zijn. Als de vis 'smelt als boter' bij het grillen, gooi hem dan liever weg.

1 Halveer de sardinefilets voorzichtig, leg ze naast elkaar in een ondiepe schaal en bestrooi beide kanten met zout.

2 Verwijder de pit uit de umeboshi en meng ze in een kom met de sake en het sesamzaad. Prak met de achterkant van een vork en meng tot een pasta.

3 Veeg de sardines schoon met keukenpapier. Smeer met een botermesje wat umeboshipasta op de filets en druk er dan wat shiso-bladeren op. Rol de filets op vanaf de staart en prik vast met een cocktailprikker. Maak zo 16 rolletjes.

4 Steek de barbecue aan. Plaats een licht ingevet rooster boven de kolen. Gril de rolletjes 4-6 minuten aan elke kant op halfhoog-hoog vuur, tot ze goudbruin zijn. Draai ze één keer om.

5 Verdeel wat limoenringetjes over vier borden en schik er de sardinerolletjes naast. Warm serveren.

Energie 284 kcal; eiwit 31,1 g; koolhydraten 0,7 g (waarvan 0,7 g suikers); vet 13,3 g (waarvan 3,7 g verzadigd); cholesterol 0 mg; calcium 161 mg; vezels 0,2 g; natrium 171 mg.

MAKREEL MET NOTEN-BACONVULLING

DIT MAKREELRECEPT IS GEINSPIREERD OP EEN POPULAIR TURKS GERECHT DAT USKUMRU DOLMASI HEET. DE VIS WORDT GEVULD, DICHTGEBONDEN MET RAFFIA EN DAN GEGRILD. HET IS KOUD NET ZO LEKKER, DUS MAAK WAT EXTRA VOOR DE LUNCH DE VOLGENDE DAG EN SERVEER MET MIERIKSWORTELMAYONAISE.

VOOR 6 PERSONEN

INGREDIËNTEN

- 3 el olijfolie
- 2 uien, gesnipperd
- 2 tenen knoflook, fijngehakt
- 6 dikke plakken bacon, zonder zwoerd, in stukjes
- 50 g pijnboompitten
- 3 el verse majoraan, gehakt
- 6 makrelen, zo'n 300 g elk, schoongemaakt maar met kop
- zout en vers gemalen zwarte peper
- raffia, uit het water
- partjes citroen, om te serveren

1 Verhit de olie in een ruime koekenpan en fruit ui en knoflook 5 minuten op halfhoog vuur.

2 Draai het vuur hoger en voeg bacon en pijnboompitten toe. Bak nog 5-7 minuten, onder nu en dan roeren, tot alles goudbruin is. Schep in een kom, meng de majoraan erdoor, kruid lichtjes, dek af en zet koel weg.

3 Breek de ruggengraat van de vissen aan de kop. Vouw de buikholte tot aan de staart open zodat u makkelijker bij de ruggengraat kunt. Draai de vis om en druk met de muis van uw hand over de hele lengte om hem losser te maken. Knip de graat los aan de staart en hij zal er eenvoudig uitkomen. Kruid de holte lichtjes.

KOOKTIPS

- Als u deze makreel op een ketelbarbecue met houtskool bereidt en de hitte plots te intens wordt, kunt u de luchtgaten half afsluiten.
- Als uw barbecue een deksel heeft, is dat extra nuttig bij dit gerecht. Zo krijgt u een gelijkmatig goudbruin vel zonder dat u de vis veel op en neer hoeft te schuiven.

4 Vul de holte van elke makreel met wat afgekoeld uimengsel en bind de vis over de hele lengte af met raffia om de vulling op zijn plaats te houden. Koel de vis minstens 15 minuten. U kunt ze 2 uur laten koelen, maar laat ze dan wel zo'n 15 minuten voor het grillen weer op temperatuur komen.

5 Steek de barbecue aan. Plaats een licht ingevet rooster boven de kolen. Leg de makreel op het rooster en gril zo'n 8 minuten aan elke kant op halfhoog-hoog vuur, of tot hij gaar en goudbruin is.

6 Schep de vis op warme borden en knip de raffia op een aantal plekken door, maar laat hem verder zitten voor visueel effect. Serveer met partjes citroen en zwarte peper.

KOOKTIP

Raffia is een sterke, plooibare en waterbestendige vezel van de raffiapalm van Madagascar. Na droging in de zon wordt het vaak gebruikt voor bloemstukken of om mee te weven.

Energie 858 kcal; eiwit 64,5 g; koolhydraten 5,8 g (waarvan 4,3 g suikers); vet 64,1 g (waarvan 12,9 g verzadigd); cholesterol 175 mg; calcium 69 mg; vezels 1,5 g; natrium 641 mg.

WARMGEROOKTE ZALM

MET HOUTMOT OP DE KOLEN TIJDENS HET GRILLEN KRIJGT U EEN AUTHENTIEKE ROOKSMAAK, DIE PERFECT IS VOOR DIT SNEL GEROOKTE ZALMGERECHT DAT WORDT GESERVEERD MET EEN FRUITIGE MOJO.

VOOR 6 PERSONEN

INGREDIENTEN

6 zalmfilets, van elk zo'n 175 g, met vel
1 el zonnebloemolie
zout en vers gemalen zwarte peper
handvol houtmot, zo lang mogelijk in water geweekt, bij voorkeur 30 minuten

Voor de *mojo*

1 rijpe mango, in blokjes
4 uitgelekte schijven ananas uit blik, in blokjes
1 kleine rode ui, gesnipperd
1 verse, lange, milde rode peper, zonder zaad en fijngehakt
1 el goede zoete chilisaus
geraspte schil en sap van 1 limoen
3 el citroenbasilicum of koriander, gehakt

1 Maak eerst de mojo en doe mango, ananas, ui en rode peper in een kom.

2 Voeg chilisaus, rasp en sap en de kruiden toe. Roer goed door, sluit goed af en zet tot gebruik in de koelkast.

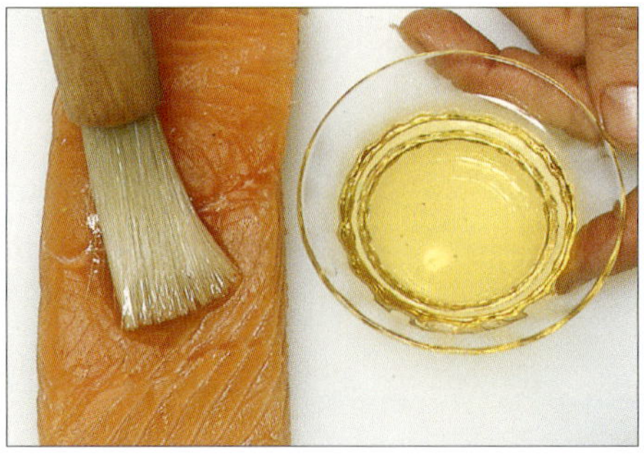

3 Steek de barbecue aan. Plaats een licht ingevet rooster boven de kolen. Spoel de zalmfilets af en dep droog. Bestrijk ze met wat olie.

4 Leg de filets met het vel onder op het rooster op halfhoog-hoog vuur. Doe een deksel op de barbecue of maak er een van aluminiumfolie en gril de vis 3-5 minuten.

5 Laat de houtmot uitlekken, strooi ze gelijkmatig over de kolen en probeer daarbij de as niet te verspreiden.

6 Leg het deksel terug, kook nog 8 minuten door en doe er nog twee keer een handje snippers bij. Serveer de zalm warm of koud met de *mojo*.

KOOKTIPS

- U kunt ook verse ananas gebruiken als hij in het seizoen is. Dan hebt u ongeveer een halve ananas nodig. Schil hem, verwijder het hart en snijd het vlees in blokjes.
- Snijd de mango aan weerszijden in langs de pit. Maak een kriskras-patroon in het vlees, keer de helften binnenstebuiten en snijd de blokjes los van de schil.

Energie 365 kcal; eiwit 36 g; koolhydraten 7,8 g (waarvan 7,5 g suikers); vet 21,3 g (waarvan 3,6 g verzadigd); cholesterol 88 mg; calcium 61 mg; vezels 1,3 g; natrium 83 mg.

MEXICAANSE BARBECUEZALM

DEZE ZALMFILETS GAREN SNEL OP DE BARBECUE EN OMDAT ZE GEMARINEERD ZIJN IN TOMATENSAUS BLIJVEN ZE PRACHTIG SAPPIG EN MALS.

VOOR 4 PERSONEN

INGREDIENTEN
- 25 g boter
- 1 kleine rode ui, gesnipperd
- 1 teen knoflook, fijngehakt
- 6 roma-tomaten, in blokjes
- 3 el tomatenketchup
- 2 el Dijonmosterd
- 2 el donkerbruine basterdsuiker
- 1 el vloeibare honing
- 1 tl cayennepeper
- 1 el chilipoeder
- 1 el paprikapoeder
- 1 el worcestershiresaus
- 4 zalmfilets, van elk zo'n 175 g
- verse takjes bladpeterselie, om te garneren

1 Smelt de boter in een ruime, zware koekenpan en fruit ui en knoflook 5 minuten, tot de ui zacht en doorzichtig is. Laat de ui niet bruin worden.

2 Voeg de tomaten toe. Breng aan de kook, temper het vuur en laat 15 minuten pruttelen. Roer nu en dan om met een houten lepel zodat ze niet aan de bodem plakken.

3 Voeg tomatenketchup, mosterd, basterdsuiker, honing, cayennepeper, chili- en paprikapoeder en worcestershiresaus toe. Roer goed door en laat nog 20 minuten pruttelen. Draai het mengsel glad in een keukenmachine en laat afkoelen.

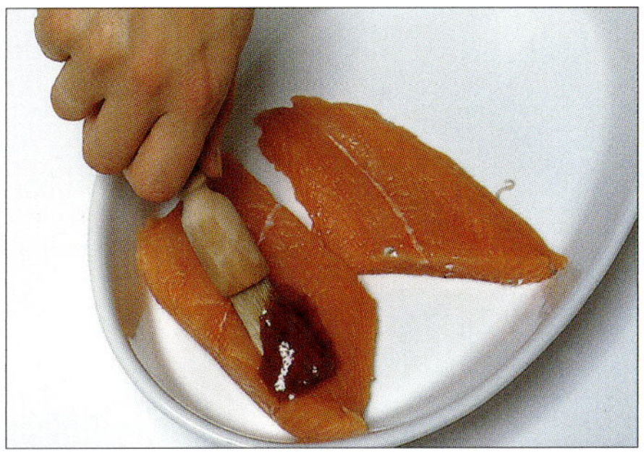

4 Leg de zalm in een ondiepe schaal, strijk er de saus op en zet 2 uur in de koelkast. Steek de barbecue aan. Plaats een licht ingevet rooster boven de kolen. Gril de zalm 2-3 minuten aan elke kant op halfhoog-hoog vuur en bestrijk met de saus. Garneer en serveer.

Energie 437 kcal; eiwit 36,9 g; koolhydraten 17,5 g (waarvan 17 g suikers); vet 24,9 g (waarvan 6,7 g verzadigd); cholesterol 101 mg; calcium 65 mg; vezels 1,8 g; natrium 360 mg.

GEGRILDE ZOETZURE ZALM MET ANANAS

Verse ananas brengt de smaak van zalm goed naar boven. Hier wordt hij gecombineerd met limoensap in een licht en fris gerecht, dat heerlijk is met wilde rijst en een simpele salade met een grapefruitdressing.

VOOR 4 PERSONEN

INGREDIENTEN
- 4 zalmfilets, van elk zo'n 200 g
- 1 kleine ananas
- 2 el sesamzaad
- bieslook, om te garneren
- wilde rijst en een groene salade, om te serveren

Voor de marinade
- geraspte schil en sap van 2 limoenen
- 1 el olijfolie
- stukje verse gember van 1 cm, geschild en geraspt
- 1 teen knoflook, fijngehakt
- 2 el vloeibare honing
- 1 el sojasaus
- vers gemalen zwarte peper

1 Meng voor de marinade limoensap en -rasp met olijfolie, gember, knoflook, honing en sojasaus. Proef en voeg wat zwarte peper toe. Door de sojasaus is zout waarschijnlijk niet nodig.

2 Leg de zalmfilets in één laag in een ondiepe, niet-metalen schaal. Giet er de marinade over. Dek af, zet minstens 1 uur koud weg en keer de zalm halverwege een keer om.

3 Verwijder de schil van de ananas en snijd zo veel mogelijk 'zwarte ogen' weg. Snijd hem in vier dikke plakken. Gebruik een appelboor om het harde midden te verwijderen en snijd resterende ogen weg met een mesje.

KOOKTIPS
- Doe de wilde rijst in een pan met koud, gezouten water. Breng aan de kook en laat 30-40 minuten zachtjes koken, of volg de gebruiksaanwijzing op het pak. Maak er een perfecte salade van met wat olie en azijn en gehakte verse tuinkruiden.
- Serveer de gegrilde zalm met een gemengde groene salade. Meng voor de dressing 3 eetlepels grapefruitsap met 2 eetlepels balsamico-azijn en een snufje elk van zout, gemalen zwarte peper en suiker en klop alles door 120 milliliter milde olijfolie.

4 Zet de ovengril op heet. Strooi het sesamzaad op een stuk aluminiumfolie en leg het een minuut of twee onder de grill, tot het goudbruin wordt. Zet weg.

5 Steek de barbecue aan. Plaats een licht ingevet rooster boven de kolen. Haal met een schuimspaan de zalm uit de marinade en leg hem op het rooster met de ananasringen.

6 Gril vis en ananas 10 minuten op halfhoog-hoog vuur, bestrijk nu en dan met marinade en draai alles één keer, tot de vis gaar is en de ananas goudbruin. Bestrijk niet minder dan 2 minuten voor het einde van de kooktijd met de laatste laag marinade zodat deze nog voldoende gaart.

7 Verdeel de vis over borden en leg elke filet op een bedje wilde rijst. Leg de ananas bovenop. Bestrooi met sesamzaad en garneer met bieslook. Serveer met een groene salade.

Energie 487 kcal; eiwit 42,4 g; koolhydraten 17,1 g (waarvan 17,1 g suikers); vet 28,2 g (waarvan 4,6 g verzadigd); cholesterol 100 mg; calcium 120 mg; vezels 2,4 g; natrium 95 mg.

ZALMSPIESEN MET KOKOS

SPIESEN VORMEN SPANNEND BARBECUE-VOEDSEL, OMDAT ER EEN SCALA AAN SMAKEN MEE TE COMBINEREN IS, ZONDER DAT DEZE HUN INDIVIDUALITEIT VERLIEZEN. DIT RECEPT IS CARAIBISCH GEINSPIREERD EN COMBINEERT KOKOS EN LIMOEN MET DE SUBTIELE SMAAK VAN ZEEVRUCHTEN.

VOOR 6 PERSONEN

INGREDIENTEN

- 450 g zalmfilet, ontveld
- 1 kleine, verse kokosnoot
- 2 limoenen
- 12 sint-jakobsschelpen
- 3 el versgeperst limoensap
- 2 el sojasaus
- 2 el vloeibare honing
- 1 el lichtbruine basterdsuiker
- vers gemalen zwarte peper

KOOKTIP

De makkelijkste manier om een kokosnoot te openen is door hem in uw ene hand te houden, met de 'ogen' net boven uw duim. De breuklijn ligt tussen de ogen. Houd de kokosnoot boven een kom om het vocht op te vangen en raak de lijn met de stompe kant van een keukenbijl of hamer zodat hij in tweeën splijt.

1 Leg zes houten prikkers 30 minuten in water. Snijd met een scherp mes de zalm in blokjes en leg ze in een ondiepe schaal.

2 Halveer de kokosnoot (zie Kooktip) en giet het vocht in een kom. Haal met een scherp mes het kokosvlees los en snijd het in blokjes van ongeveer dezelfde grootte als de zalm.

3 Snijd elke limoen in 6 plakjes. Rijg kokos, zalm, sint-jakobsschelpen en plakjes limoen aan de spiesen.

4 Meng limoensap, sojasaus, honing en suiker met het kokosvocht voor de marinade. Kruid met peper.

5 Leg de spiesen in één laag in een ondiepe, niet-metalen schaal en giet er de marinade over. Dek af en zet minstens 3 uur in de koelkast.

6 Steek de barbecue aan. Plaats een licht ingevet rooster boven de kolen. Gril de spiesen 4 minuten aan elke kant en bestrijk ze met marinade.

Energie 265 kcal; eiwit 20,8 g; koolhydraten 3,2 g (waarvan 2,5 g suikers); vet 18,9 g (waarvan 10,4 g verzadigd); cholesterol 47 mg; calcium 26 mg; vezels 2,3 g; natrium 193 mg.

KRUIDIGE ZALMPAKKETJES

DIT PARSI-GERECHT UIT DE PERZISCHE KEUKEN HEEFT EEN TOPPING VOOR ZALM DIE BOORDEVOL SMAAK ZIT, MET KOKOS, KNOFLOOK, GROENE PEPER, VERSE KRUIDEN EN FENEGRIEK. HET WORDT INGEPAKT IN VOCHTIGE BANANENBLADEREN OM DE SMAAK IN TE SLUITEN EN DE VIS PERFECT TE GAREN.

VOOR 6 PERSONEN

INGREDIËNTEN

- 50 g verse kokos, zonder schil en geraspt of 65 g gedroogde kokos (santen), geweld in 2 el water
- 1 grote citroen, zonder schil en pitten, grof gehakt
- 4 grote tenen knoflook, fijngehakt
- 3 grote verse milde groene pepers, zonder zaad en fijngehakt
- 50 g verse koriander, grof gehakt
- 25 g verse munt, grof gehakt
- 1 tl komijnpoeder
- 1 tl suiker
- ½ tl fenegriekzaad, fijngemalen
- 1 tl zout
- 2 grote bananenbladeren
- 6 zalmfilets, in totaal zo'n 1,2 kg, ontveld

1 Draai alle ingrediënten, behalve bananenbladeren en zalm, in een keukenmachine met de pulsknop tot een fijne pasta. Schep in een kom, dek af en zet 30 minuten koud weg.

2 Steek de barbecue aan. Snijd elk bananenblad in de breedte in drieën en snijd de harde buitenranden weg. Leg de stukken blad en de reepjes rand in een kom warm water. Laat 10 minuten staan. Giet af en veeg witte resten af. Spoel blad en randen na en giet er kokend water op om ze zacht te maken. Giet af en leg de bladeren met de gladde kant naar boven op een schoon werkblad.

3 Bestrijk boven- en onderkant van elke filet met kokospasta en leg hem op een stuk blad. Vouw één uiteinde van het blad over de zalm en vouw dan de zijkanten dicht. Vouw de laatste rand dicht voor een mooi pakketje. Bind goed dicht met een reepje van de rand.

4 Leg elk pakketje op een stuk dik aluminiumfolie en vouw dicht. Plaats een licht ingevet rooster boven de hete kolen. Leg de pakketjes op het rooster en bak ze zo'n 10 minuten op halfhooghoog vuur en draai ze één keer om.

5 Verdeel de foliepakketjes over de borden en laat 2-3 minuten rusten – de zalm zal nog even doorkoken in de restwarmte. Verwijder folie, maak het pakketje open en eet de vis zo vanaf het bananenblad.

KOOKTIP

Serveer kleine rijstpakketjes bij de vis. Vul nog zes bananenbladpakketjes met gekookte basmatirijst, gekleurd met kurkuma, en steek ze vast met een prikker om op te warmen op de barbecue.

Energie 430 kcal; eiwit 41,4 g; koolhydraten 1,1 g (waarvan 0,9 g suikers); vet 28,9 g (waarvan 9,6 g verzadigd); cholesterol 100 mg; calcium 70 mg; vezels 1,9 g; natrium 96 mg.

GEGRILDE ZWAARDVISSPIESEN

Probeer deze uitdagende zwaardvisspiesen eens, voor een hint van de Griekse eilanden. Ze worden gebarbecued met paprika en ui en hebben ook een zweem van oregano. Gooi wat takjes oregano over de hete kolen, voor extra smaak.

VOOR 4 PERSONEN

INGREDIËNTEN
- 2 rode uien, in vieren
- 2 rode of groene paprika's, in vieren zonder zaad
- 20-24 stevige blokjes zwaardvis, in totaal 675-800 g
- 5 el extra vergine olijfolie
- 1 teen knoflook, fijngehakt
- flinke snuf gedroogde oregano
- zout en vers gemalen zwarte peper

1 Haal de kwarten ui voorzichtig ut elkaar in laagjes van twee of drie. Halveer elke paprikakwart in de lengte.

2 Rijg aan elke lange, metalen spies 5 of 6 stukken zwaardvis, afgewisseld met stukken paprika en ui. Leg de spiesen in een grillpan of bakblik en zet weg terwijl u de saus maakt.

3 Meng olijfolie, knoflook en oregano. Voeg zout en peper toe en klop door. Bestrijk de spiesen royaal aan alle kanten met de saus.

4 Steek de barbecue aan. Plaats een licht ingevet rooster boven de kolen. Leg de spiesen op de barbecue, gril 8-10 minuten op halfhoog vuur en draai ze regelmatig, tot de vis gaar is en de paprika en ui geblakerd raken aan de randjes. Bestrijk de spiesen telkens met de saus als u ze keert.

5 Serveer de spiesen meteen, met een salade van komkommer, ui en olijven.

KOOKTIP
De visboer kan de blokjes zwaardvis voor u maken, maar als u het liever zelf doet, dan hebt u zo'n 800 gram zwaardvis nodig. De blokjes mogen vrij groot zijn, zo'n 5 kubieke centimeter.

Energie 322 kcal; eiwit 32,5 g; koolhydraten 13,5 g (waarvan 11 g suikers); vet 15,7 g (waarvan 2,8 g verzadigd); cholesterol 69 mg; calcium 39 mg; vezels 2,8 g; natrium 226 mg.

ZWAARDVIS MET GEROOSTERDE TOMATEN

ZONGERIJPTE TOMATEN HEBBEN VAN NATURE VEEL SMAAK EN ZOETHEID. IN DIT MAROKKAANSE RECEPT WORDEN ZE GEROOSTERD MET SUIKER EN SPECERIJEN ZODAT ZE SMELTEN IN DE MOND. ZE DOEN HET SENSATIONEEL ALS BEGELEIDING VAN VIS OF GEVOGELTE.

VOOR 4 PERSONEN

INGREDIËNTEN
- 1 kg grote tros- of roma-tomaten, ontveld, gehalveerd en zonder pitjes
- 1-2 tl kaneelpoeder
- snufje saffraandraadjes
- 1 el oranjebloesemwater
- 4 el olijfolie
- 3-4 el suiker
- 4 zwaardvissteaks, van zo'n 225 g
- schil van 1 ingemaakte citroen, fijngehakt
- bosje verse koriander, fijngehakt
- handvol geblancheerde amandelen
- klontje boter
- zout en vers gemalen zwarte peper

1 Verwarm de oven voor op 110 °C. Leg de tomaten op een bakplaat en bestrooi met kaneel, saffraan en besprenkel met oranjebloesemwater. Sprenkel er de helft van de olie overeen en bestrooi dan met suiker. Zet de plaat op de bodem van de oven en rooster de tomaten ongeveer 3 uur. Zet de oven uit en laat afkoelen.

2 Steek de barbecue aan. Strijk de resterende olie over de zwaardvis en kruid met zout en peper. Gril de steaks 3-4 minuten aan elke kant. Bestrooi tegen het eind van de kooktijd met ingemaakte citroen en koriander.

3 Bak in een aparte pan de amandelen goudbruin in de boter en strooi ze over de tomaten. Serveer de steaks meteen, samen met de tomaten.

VARIANTEN

U kunt in plaats van zwaardvis ook tonijn gebruiken, met hetzelfde uitstekende resultaat. Desgewenst kunt u het recept ook maken met lende- of haasbiefstuk. De citroen en koriander tillen de smaak van het vlees heel mooi op.

Energie 463 kcal; eiwit 47,2 g; koolhydraten 19,9 g (waarvan 19,8 g suikers); vet 22,2 g (waarvan 4,1 g verzadigd); cholesterol 103 mg; calcium 59 mg; vezels 3,1 g; natrium 352 mg.

VISBROCHETTES MET PEPERONATA

VOOR DIT GERECHT WORDEN DE PAPRIKA'S VOOR DE PEPERONATA GEROOSTERD EN ONTVELD, WAT EEN HEERLIJK ROKERIGE SMAAK GEEFT EN EEN ZACHTE TEXTUUR, TERWIJL DE VERJUS, ONGEFERMENTEERD DRUIVENSAP, VOOR EEN ZUUR ACCENTJE ZORGT. HET IS HEERLIJK BIJ VISSPIESEN.

VOOR 4 PERSONEN

INGREDIËNTEN

- 8 takjes verse laurier
- 675 g zwaardvis- of tonijnfilets, zonder vel
- 1 limoen, gehalveerd
- 1 citroen, gehalveerd
- 4 el olijfolie
- 1 teentje knoflook, fijngehakt
- zout en vers gemalen zwarte peper

Voor de peperonata

- 2 grote rode paprika's, in vieren en zonder zaad
- 2 grote gele paprika's, in vieren en zonder zaad
- 6 el extra vergine olijfolie
- 2 zoete uien, in dunne ringen
- 1 teen knoflook, in dunne plakjes
- 1 tl suiker
- 4 tomaten, ontveld, zonder pitjes en grof gehakt
- 2 blaadjes laurier
- 1 grote tak tijm
- 1 el verjus of rode wijn

1 Leg voor de peperonata de paprika's op een plank en strijk de velkant in met olie. Verhit de rest van de olie in een pan en fruit hierin 6-8 minuten ui en knoflook op halfhoog vuur, tot ze licht verkleurd zijn.

2 Steek de barbecue aan. Verhit een grillpan boven de hete kolen. Leg de paprika's erin, het vel naar beneden. Temper het vuur een beetje en gril ze 5 minuten, tot het vel is geblakerd. Neem van het vuur en leg ze onder een omgekeerde schaal. Wrijf er, als ze koud genoeg zijn, het vel af en snijd elk stuk in zes of zeven reepjes.

3 Voeg de reepjes bij het uimengsel, roer er suiker door en stoof zo'n 2 minuten op halfhoog vuur. Doe er de tomaten en kruiden bij en breng aan de kook. Zet de pan op de barbecue. Roer er verjus of wijn door en laat zonder deksel 30 minuten pruttelen. Neem van het vuur, dek af en houd warm.

4 Leg intussen acht houten prikkers met de takjes laurier 30 minuten in een kom koud water. Snijd de vis in 12 grote blokjes en doe ze in een kom. Pers het sap uit een halve limoen en een halve citroen, Meng met 3 eetlepels van de olie. Prak de knoflook met flink zout en peper tot een pasta, voeg bij het oliemengsel en giet over de vis. Marineer 30 minuten.

5 Snijd de resterende limoen- en citroenhelften in elk vier partjes. Gebruik steeds twee prikkers in plaats van één en rijg er afwisselend drie stukken vis, één partje limoen en citroen en twee takjes laurier aan. Maak zo nog drie brochettes.

6 Verhit de grillpan weer op hoog vuur en controleer of hij heet is. Bestrijk de brochettes met de rest van de olie en gril 3-4 minuten aan elke kant, of tot de vis gaar is en mooi gestreept. Dek de spiesen af en houd 5 minuten warm voor u ze serveert met een kommetje peperonata ernaast.

KOOKTIPS

- De brochettes kunnen ook worden bereid op een ingevet rooster boven halfhoog tot hoog vuur. Gril 8-10 minuten en keer de spiesen regelmatig, tot de vis gaar is en de randjes van het fruit beginnen te blakeren.
- U kunt de peperonata eventueel ook even snel opwarmen terwijl u de kebab warm houdt.

Energie 426 kcal; eiwit 34 g; koolhydraten 22,2 g (waarvan 19,4 g suikers); vet 22,6 g (waarvan 3,9 g verzadigd); cholesterol 69 mg; calcium 53 mg; vezels 5,2 g; natrium 239 mg.

GEGRILDE HEILBOT

IEDERE DIKKE WITVISFILET KAN WORDEN GEBRUIKT VOOR DIT VEELZIJDIGE GERECHT; VOORAL TARBOT EN GRIET ZIJN HEERLIJK, MAAR DE SMAKELIJKE SAUS VAN TOMAAT, KAPPERTJES, ANSJOVIS EN KRUIDEN GEEFT OOK NEDERIGER SOORTEN ALS KABELJAUW, SCHELVIS OF HEEK EEN ECHTE OPKIKKER.

VOOR 4 PERSONEN

INGREDIËNTEN
- ½ tl venkelzaad
- ½ tl selderijzaad
- 1 tl gemengde peperkorrels
- 7 el olijfolie
- 1 tl verse tijm, gehakt
- 1 tl verse rozemarijn, gehakt
- 1 tl verse oregano of majoraan, gehakt
- 675-800 g heilbotfilet uit het middendeel, zo'n 3 cm dik, in vieren gesneden
- grof zeezout

Voor de saus
- 7 el extra vergine olijfolie
- sap van 1 citroen
- 1 teen knoflook, fijngehakt
- 2 tomaten, ontveld, zonder pitjes en in blokjes
- 1 tl kappertjes
- 2 uitgelekte ansjovisjes uit blik, fijngehakt
- 1 tl verse bieslook, gehakt
- 1 el vers basilicum, gehakt
- 1 el verse kervel, gehakt

1 Steek de barbecue aan. Verhit een grillpan op het rooster boven de hete kolen. Meng in een vijzel venkel- en selderijzaad met de peperkorrels. Plet en roer er dan naar smaak zeezout door. Doe het mengsel in een ondiepe schaal die groot genoeg is om er de vis in één laag in te leggen en roer er kruiden en olijfolie door.

2 Haal de heilbot grondig door het mengsel zodat hij helemaal is bedekt en leg hem dan in de grillpan. Gril de vis 6-8 minuten, of tot hij helemaal gaar is en het vel bruin.

3 Meng alle sausingrediënten behalve de verse kruiden in een pan en verhit zachtjes op het rooster tot alles warm is maar niet heet. Roer er bieslook, basilicum en kervel door.

4 Verdeel de heilbot over vier borden. Schep de saus eromheen en serveer meteen.

Energie 363 kcal; eiwit 37,4 g; koolhydraten 1,9 g (waarvan 1,8 g suikers); vet 22,9 g (waarvan 3,3 g verzadigd); cholesterol 60 mg; calcium 82 mg; vezels 1,1 g; natrium 169 mg.

GEBARBECUEDE RED SNAPPER

RED SNAPPER IS EEN LIJNGEVANGEN RIFVIS UIT DE INDISCHE OCEAAN EN DE CARRAIBEN. HIJ ZIET ER FRAAI UIT MAAR HEEFT GEMENE STEKELS EN EEN VRIJ ONDOORDRINGBAAR SCHUBBENPANTSER, DUS U KUNT BETER UW VISBOER VRAGEN OM HEM TE ONTSCHUBBEN. LAAT DE VINNEN ECHTER ZITTEN, ZODAT HIJ ZIJN VISSIGE UITERLIJK BEHOUDT.

VOOR 4 PERSONEN

INGREDIËNTEN

- 2 red snappers, zo'n 900 g elk, schoongemaakt en geschubd, of tilapia
- 1 el olijfolie
- stukje verse gember van 5 cm, in dunne plakjes
- 4 bananensjalotten, in totaal 150 g, in ringetjes
- 3 tenen knoflook, in dunne plakjes
- 2 el suiker
- 3 stengels citroengras, 1 fijngesneden
- geraspte schil en sap van 1 limoen
- 1 tl zout
- 4 kleine verse groene of rode pepers, in ringetjes
- 2 hele bananenbladeren
- 2 el verse koriander, gehakt

Voor de dipsaus

- 1 grote verse rode peper, zonder zaad en fijngehakt
- sap van 2 limoenen
- 2 el vissaus
- 1 tl suiker
- 4 el water

1 Leg 6 houten prikkers 30 minuten in koud water. Maak vier insneden aan elke kant van de vis en wrijf het vel in met olie.

2 Maak de dipsaus door alle ingrediënten te mengen. Dek af en zet tot gebruik in de koelkast.

3 Maal de helft van de gember en sjalotten en knoflook in een vijzel fijn met de helft van de suiker, het fijngesneden citroengras, wat limoensap, het zout en de pepers. Meng de rest van de suiker en het limoensap erdoor, samen met de rasp. Wrijf een beetje van het mengsel in de insnedes en het meeste in de buikholte van de vissen.

4 Snijd de harde rand van elk bananenblad en gooi weg. Leg de bladeren 10 minuten in warm water en laat uitlekken. Veeg witte resten weg, spoel af en giet er kokend water over om ze zacht te maken. Laat weer uitlekken.

5 Leg op elk blad een vis en strooi de rest van gember en sjalotten erover. Splijt de hele citroengrasstengels in de lengte en leg de stukken op de vissen. Vouw de bladeren dicht en maak de enveloppen dicht met elk drie prikkers. Verpak in plasticfolie om de prikkers vochtig te houden en zet ministens 30 minuten in de koelkast, maar maximaal 6 uur.

KOOKTIPS

- Serveer in blad verpakte rijstpakketjes bij de vis. Warm ze de laatste 5 minuten op in folie, naast de vis. Ze zijn verkrijgbaar in grotere Aziatische toko's.
- Bananensjalotten zijn langwerpiger dan gewone sjalotten of uien.

6 Steek de barbecue aan. Breng de dipsaus op kamertemperatuur. Verwijder folie van de enveloppen en leg ze beide op een vel aluminiumfolie. Vouw de folie losjes dicht. Dit beschermt de bodem van de enveloppen.

7 Plaats een licht ingevet rooster boven de hete kolen. Leg de enveloppen op het rooster en bak 15 minuten op halfhoog-hoog vuur. Draai de enveloppen 180°, bak nog eens 10 minuten en open de folie de laatste 5 minuten.

8 Neem van de barbecue, laat nog 5 minuten staan en controleer of de vis gaar is door er een prikker in te steken – de vis moet wit en vlokkig zijn. Leg op een grote serveerschaal, open de enveloppen en bestrooi de vis met gehakte koriander. Serveer de vis in individuele kommen, met schaaltjes voor de dipsaus.

Energie 305 kcal; eiwit 57,3 g; koolhydraten 2,9 g (waarvan 2,9 g suikers); vet 7,5 g (waarvan 1,4 g verzadigd); cholesterol 104 mg; calcium 53 mg; vezels 1,2 g; natrium 541 mg.

ZEEBAARS IN WIJNBLADEREN

DIT IS EEN EENVOUDIGE BEREIDING. HET GERECHT MOET WEL WORDEN VOORBEREID, OMDAT DE RIJST KOUD MOET ZIJN VOOR HIJ WORDT GEBRUIKT IN PAKKETJES. ALS DE VIS EENMAAL IS INGEPAKT, HOEFT U HEM ALLEEN MAAR KOEL TE BEWAREN TOT DE BARBECUE GEREED IS.

VOOR 16 STUKS

INGREDIËNTEN

- 100 g Chinese zwarte rijst
- 400 ml kokend water
- 3 el extra vergine olijfolie
- 1 kleine ui, gesnipperd
- 1 verse, milde rode peper, zonder zaad en fijngehakt
- 8 zeebaarsfilets van zo'n 75 g elk, met vel
- 16 grote, verse druivenbladeren
- zout en vers gemalen zwarte peper

1 Doe de rijst in een ruime pan. Voeg het kokende water toe en laat 15 minuten pruttelen. Voeg wat zout naar smaak toe en laat nog 10 minuten pruttelen, of tot alles gaar is. Giet af en schep in een kom.

2 Verhit intussen de helft van de olie in een koekenpan. Fruit de ui 5 minuten, tot hij zacht is maar nog niet bruin. Voeg de rode peper toe. Roer de rijst erdoor en breng op smaak met zout en peper. Laat helemaal afkoelen, dek af en zet tot gebruik koel weg.

3 Kruid de visfilets. Was de druivenbladeren in water en dep ze droog met keukenpapier. Leg elk blad in het midden van een dubbele laag aluminiumfolie. Leg er een filet op. Verdeel de rijst over één helft van de filets. Vouw de filet over de rijst, sprenkel de rest van de olie erover, vouw de folie dicht en knijp hem samen om af te sluiten. Koel de pakketjes maximaal 3 uur.

4 Neem de vis uit de koelkast en steek de barbecue aan. Plaats een licht ingevet rooster boven de kolen. Leg de pakketjes op de rand van het rooster. Bak 5 minuten op hoog vuur en draai ze halverwege 90°. Open de bovenkant een beetje en bak nog 2 minuten door. Haal ze voorzichtig uit de folie en verdeel de pakketjes over de borden.

KOOKTIP

Snijd voor een snelle salsa een halve ontpitte komkommer en een half sjalotje klein. Meng in een kom grondig met 2 eetlepels sushi-azijn. Voeg wat rode peper toe voor een beetje pit.

Energie 157 kcal; eiwit 15,5 g; koolhydraten 9,9 g (waarvan 0,7 g suikers); vet 6,1 g (waarvan 0,9 g verzadigd); cholesterol 60 mg; calcium 105 mg; vezels 0,2 g; natrium 52 mg.

ZEEBAARS MET VENKEL

DE KLASSIEKE COMBINATIE VAN ZEEBAARS EN VENKEL WERKT VOORAL GOED ALS DE VIS WORDT GEGRILD OP HOUTSKOOL. TRADITIONEEL WORDEN VENKELTAKJES IN DE VIS GESTOPT, MAAR IN DEZE VERSIE WORDT VENKELZAAD GEBRUIKT, WAT DE VIS PRACHTIG PARFUMEERT.

VOOR 6 PERSONEN

INGREDIËNTEN

- 1 zeebaars, van zo'n 1,3-1,6 kg, schoongemaakt en ontschubd
- 4 el olijfolie
- 2 tl venkelzaad
- 2 grote venkelknollen
- 4 el Pernod
- zout en vers gemalen zwarte peper

1 Maak aan beide kanten van de vis vier diepe insnedes. Smeer de vis in met olie en kruid goed met zout en vers gemalen zwarte peper. Strooi het venkelzaad in de buikholte en insnedes van de vis.

2 Maak de venkel schoon en snijd in dunne plakken. Bewaar het groen voor garnering. Steek de barbecue aan. Schuif de kolen opzij en plaats een druipschaal. Plaats een licht ingevet rooster boven de hete kolen. Doe de vis in een scharnierrooster of leg zo op het rooster boven de druipschaal. Gril 20 minuten op indirect vuur en gebruik een deksel, onder nu en dan bedruipen en één keer omdraaien.

3 Strijk intussen de venkel in met olie en barbecue 10 minuten, onder nu en dan draaien, tot hij zacht is. Neem venkel en vis van het vuur.

4 Verdeel de venkel over een serveerschaal. Leg de vis erop en garneer met het venkelgroen.

5 Verhit de Pernod in een steelpannetje aan de zijkant van de barbecue, steek hem aan en giet hem vlammend over de vis. Meteen serveren.

Energie 180 kcal; eiwit 19,9 g; koolhydraten 1,2 g (waarvan 1,1 g suikers); vet 8,1 g (waarvan 1,2 g verzadigd); cholesterol 80 mg; calcium 146 mg; vezels 1,6 g; natrium 76 mg.

TONIJN MET GEMBER

DIT NOORD-AFRIKAANSE RECEPT IS ONVERSLAANBAAR SNELLE, VOEDZAME KOST VOOR DE BARBECUE. TONIJNSTEAKS WORDEN INGESMEERD MET HARISSA EN DAN SNEL GEGRILD BOVEN HEET VUUR EN GESERVEERD MET EEN HEERLIJKE WARME SALADE MET GEMBER EN GROENE PEPER. MARINEREN IS NIET NODIG.

VOOR 4 PERSONEN

INGREDIËNTEN
- 2 el olijfolie
- 1 tl harissa
- 1 tl vloeibare honing
- 4 tonijnsteaks, van elk 200 g
- zout en vers gemalen zwarte peper
- citroenpartjes, om te serveren

Voor de salade
- 2 el olijfolie
- klontje boter
- 25 g verse gember, geschild en in dunne plakjes
- 2 tenen knoflook, in dunne plakjes
- 2 groene pepers, zonder zaad en in ringetjes
- 6 lente-uitjes, in stukjes
- 2 handenvol waterkers of rucola
- sap van ½ citroen

1 Steek de barbecue aan. Meng, terwijl de kolen heet worden, olijfolie, harissa, honing en zout en wrijf dit mengsel met uw vingers op de tonijn.

2 Verhit een grillpan op het rooster boven de hete kolen. Schroei de tonijn zo'n 2 minuten aan elke kant. Hij moet van binnen roze blijven.

3 Houd de tonijn warm en maak snel de salade: verhit olijfolie en boter in een pan met dikke bodem aan de zijkant van de barbecue. Voeg gember, knoflook, pepers en lente-ui toe. Fruit tot het mengsel gaat verkleuren. Doe er dan waterkers of rucola bij. Giet er, als hij slap wordt, citroensap bij en kruid goed.

4 Schep de salade op een serveerschaal of op individuele borden. Snijd de tonijn in plakken en schik op de salade. Serveer meteen met wat partjes citroen.

VARIANT

Gamba's en sint-jakobsschelpen kunnen ook zo worden bereid. De zeevruchten moeten kort worden gegrild, anders worden ze taai.

Energie 176 kcal; eiwit 12,3 g; koolhydraten 1,6 g (waarvan 1,6 g suikers); vet 13,4 g (waarvan 2,2 g verzadigd); cholesterol 14 mg; calcium 18 mg; vezels 0,4 g; natrium 25 mg.

GEMARINEERDE ZEEFOREL

ZEEFOREL HEEFT EEN PRIMA TEXTUUR EN EEN SMAAK ALS WILDE ZALM. DE BESTE BEGELEIDING ZIJN STERKE MAAR AANVULLENDE SMAKEN ZOALS PEPERS EN LIMOEN, ALS CONTRAST VOOR DE VOLHEID VAN HET VLEES. GEBRUIK SCHARNIERROOSTERS OM HET GRILLEN EN OMDRAAIEN MAKKELIJKER TE MAKEN.

VOOR 6 PERSONEN

INGREDIËNTEN

- 6 zeeforelmoten, van zo'n 120 g elk, of wilde of gekweekte zalm
- 2 tenen knoflook, fijngehakt
- 1 verse, lange rode peper, zonder zaad en fijngehakt
- 3 el Thaise basilicum, gehakt
- 2 el palm- of kristalsuiker
- 3 limoenen
- 400 ml kokosmelk
- 1 el Thaise vissaus

1 Leg de moten vis in een ondiepe schaal. Maal knoflook en rode peper grof in een grote vijzel. Voeg 2 eetlepels Thaise basilicum en de suiker toe en maal tot een grove pasta.

2 Rasp de schil van 1 limoen en pers het sap uit. Meng rasp en sap door de pasta, samen met de kokosmelk. Giet het mengsel over de vis, dek af en zet ongeveer 1 uur in de koelkast. Snijd de andere limoenen in partjes.

3 Laat de vis voor de bereiding op kamertemperatuur komen. Steek de barbecue aan. Plaats een licht ingevet rooster boven de kolen. Haal de vis uit de marinade en bewaar deze. Doe de vis in een ingevet scharnierrooster of leg direct op het rooster. Gril de vis 4 minuten aan elke kant op halfhoog-hoog vuur, liefst zonder hem te bewegen. Hij kan aan het rooster plakken als hij nog niet is dichtgeschroeid.

4 Zeef de marinade boven een pan en bewaar de resten in de zeef. Breng de marinade aan de kook, laat 5 minuten zachtjes pruttelen, roer dan de inhoud van de zeef erdoor en laat nog 1 minuut pruttelen.

5 Voeg de vissaus toe en het resterende basilicum. Verdeel de vis over de borden, giet er de saus over en serveer met de partjes limoen.

KOOKTIP

Bij dit recept wordt de marinade als saus bij de vis gebruikt. U kunt dit met alle marinades doen, als u ze maar eerst grondig kookt. Breng de marinade in een steelpan op de barbecue aan de kook en zet hem dan aan de zijkant om nog 5 minuten door te pruttelen. Gebruik een marinade nooit om vlak voor het serveren over het voedsel te smeren of als saus zonder hem eerst grondig te koken.

Energie 157 kcal; eiwit 23,1 g; koolhydraten 5,9 g (waarvan 5,9 g suikers); vet 4,7 g (waarvan 0,1 g verzadigd); cholesterol 0 mg; calcium 46 mg; vezels 0,4 g; natrium 141 mg.

FOREL IN HAM

VOOR DIT ONGEWONE SPAANSE RECEPT WORDT SERRANO-HAM GEBRUIKT OM DE FOREL TE VULLEN EN TE VERPAKKEN, ZODAT HIJ SAPPIG BLIJFT. EEN VAN DE VOORDELEN IS OOK DAT HET VEL ER IN EEN STUK AF KOMT EN HET SAPPIGE VLEES GEGETEN KAN WORDEN MET DE KNAPPERIGE, ZOUTE HAM.

VOOR 4 PERSONEN

INGREDIËNTEN

4 forellen, elk zo'n 250 g, schoongemaakt
16 plakjes serrano-ham, zo'n 200 g
50 g gesmolten boter, plus extra voor het invetten
zout en vers gemalen zwarte peper
aardappelen in boter (eventueel)

1 Vouw de buikholte van elke forel open en snijd langs één kant van de ruggengraat. Haal een mes achter de dwarsgraten om ze los te maken (soms komen ze al los bij het openvouwen van de vis. Knip deze aan beide kanten weg met een schaar en kruid de vis vanbinnen.

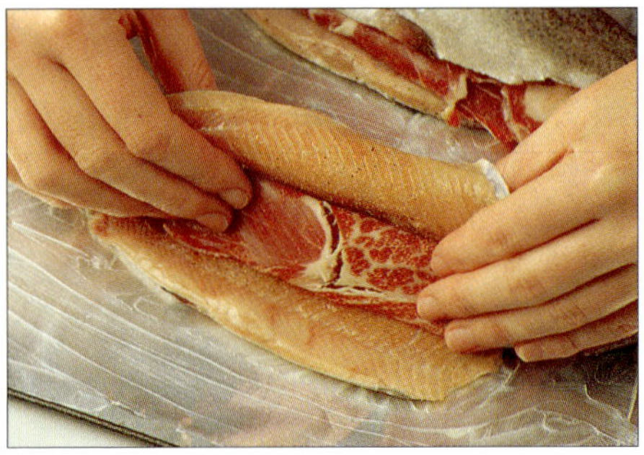

2 Vouw twee plakjes ham in elke buikholte. Gebruik hier kleinere of gescheurde stukjes ham voor en bewaar de mooiste acht plakken.

KOOKTIP
Serrano-ham is hier een goede keus omdat hij minder vet is dan prosciutto.

3 Steek de barbecue aan. Plaats een licht ingevet rooster boven de kolen. Smeer elke forel in met wat boter en kruid de buitenkant licht met zout en peper. Wikkel diagonaal twee plakken ham om elke vis en stop de uiteinden in de buik.

4 Leg de vis in ingevette scharnierroosters of direct op het rooster. Gril in totaal 4 minuten aan elke kant, maar het is verstandig om telkens na 2 minuten te keren zodat de ham niet verbrandt.

5 Serveer de forel warm, met de boter erover gelepeld. De gasten kunnen de forel openvouwen en hem van binnenuit eten door het vlees van het vel te halen.

Energie 369 kcal; eiwit 48 g; koolhydraten 0,6 g (waarvan 0,6 g suikers); vet 19,4 g (waarvan 8,8 g verzadigd); cholesterol 216 mg; calcium 66 mg; vezels 0 g; natrium 821 mg.

Zeeduivel met paprika

Een stevige vis als zeeduivel is ideaal om te spiesen, omdat hij niet snel uiteenvalt en dan bij het grillen tussen het rooster door glipt. Zeeduivel kan ook stevige smaken aan, zoals deze korst van gerookt paprikapoeder en chorizo.

VOOR 4 PERSONEN

INGREDIËNTEN

- 1 zeeduivel (zonder kop), van 1 kg, schoongemaakt en gefileerd
- 2 tl gerookt paprikapoeder
- 2 rode paprika's, gehalveerd en zonder zaad
- 1 el extra vergine olijfolie
- 16 plakjes chorizo
- zout en vers gemalen zwarte peper

Voor de komkommer-muntsaus

- 150 ml yoghurt
- ½ komkommer, in de lengte gehalveerd en zonder zaad
- 2 el verse muntblaadjes

1 Leg beide filets in een ondiepe schaal. Wrijf ze in met 1 theelepel zout, dek af en zet 20 minuten koel weg. Giet voor de saus de yoghurt in een keukenmachine. Snijd de komkommer klein, voeg toe met wat zout en pulseer tot een lichtgroene puree. Schep in een kom en roer er de munt door.

2 Steek de barbecue aan. Spoel het zout van de vis en dep droog met keukenpapier. Meng paprikapoeder met wat zout en smeer het mengsel gelijkmatig over de vis. Snijd elke paprika in twaalf lange repen en snijd elke visfilet in tien gelijke stukjes. Rijg telkens zes repen paprika en vijf stukjes vis aan in totaal vier lange spiesen en bestrijk één kant met wat extra vergine olijfolie.

3 Plaats een licht ingevet rooster boven de hete kolen. Gril de spiesen, met de oliekant onder, ongeveer 3½ minuten op halfhoog-hoog vuur. Bestrijk de bovenkant met wat olie, draai om en gril nog 3-4 minuten. Neem de spiesen van het vuur en houd ze warm.

4 Gril de plakjes chorizo een paar seconden, tot ze net warm zijn. Steek telkens één stukje chorizo aan het eind van de spiesen en verdeel de rest over de borden. Serveer met de komkommer-muntsaus.

KOOKTIP

U kunt de chorizo eventueel ook 30 seconden aan elke kant bakken in een hete grillpan op de grill.

Energie 375 kcal; eiwit 51,7 g; koolhydraten 7,1 g (waarvan 6,8 g suikers); vet 15,9 g (waarvan 5,6 g verzadigd); cholesterol 57 mg; calcium 115 mg; vezels 2,1 g; natrium 445 mg.

GEVOGELTE

Kip is een van de populairste barbecue-ingrediënten en dat komt waarschijnlijk doordat het op zo veel manieren kan worden bereid, met tal van marinades, vullingen of een snel glazuur. Kleinere stukken zijn favoriet omdat ze zo snel klaar zijn en de volgende bladzijden bevatten dan ook een scala aan verschillende manieren om filets, drumsticks en spiesen buitengewoon smakelijk te bereiden. Als u echter van plan bent voor een groot gezelschap te koken, en voldoende tijd hebt, kunt u ook een hele kip braden – zelfs zonder spit. U hebt wel een deksel nodig, maar dat kunt u ook zelf maken. Dit hoofdstuk bevat ook een kalkoenrecept en diverse manieren om eend te barbecueën, met een fantastisch krokant vel en toch sappig vlees. Ook kleine vogels zijn prima om, al dan niet opengeklapt, te grillen. Probeer de recepten voor piepkuikens en delicate kwartels op de volgende bladzijden maar eens.

GEVULDE MAISKIP

DIT IS EEN VAN DIE IDEALE GERECHTEN OM TE KOKEN VOOR VRIENDEN. HET KOST GEEN INSPANNING MAAR OOGT ALSOF U ONTZETTEND UW BEST HEBT GEDAAN. GEEF ER GEGRILDE MEDITERRANE GROENTEN BIJ, OF EEN SALADE MET EEN SIMPELE DRESSING.

VOOR 4-6 PERSONEN

INGREDIËNTEN
- 4-6 kipfilets, met vel en liefst van maïskip
- 120 g stevige geitenkaas
- 4 el verse oregano, gehakt
- 4 el ahornstroop
- sap van 1 citroen
- olie, om in te smeren
- zout en vers gemalen zwarte peper

1 Snijd horizontaal een opening in elke filet. Meng geitenkaas, oregano en 2 eetlepels stroop. Vul de opening in de filets, maar stop ze niet te vol.

2 Meng de rest van de stroop met het citroensap een in een ondiepe schaal waar alle filets in één laag inpassen. Voeg de filets toe, haal ze grondig door het mengsel, dek af en zet 20 minuten koel weg, onder nu en dan keren. Kruid met zout en peper en marineer nog 10 minuten.

3 Steek de barbecue aan. Schuif, als de vlammen zijn gedoofd, de kolen naar één kant en zet er een druipschaal naast. Plaats een licht ingevet rooster boven de hete kolen. Leg de kipfilets, met het vel boven op het rooster boven de druipschaal. Dek af met een deksel of dik aluminiumfolie.

4 Gril de kip in totaal 15 minuten op hoog vuur, onder regelmatig keren en verschuiven op het rooster, zodat de filets gelijkmatig garen, zonder te verbranden. Bestrijk 5 minuten voor het eind van de kooktijd met resterende marinade.

5 Schep de kip op een bord en houd hem 5 minuten warm voor het serveren.

KOOKTIP
U kunt dit ook maken in een hete grillpan. Dat kost ongeveer 20 minuten. Schroei dicht op hoog vuur en temper het vuur. Regelmatig keren.

Energie 180 kcal; eiwit 28,3 g; koolhydraten 3 g (waarvan 3 g suikers); vet 6,1 g (waarvan 3,7 g verzadigd); cholesterol 88 mg; calcium 44 mg; vezels 0,3 g; natrium 186 mg.

TANDOORI-DRUMSTICKS

IN ELK ZICHZELF RESPECTEREND BOEK OVER BARBECUEËN MAG EEN TANDOORI-GERECHT NIET ONTBREKEN. HIER WORDT HET GESERVEERD MET EEN PITTIGE UIENSALADE. GEBRUIK VOOR DE KACHUMBAR HET LIEFST ROZE UIEN, MAAR MET SJALOTJES OF ZOETE WITTE UI KAN HET OOK.

VOOR 6 PERSONEN

INGREDIËNTEN
- 12 kleine drumsticks, zonder vel
- 3 tenen knoflook, tot pasta gekneusd met een snufje zout
- 150 ml yoghurt (stand)
- 2 tl korianderpoeder (ketoembar)
- 1 tl komijnpoeder
- 1 tl kurkuma
- ¼ tl cayennepeper
- ½ tl garam masala
- 1 el currypasta
- sap van ½ citroen
- zout
- warm naanbrood, om te serveren

Voor de kachumbar
- 2 roze uien, kleine rode uien of sjalotten, gehalveerd en dun gesneden
- 2 tl zout
- stukje verse gember van 4 cm, heel fijn gesneden
- 2 verse, lange rode pepers, zonder zaad en fijngehakt
- 4 tl suiker, liefst palmsuiker
- sap van ½ citroen
- 4 el verse koriander

1 Snijd het vlees van elke drumstick los aan de onderkant van het bot. Leg ze in een schaal. Draai knoflook, yoghurt, kruiden, currypasta en citroensap glad in een keukenmachine. Giet het mengsel bij de drumsticks, dek af en zet een nacht in de koelkast.

2 Maak twee uur voor het serveren de *kachumbar*. Doe de fijngesneden ui in een kom, bestrooi met zout, dek af en laat 1 uur staan. Spoel in een zeef na met koud water, laat uitlekken en dep droog. Hak alles grof en meng grondig met de overige ingrediënten.

3 Laat 1 uur voor de bereiding de drumsticks uitlekken in een vergiet boven een kom. Schraap het vlees wat weg aan het uiteinde van het bot zodat u een mooi schoon bot krijgt. Leg de drumsticks weer in de marinade.

4 Steek de barbecue aan. Zout 30 minuten voor de bereiding de drumsticks. Schuif de kolen, als de vlammen zijn gedoofd, in het midden opzij en plaats een druipschaal. Leg een licht ingevet rooster boven de hete kolen. Neem de drumsticks voorzichtig uit de marinade. Verpak de uiteinden in aluminiumfolie, zodat ze niet verbranden en leg ze zo op het rooster dat ze niet direct boven de kolen liggen.

5 Dek af met een deksel of dik aluminiumfolie en gril 5 minuten, onder regelmatig keren. Bestrijk met wat marinade en gril nog 5-7 minuten, of tot alles gaar is. Serveer warm met de kachumbar en het naanbrood.

Energie 155 kcal; eiwit 23 g; koolhydraten 6,4 g (waarvan 6,1 g suikers); vet 4,5 g (waarvan 1,3 g verzadigd); cholesterol 108 mg; calcium 81 mg; vezels 0,6 g; natrium 160 mg.

GEGRILDE DRUMSTICKS MET MAIS

DIT IS EEN KLASSIEKE METHODE VAN KOKEN IN KRUIDENKORST UIT HET ZUIDEN VAN DE VS, DIE ZOWEL KAN WORDEN GEBRUIKT VOOR GEVOGELTE, VLEES EN VIS ALS VOOR HEERLIJKE MAISKOLVEN. DE KORST MOET BIJ HET GRILLEN AAN DE RANDEN LICHT AANBRANDEN EN ZWART WORDEN.

VOOR 4 PERSONEN

INGREDIËNTEN

- 8 kipdelen (drumsticks, dijen of vleugels)
- 2 hele maïskolven
- 2 tl knoflookzout
- 2 tl vers gemalen zwarte peper
- 1½ tl komijnpoeder
- 1½ tl paprikapoeder
- 1 tl cayennepeper
- 3 el gesmolten boter
- gehakte peterselie, om te garneren

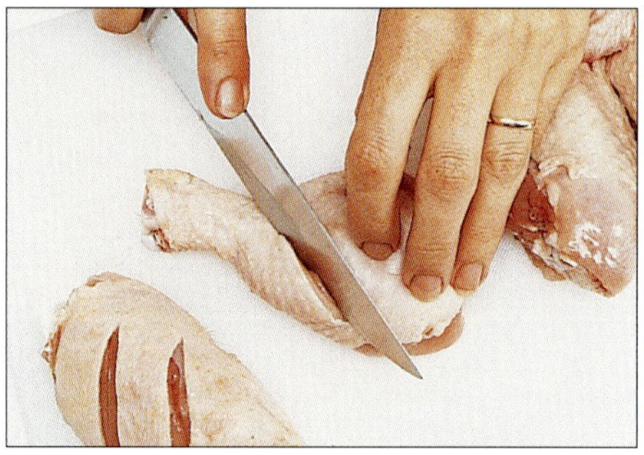

1 Snijd overtollig vet van de kip, maar laat het vel zitten. Snijd de dikste delen in, zodat de smaken het vlees optimaal kunnen penetreren.

2 Verwijder vlies en bladeren van de maïs, was en dep droog met keukenpapier. Snijd de kolven met een stevig keukenmes in dikke plakken.

3 Meng de kruiden. Bestrijk kip en maïs met boter en strooi er de kruiden over. Schep alles goed om. Steek de barbecue aan.

4 Plaats een licht invet rooster boven de hete kolen. Gril de kip, onder nu en dan omdraaien, 25 minuten op halfhoog-hoog vuur. Voeg de maïs toe na 15 minuten en gril, onder regelmatig keren, tot hij goudbruin is. Serveer gegarneerd met gehakte peterselie.

Energie 266 kcal; eiwit 22 g; koolhydraten 5,9 g (waarvan 0,8 g suikers); vet 17,3 g (waarvan 8 g verzadigd); cholesterol 132 mg; calcium 20 mg; vezels 0,8 g; natrium 174 mg.

Gebarbecuede kip tikka

De in magere yoghurt en kruiden gemarineerde kip heeft alle smaak die u verwacht van een barbecuegerecht en toch is het een vetarm maal. Laat zo mogelijk een nacht marineren voor de beste smaak. De rode kleurstof geeft een zweem van de traditionele kleur.

VOOR 4 PERSONEN

INGREDIËNTEN
- 4 kipdijen
- citroenpartjes en gemengde salade, zoals frisee, eikenblad en radicchio, om te serveren

Voor de marinade
- 150 ml magere yoghurt
- 1 tl paprikapoeder
- 2 tl geraspte verse gember
- 1teen knoflook, fijngehakt
- 2 tl garam masala
- ½ tl zout
- paar druppeltjes rode voedingskleurstof (eventueel)
- sap van 1 citroen

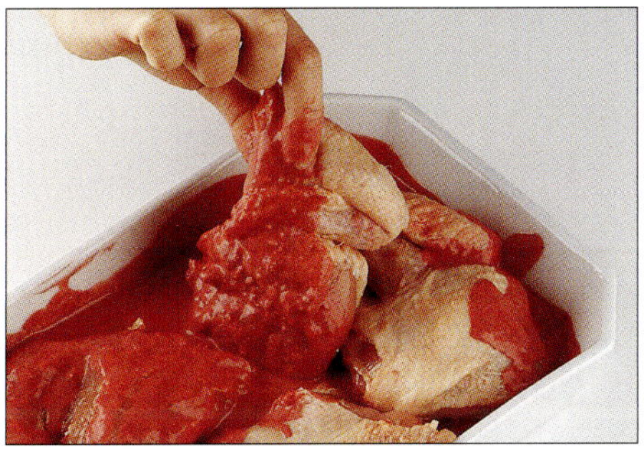

1 Meng alle ingrediënten voor de marinade. Meng met de kip en laat 4 uur tot een hele nacht in de koelkast staan om de smaken door te laten dringen.

2 Steek de barbecue aan. Plaats een licht ingevet rooster boven de kolen.

3. Neem de kip uit de marinade en gril, onder nu en dan keren en bestrijken met wat marinade, 30-40 minuten op hoog vuur, of tot hij gaar is.

4 Schik de kip op een bedje van sla met twee partjes citroen en serveer warm of koud.

KOOKTIP
Dit is een voorbeeld van een gerecht dat meestal erg vetrijk is, maar met een paar simpele ingrepen aanzienlijk magerder kan worden gemaakt. U kunt dit ook doen met andere, vergelijkbare gerechten, door volle yoghurt en room te vervangen door magere en zowel het vel van de kip te halen als minder olie te gebruiken.

Energie 169 kcal; eiwit 36,8 g; koolhydraten 1,3 g (waarvan 1,3 g suikers); vet 1,9 g (waarvan 0,5 g verzadigd); cholesterol 105 mg; calcium 38 mg; vezels 0,2 g; natrium 199 mg.

GEBARBECUEDE KIPSALADE

Dit gerecht is opvallend simpel maar smaakt echt geweldig. Eenvoudig gegrilde kip wordt gemengd met een knapperige salade van jonge spinazie en kerstomaatjes met een kruidig-notige dressing. Een prima vulling, ook voor warm, opengesneden pitabrood.

VOOR 4 PERSONEN

INGREDIËNTEN
- 2 el olijfolie, plus extra om te bestrijken
- 2 el hazelnootolie
- 1 el wittewijnazijn
- 1 teen knoflook, fijngehakt
- 1 el verse kruiden, gehakt
- 225 g spinazie
- 250 g kerstomaatjes, gehalveerd
- bosje lente-ui, gehakt
- 2 kipfilets
- zout en vers gemalen zwarte peper

KOOKTIP
Vergeet niet de gare kip op een ander bord te snijden dan dat waarop de rauwe lag, om kruisbesmetting te voorkomen.

1 Maak eerst de dressing. Klop 2 eetlepels van de olijfolie grondig door hazelnootolie, azijn, knoflook en kruiden. Zet weg.

2. Verwijder lange steeltjes van de spinazie en schep in een ruime kom om met de tomaten en lente-ui.

3 Steek de barbecue aan. Plaats een licht ingevet rooster boven de kolen. Strijk de kipfilets in met olie en gril 15-20 minuten op halfhoog vuur, onder regelmatig keren, tot ze gaar en goudbruin zijn. Bestrijk zo nodig tijdens het grillen met olie. Snijd de kip in plakken.

4 Strooi de kip over de salade, klop de dressing nog even door en sprenkel hem over de salade en schep alles om. Breng op smaak en serveer meteen.

VARIANT
U kunt meerdere dressings proberen voor deze salade. Zoals een pikante combinatie van: 4 tl olijfolie, 1 el balsamico-azijn, 2 tl honing en 2 el mosterd.

Energie 436 kcal; eiwit 37,3 g; koolhydraten 34,6 g (waarvan 12,8 g suikers); vet 17,5 g (waarvan 4,6 g verzadigd); cholesterol 105 mg; calcium 96 mg; vezels 3,9 g; natrium 194 mg.

Kipfajita's

Fajita's boordevol malse kip en een heerlijke mix van groenten en salsa slaan altijd aan en het is perfect barbecue-eten omdat u ze probleemloos met uw vingers kunt eten. Ook kinderen zijn er dol op.

VOOR 6 PERSONEN

INGREDIËNTEN

- fijngeraspte schil van 1 limoen en sap van 2 limoenen
- 7 el olijfolie, plus extra voor bestrijken
- 1 teen knoflook, fijngehakt
- ½ tl gedroogde oregano
- flinke snuf gedroogde rodepepervlokken
- 1 tl korianderzaad, geplet
- 6 kipfilets, met vel
- 3 zoete uien, in dikke ringen
- 2 grote rode, gele of oranje paprika's, zonder zaad en in reepjes
- 2 el verse koriander, gehakt
- zout en vers gemalen zwarte peper

Voor de tomatensalsa

- 450 g tomaten, ontveld, zonder potjes en gehakt
- 2 tenen knoflook, fijngehakt
- 1 kleine rode ui, gesnipperd
- 1-2 groene pepers, zonder zaad en gehakt
- fijngeraspte schil van ½ limoen
- 2 el verse koriander, gehakt snufje fijne tafelsuiker
- ½-1 tl geroosterd komijnzaad, gemalen

Om te serveren

- 12-18 zachte tarwetortilla's
- guacamole
- 120 ml zure room
- knapperige slabladeren
- takjes koriander
- partjes limoen

1 Meng in een ovenschaal limoensap en rasp met 5 eetlepels van de olie en knoflook, oregano, pepervlokken en korianderzaad. Kruid met zout en peper. Snijd het vel van de filets op een aantal plekken in en leg ze in het knoflookmengsel. Schep om, dek af en laat een paar uur marineren.

2 Meng voor de tomatensalsa tomaten, knoflook, ui, pepers, limoenrasp en koriander. Breng op smaak met zout en peper, suiker en komijnzaad. Zet 30 minuten weg, proef en voeg eventueel extra komijn en suiker toe. Schep in een kom.

3 Steek de barbecue aan. Plaats een licht ingevet rooster boven de kolen. Rijg de uiringen aan een metalen spies. Strijk ze in met de resterende olie en kruid. Gril tot ze zacht zijn en hier en daar geblakerd.

4 Gril de filets 15-20 minuten op halfhoog vuur en onder regelmatig draaien, tot ze gaar en goudbruin zijn. Bestrijk met marinade tijdens het grillen, maar voeg de laatste laag niet later dan 5 minuten voor het eind van de kooktijd toe om hem te garen.

5 Verhit een grillpan op het rooster. Strijk de paprikareepjes in met olie en bak 8-10 minuten in de grillpan, of tot ze zacht en hier en daar bruin zijn. Doe de gegrilde ui erbij en laat 2 minuten mengen. Doe in een kom en roer er de koriander door.

6 Verwarm de tortilla's door ze even op het rooster te leggen, een seconde of 30 aan elke kant. Stapel de warme tortilla's op een serveerschaal en bedek ze met een schone vaatdoek. Snijd de gegrilde kip in reepjes en schep op een schaal.

7 Serveer de schalen met kip, ui en paprika en salsa met de tortilla's, guacamole, zure room en sla en koriander, zodat de gasten zichzelf kunnen bedienen. Geef er partjes limoen bij.

Per fajita: energie 174 kcal; eiwit 14,9 g; koolhydraten 13,9 g (waarvan 5,1 g suikers); vet 7 g (waarvan 1,8 g verzadigd); cholesterol 42 mg; calcium 38 mg; vezels 1,6 g; natrium 78 mg.

CARAIBISCHE KIPSPIESEN

RUM, LIMOENSAP EN KANEEL GEVEN EEN ROBUUSTE MARINADE VOOR KIP, DIE DAN WORDT GEGRILD MET MANGO VOOR EEN ONGEWOON EN FRIS SMAKEND GERECHT. U KUNT DE SPIESEN SERVEREN MET RIJST OF ZE VAN DE PRIKKERS AFHALEN VOOR IN PITABROOD, ALS INFORMELE BARBECUEMAALTIJD.

VOOR 4 PERSONEN

INGREDIËNTEN
- 500 g kipfilet
- fijngeraspte schil van 1 limoen
- 2 el vers limoensap
- 1 el rum of sherry
- 1 el lichtbruine basterdsuiker
- 1 tl kaneel
- 2 mango's, geschild en in blokjes
- rijst en salade, om te serveren

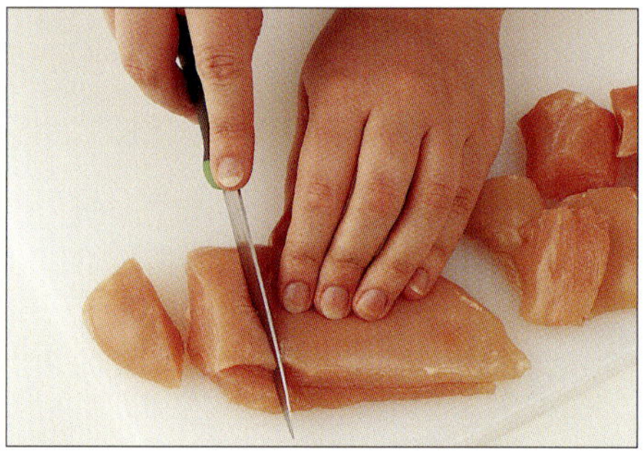

1 Snijd de kip in blokjes en doe ze in een kom met limoenrasp en -sap, rum of sherry, suiker en kaneel. Schep goed om, dek af en zet 1 uur in de koelkast.

2 Leg 4 houten prikkers 30 minuten in water. Snijd de mango in blokjes door hem in plakken te snijden, er een ruitjespatroon in te snijden en de schil weg te nemen.

3 Steek de barbecue aan. Plaats een licht ingevet rooster boven de kolen Laat de kip uitlekken, bewaar het vocht en rijg de kip aan de prikkers, afgewisseld met blokjes mango.

4 Gril de spiesen 8-10 minuten op hoog vuur, onder nu en dan keren en bestrijken met de sappen, tot de kip gaar is en goudbruin. Serveer meteen met rijst en een salade.

Energie 195 kcal; eiwit 30,6 g; koolhydraten 14,6 g (waarvan 14,3 g suikers); vet 1,5 g (waarvan 0,5 g verzadigd); cholesterol 88 mg; calcium 18 mg; vezels,2 g; natrium 77 mg.

Kruidige Masalakip

Specerijen, kruiden en honing vormen een heerlijke zoetzure marinade voor kip, die geweldig smaakt van de barbecue. Serveer met salades en knapperig brood of rijst. U kunt ook altijd wat kruidentakjes op de kolen gooien voor een extra rokerige smaak.

VOOR 6 PERSONEN

INGREDIËNTEN
- 12 kipkoteletten
- 6 el citroensap
- 1 tl fijngehakte verse gember
- 1 tl fijngehakte knoflook
- 1 tl geplette gedroogde rode pepers
- 1 tl zout
- 1 tl lichtbruine basterdsuiker
- 2 el vloeibare honing
- 2 el verse koriander, gehakt
- 1 groene peper, fijngehakt
- 2 el plantaardige olie
- verse takjes koriander, om te garneren

1 Prik de kip in met een vork, spoel af, dep droog en zet weg.

2 Meng voor de marinade citroensap, gember, knoflook, rode peper, zout, suiker en honing in een ruime kom.

3 Leg de kip in dit mengsel en schep goed om. Zet 45 minuten weg.

4 Steek de barbecue aan. Plaats een licht ingevet rooster boven de kolen. Doe de koriander en groene peper bij de kip en leg hem in een ovenschaal.

5 Giet de resterende marinade over de kip en bestrijk lichtjes met olie, zonder de marinade te verwijderen. Leg op het rooster.

6 Gril de kipdijen 15-20 minuten op halfhoog vuur, onder nu en dan keren en bestrijken met de marinade. Voeg de laatste marinade niet later dan 5 minuten voor het eind van de kooktijd toe, zodat hij nog volledig gaart.

7 Serveer de kip gegarneerd met wat takjes koriander en rijst of gebarbecuede aardappelen en een salade.

KOOKTIP
Als u op gas kookt en geen rookbox heeft maar wel wat aromaten wilt toevoegen, kunt u een doosje van aluminiumfolie maken met wat gaten in het deksel om de rook te laten ontsnappen.

Energie 165 kcal; eiwit 18,9 g; koolhydraten 9,1 g (waarvan 9,1 g suikers); vet 6,2 g (waarvan 1,2 g verzadigd); cholesterol 95 mg; calcium 9 mg; vezels 0 g; natrium 409 mg.

JERKKIP

Traditioneel verwijst 'jerk' naar het kruidenmengsel dat op vlees wordt gewreven voor het wordt geroosterd boven houtskool dat is bestrooid met pimentbessen. Op Jamaica werd 'jerk' oorspronkelijk alleen gebruikt voor varkensvlees, maar bij kip past het net zo goed.

VOOR 4 PERSONEN

INGREDIËNTEN

8 stukken kip
slabladeren, om te serveren

Voor de marinade

1 tl pimentpoeder
1 tl kaneel
1 tl gedroogde tijm
¼ tl versgeraspte nootmuskaat
2 tl bruine basterdsuiker
2 tenen knoflook, fijngehakt
1 el gesnipperde ui
1 el fijngehakte lente-ui
1 el azijn
2 el olie, plus extra om te bestrijken
1 el limoensap
1 hete rode peper, fijngehakt
zout en vers gemalen zwarte peper

1 Meng alle marinade-ingrediënten en prak ze met een vork tot een dikke pasta.

2 Leg de stukken kip op een bord of plank en maak er in de lengte diverse insnedes in. Wrijf de marinade over de kip en in de insnedes.

3 Doe de kip in een schaal, dek af en laat 2 uur tot een hele nacht marineren in de koelkast.

4 Steek de barbecue aan. Plaats een licht ingevet rooster boven de kolen. Schud overtollige marinade af en strijk de kip in met olie. Leg op het rooster.

5 Gril 30 minuten op halfhoog vuur, onder regelmatig keren en tot de kip gaar is. Serveer warm met een gemengde salade.

KOOKTIP

Gebruik altijd een tang en geen vork om vlees te keren, want als de tanden van de vork in het vlees prikken, lopen de sappen eruit.

Energie 298 kcal; eiwit 54,2 g; koolhydraten 2,5 g (waarvan 2,2 g suikers); vet 8 g (waarvan 1,5 g verzadigd); cholesterol 158 mg; calcium 16 mg; vezels 0,2 g; natrium 136 mg.

KIP MET CITROENGRAS EN GEMBER

OVERAL TER WERELD WORDT OP STRAAT, VAN STALLETJES TOT IN SPORTSTADIONS, OP DE BARBECUE GEGRILDE KIP AANGEBODEN. DIT GERECHT KENT TYPISCH THAISE SMAKEN DIE NIET TE PITTIG ZIJN VOOR KINDEREN. DE STUKJES KIP ZIJN PERFECT ALS HAPJE OP FEESTJES.

VOOR 4-6 PERSONEN

INGREDIËNTEN
- 1 kip, ongeveer 1,3-1,6 kg, in 8-10 stukken
- partjes limoen en verse rode pepers, om te garneren

Voor de marinade
- 2 stengels citroengras, schoongemaakt
- stukje verse gember van 2,5 cm, geschild en in dunne plakjes
- 6 tenen knoflook, grof gehakt
- ½ bosje korianderwortels, gehakt
- 1 el palmsuiker of lichtbruine basterdsuiker
- 120 ml kokosmelk
- 2 el Thaise vissaus
- 2 el lichte sojasaus

1 Snijd voor de marinade de onderste 5 centimeter van het citroengras en hak grof. Draai samen met gember, knoflook, sjalot, koriander, suiker, kokosmelk en sauzen glad in een keukenmachine.

2 Leg de kip op een schaal, giet de marinade erover en schep goed om. Dek af en laat 4 uur tot een hele nacht marineren in de koelkast.

3 Steek de barbecue aan. Plaats een licht ingevet rooster boven de kolen. Laat de kip uitlekken, leg hem op het rooster en bewaar de marinade.

4 Gril 20-30 minuten op halfhoog vuur. Draai de stukken regelmatig en bestrijk één of twee keer met de marinade maar breng de laatste marinade niet later dan 5 minuten voor het eind van de kooktijd aan, zodat hij nog volledig gaart.

5 Schep de kip, zodra hij goudbruin en gaar is, op een serveerschaal, garneer met de limoenpartjes en pepers en serveer meteen.

KOOKTIPS
- Kokosmelk is verkrijgbaar bij Aziatische toko's en de meeste supermarkten. U kunt ook 50 gram kokosroom nemen uit een pakje en al roerend warm water toevoegen, tot hij volledig is opgelost.
- Korianderwortel is intenser van smaak dan het blad, maar het kruid is niet altijd verkrijgbaar met de wortels intact.

Energie 361 kcal; eiwit 28,8 g; koolhydraten 8,3 g (waarvan 6,7 g suikers); vet 23,9 g (waarvan 23,9 g verzadigd), cholesterol 140 mg; calcium 28 mg; vezels 0,9 g; natrium 136 mg.

GEBARBECUEDE KIP MET KRUIDENKORST

DEZE AROMATISCH GEKRUIDE KIP ONTWIKKELT EEN HEERLIJK KROKANTE KORST OP DE BARBECUE DANKZIJ EEN SIMPELE MAAR INVENTIEVE MARINADE, DIE STERK GEPARFUMEERD IS MET KOMIJN EN KANEEL. LAAT DE KIP LIEFST EEN NACHT MARINEREN – DE SMAAK ZAL ONVERGELIJKBAAR ZIJN.

VOOR 4 PERSONEN

INGREDIENTEN

- 5 tenen knoflook, fijngehakt
- 2 el komijnpoeder
- 1½ tl kaneel
- 1 tl paprikapoeder
- sap van 1 citroen
- 2 el olijfolie
- kip van 1,3 kg, in acht stukken
- zout en vers gemalen zwarte peper
- verse koriander, om te garneren
- warm pitabrood, salade en citroenpartjes, om te serveren

VARIANT

Gebruik 1 theelepel kurkuma en een snufje kardemompoeder in plaats van de kaneel.

1 Meng knoflook, komijn, kaneel, paprikapoeder, citroensap, olie, zout en peper in een kom. Voeg de kip toe en schep grondig om. Laat afgedekt 1 uur tot een hele nacht marineren in de koelkast.

2 Steek de barbecue aan. Plaats een licht ingevet rooster boven de kolen.

3 Schik het donkere vlees op het rooster en gril 10 minuten en keer éénmaal.

4 Leg de rest van de kip op het rooster en gril 7-10 minuten, onder nu en dan keren, tot alles goudbruin is en de sappen er na inprikken helder uitlopen. Serveer meteen met pitabrood, salade en partjes citroen.

Energie 250 kcal; eiwit 43,2 g; koolhydraten 2,5 g (waarvan 0,3 g suikers); vet 7,5 g (waarvan 1,3 g verzadigd); cholesterol 123 mg; calcium 12 mg; vezels 0,6 g; natrium 106 mg.

GEGRILDE KIP MET SALSA

DUNGESLAGEN KIPFILETS GAREN IN EEN MUM VAN TIJD IN EEN GRILLPAN. MARINEER ZE EERST OM ZE EXTRA LEKKER EN SAPPIG TE MAKEN EN SERVEER ZE MET EEN SALSA VAN VERSE ZOMERINGREDIENTEN MET GEROOSTERDE GROENE PEPER VOOR EEN EENVOUDIG GERECHT VOL SMAAK.

VOOR 4 PERSONEN

INGREDIËNTEN

- 4 kipfilets, van elk 175 g
- 2 el vers citroensap
- 2 el olijfolie
- 2 tl komijnpoeder
- 2 tl gedroogde oregano
- 1 el grof gemalen zwarte peper

Voor de salsa

- 1 groene peper
- 450 g roma-tomaten, zonder pitjes en kleingesneden
- 3 lente-uitjes
- 1 el verse peterselie, gehakt
- 2 el verse koriander, gehakt
- 2 el vers citroensap
- 3 el olijfolie

1 Klop met een vleeshamer de kipfilets plat tussen twee vellen plasticfolie.

2 Meng in een ondiepe schaal citroensap, olie, komijn, oregano en peper. Voeg de kip toe en schep om. Dek af en laat 2 uur tot een hele nacht marineren in de koelkast.

3 Blaker voor de salsa het vel van de groene peper boven een gasvlam of onder een grill. Laat 5 minuten afkoelen. Wrijf voorzichtig het vel weg en was daarna uw handen. Verwijder voor een wat minder pittige smaak ook de zaadjes.

4 Hak de peper erg fijn en meng met de tomaten, lente-ui, peterselie, koriander, citroen en olijfolie.

5 Steek de barbecue aan. Verhit een grillpan op het rooster boven de hete kolen. Neem de kip uit de marinade en gril hem zo'n 3 minuten aan één kant. Draai om en gril nog eens 4 minuten. Serveer met de chilisalsa.

Energie 312 kcal; eiwit 43,4 g; koolhydraten 4,5 g (waarvan 4,4 g suikers); vet 13,5 g (waarvan 2,2 g verzadigd); cholesterol 123 mg; calcium 46 mg; vezels,2 g; natrium 121 mg.

GEGRILDE KIP MET PAPRIKA

KIP LEENT ZICHZELF VOOR FANTASIEVOLLE MARINADES MET ALLERLEI AROMATISCHE INGREDIENTEN. HIER VORMEN MOSTERD, KNOFLOOK EN PEPERS EEN PIKANTE COMBINATIE DIE HET NET ZO GOED DOET BIJ DE KIP ALS BIJ PAPRIKA'S EN TOMATEN.

VOOR 4-6 PERSONEN

INGREDIËNTEN

- 1½ kip, in totaal 2,25 kg, in 12 stukken
- 2-3 rode of groene paprika's, in vieren en zonder zaad
- 4-5 tomaten, horizontaal gehalveerd
- citroenpartjes, om te serveren

Voor de marinade

- 6 el extra vergine olijfolie
- sap van 1 grote citroen
- 1 tl Dijonmosterd
- 4 tenen knoflook, fijngehakt
- 2 verse rode of groene pepers, zonder zaad en gehakt
- 1 tl gedroogde oregano
- zout en vers gemalen zwarte peper

1 Snijd, als u de kip zelf kleiner maakt, de poten in tweeën. Maak met een scherp mes een paar snedes in de dikste deel van het vlees van elk stuk. Dan kan de marinade beter absorberen en gaart de kip beter.

2 Meng alle marinade-ingrediënten in een kom. Voeg de kip toe en schep alles grondig om. Dek af met plasticfolie, zet 4-8 uur in de koelkast en schep een paar keer om.

3 Steek de barbecue aan. Plaats een licht ingevet rooster boven de kolen. Leg de stukken kip op het rooster. Doe de stukken paprika en de tomaten in de marinade en zet 15 minuten weg. Gril de kip 20-25 minuten op halfhoog vuur. Let op en schuif hem weg van de delen waar de hitte intens is als hij dreigt aan te branden.

4 Keer de kipdelen om en gril nog 20-25 minuten. Rijg intussen de paprika's aan twee lange metalen spiesen. Leg ze, de laatste 15 minuten van de kooktijd, op het rooster, samen met de tomaten. Let ook hier goed op en keer ze minstens één keer om. Serveer met partjes citroen.

KOOKTIP

U kunt de kipdelen natuurlijk ook binnen onder de grill bereiden. Zet hem vrij hoog, maar plaats de kip niet te dicht onder de hittebron. Hij is waarschijnlijk sneller gaar dan boven kolen – reken op zo'n 15 minuten per kant.

Energie 337 kcal; eiwit 57,6 g; koolhydraten 7,2 g (waarvan 6,9 g suikers); vet 8,7 g (waarvan 1,6 g verzadigd); cholesterol 163 mg; calcium 48 mg; vezels 2,5 g; natrium 154 mg.

GEROOKTE KIP MET POMPOENPESTO

EEN HELE KIP GEROOKT BOVEN HOUTMOT KRIJGT EEN PERFECT GOUDBRUIN VEL EN SAPPIG ROZE VLEES. DE FLESPOMPOEN GAART ERNAAST, VERPAKT IN FOLIE, EN WORDT LATER TOT EEN HEERLIJKE PESTO VERWERKT. DE KIP SMAAKT KOUD OOK ERG GOED.

VOOR 4-6 PERSONEN

INGREDIËNTEN
- braadkip van 1,3 kg
- 1 citroen, in vieren
- 8-10 verse blaadjes laurier
- 3 takjes verse rozemarijn
- 1 el olijfolie
- zout en vers gemalen zwarte peper
- 4 handen houtmot, minstens 30 minuten geweld in koud water

Voor de pesto
- 1 flespompoen van zo'n 675 g, gehalveerd en zonder pitten
- 2 tenen knoflook, in plakjes
- 2 verse takjes tijm
- 2 el olijfolie
- 25 g versgeraspte parmezaan

1 Steek de barbecue aan. Snijd overtollig vet weg bij de opening van de buikholte van de kip, kruid de binnenkant en vul met citroenparten, laurier en 1 tak rozemarijn. Bind de poten samen met keukentouw en wrijf de kip in met olie. Kruid het vel lichtjes.

2 Snijd de pompoen in acht stukken en leg ze op een dubbel stuk aluminiumfolie. Kruid goed en strooi er knoflook en tijm over. Sprenkel er 1 eetlepel olijfolie over en een beetje water. Vouw de folie dicht en sluit goed af.

3 Schuif, als de vlammen zijn gedoofd, de kolen naar één kant en plaats er een druipschaal naast. Vul de schaal met water. Plaats een licht ingevet rooster boven de hete kolen. Leg de kip op het rooster boven de schaal, met de pompoen ernaast, boven de kolen. Dek af met een deksel of een dik stuk aluminiumfolie. Gril de pompoen 35 minuten, of tot hij gaar is.

4 Laat de houtmot uitlekken, strooi er voorzichtig wat op de kolen en zet het deksel terug. Rooster de kip nog 1-1,25 uur en voeg elke 15 minuten een handvol houtmot toe. Doe de rest van de rozemarijn bij de kolen met de laatste portie houtmot. Neem de kip van het vuur als hij gaar is, dek af met folie en laat 10 minuten rusten.

5 Pak de pompoen uit. Gooi de tijm weg en schep het vlees en de knoflook in een keukenmachine. Pulseer het mengsel tot een dikke puree. Doe er parmezaan bij, dan de resterende olie en pulseer tot alles goed is gemengd. Schep in een kom en serveer bij de warme kip. Als de kip koud wordt gegeten, dek hem af zodra hij koud is.

KOOKTIP

Bij een kleine barbecue moeten de kolen tijdens het koken wellicht worden aangevuld. Til rooster en kip op vóór de hitte te ver is gedaald en vul aan. De kolen hebben zo'n 10 minuten nodig om voldoende hitte te ontwikkelen.

Energie 257 kcal; eiwit 34,4 g; koolhydraten 2,5 g (waarvan 1,9 g suikers); vet 12,2 g (waarvan 2,7 g verzadigd); cholesterol 98 mg; calcium 89 mg; vezels 1,1 g; natrium 126 mg.

Kalkoen-sosaties met abrikozensaus

Een Zuid-Afrikaans recept voor blokjes kalkoenfilet gemarineerd in een fantastische zoetzuur gekruide saus. Geef er knapperig brood bij.

VOOR 4 PERSONEN

INGREDIËNTEN
- 1 tl plantaardige olie
- 1 ui, gesnipperd
- 1 teen knoflook, fijngehakt
- 2 blaadjes laurier
- sap van 1 citroen
- 2 el kerriepoeder
- 4 el abrikozenjam
- 4 el appelsap
- 675 g kalkoenfilet
- 2 el halfvolle crème fraîche
- zout

KOOKTIP
Als u de sosaties binnen serveert, geef er dan couscous en gegrilde groenten bij.

1 Verhit de olie in een pan. Voeg ui, knoflook en laurier toe en fruit 10 minuten op laag vuur, tot de ui zacht is. Doe er citroensap, kerriepoeder, jam en appelsap bij en zout naar smaak. Kook 5 minuten zachtjes door. Schep in een kom en laat afkoelen.

2 Snijd de kalkoen in blokjes van 2 kubieke centimeter en doe ze in de kom. Meng, dek af en marineer 2 uur tot een hele nacht in de koelkast.

3 Steek de barbecue aan. Plaats een licht ingevet rooster boven de kolen. Rijg de kalkoen aan vier metalen spiesen en laat de marinade terug in de kom druipen. Gril de sosaties 6-8 minuten op halfhoog vuur, tot ze gaar zijn, en keer ze regelmatig om.

4 Doe intussen de marinade in een pan en laat hem 2 minuten pruttelen op het grillrooster. Roer de crème fraîche erdoor, laat even doorwarmen en serveer de saus bij de sosaties.

Kruidige Indonesische kipsate

Rode pepers, knoflook en sojasaus geven deze Indonesische kipsates hun pit en van de resterende marinade wordt een smakelijke dipsaus gekookt.

VOOR 4 PERSONEN

INGREDIËNTEN
- ½ ui, in ringen
- olie, om te frituren
- 4 kipfilets, elk zo'n 175 g, in blokjes van 2½ cm^3

Voor de sambal-ketjap
- 1 verse rode peper, zonder zaad en fijngehakt
- 2 tenen knoflook, fijngehakt
- 4 el donkere sojasaus of ketjap
- 4 tl citroensap of 1-1½ el tamarindesap
- 2 el heet water

1 Frituur de ui goudbruin en zet weg.

2 Meng alle ingrediënten voor de sambal-ketjap. Laat 30 minuten rusten.

3 Doe de kip in een kom met de sambal-ketjap. Schep grondig om. Dek af en zet 1 uur in de koelkast.

4 Leg acht houten prikkers 30 minuten in water.

5 Doe kip en marinade in een zeef boven een pan en laat een paar minuten uitlekken. Zet de zeef met de kip weg.

6 Voeg 30 milliliter heet water bij de marinade en breng aan de kook. Temper het vuur en laat 2 minuten trekken. Giet in een kom en laat afkoelen. Voeg dan de gefrituurde ui toe.

7 Steek de barbecue aan. Plaats een licht ingevet rooster boven de kolen. Rijg de kip aan de prikkers en gril zo'n 10 minuten boven halfhoog vuur, onder regelmatig draaien, tot de kip goudbruin en gaar is. Serveer met de sambal-ketjap als dip.

Boven: Energie 325 kcal; eiwit 59,4 g; koolhydraten 12,2 g (waarvan 12,1 g suikers); vet 4,8 g (waarvan 1,9 g verzadigd); cholesterol 125 mg; calcium 18 mg; vezels 0 g; natrium 162 mg.
Onder: Energie 197 kcal; eiwit 42,5 g; koolhydraten 2,5 g (waarvan 2 g suikers); vet 2 g (waarvan 0,5 g verzadigd); cholesterol 123 mg; calcium 15 mg; vezels 0,4 g; natrium 640 mg.

PIEPKUIKENSPIESEN MET LIMOEN EN RODE PEPER

DE PIEPKUIKENS IN DIT RECEPT WORDEN VLAK GEMAAKT, ZODAT ZE GELIJKMATIG EN SNEL GAREN. DE BORST WORDT GEVULD MET RODE PEPER EN GEDROOGDE-TOMATENBOTER, DIE HET VLEES SAPPIG HOUDEN EN VOOR EEN HEERLIJKE SMAAK ZORGEN.

VOOR 4 PERSONEN

INGREDIËNTEN

4 piepkuikens, elk zo'n 450 g
40 g boter
2 el zongedroogde-tomatenpasta
fijngeraspte schil van 1 limoen
2 tl chilisaus
sap van ½ limoen
takjes bladpeterselie, om te garneren
limoenpartjes, om te serveren

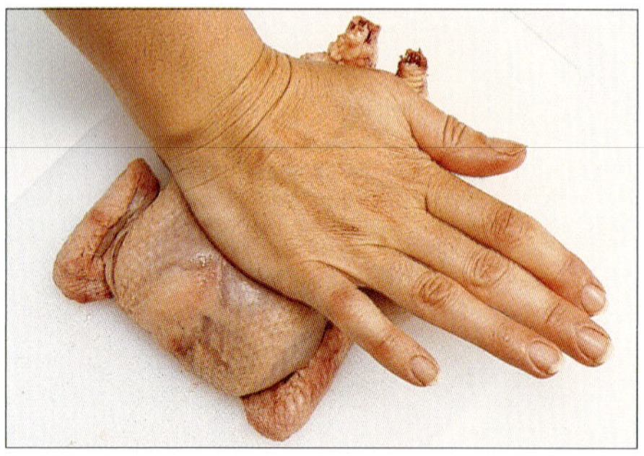

1 Leg de piepkuikens op een plank, de borst naar boven, en druk stevig met de handpalm om het borstbeen te breken.

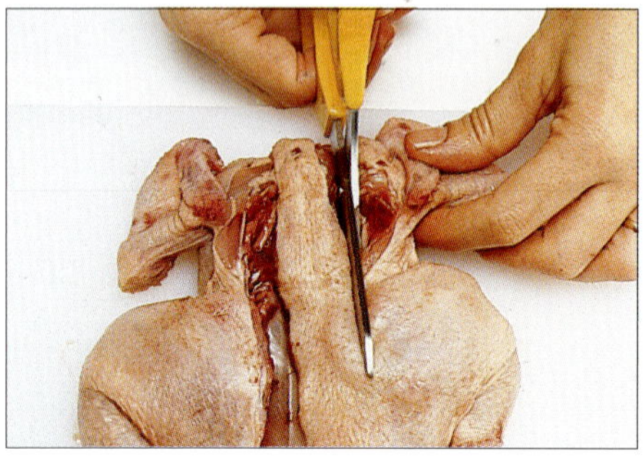

2 Draai het kuiken om en knip met een wildschaar of stevige keukenschaar langs beide kanten van de ruggengraat.

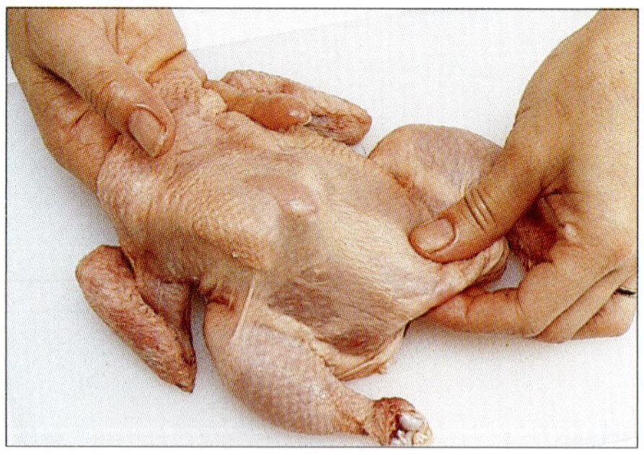

3 Keer het kuiken weer om en maak hem mooi vlak. Til het borstvel voorzichtig op en steek er uw vingertoppen onder om het los te maken van het vlees.

4 Meng boter, tomatenpasta, limoenrasp en chilisaus en smeer zo'n driekwart van het mengsel gelijkmatig onder het vel van de kuikens.

KOOKTIP

Als u een half piepkuiken per portie wilt serveren, gebruikt u een wildschaar of een groot scherp mes om door borstbeen en ruggengraat te snijden.

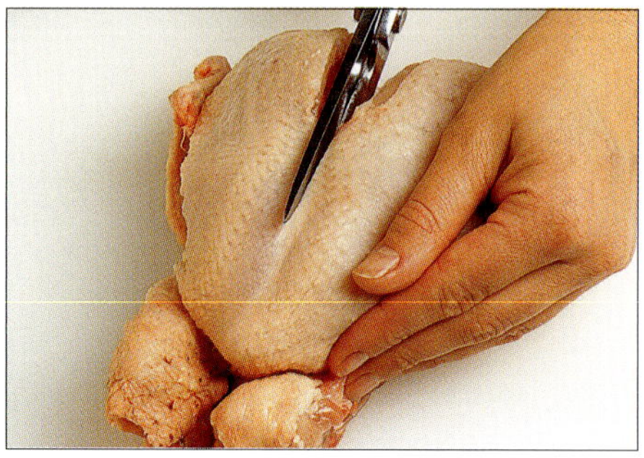

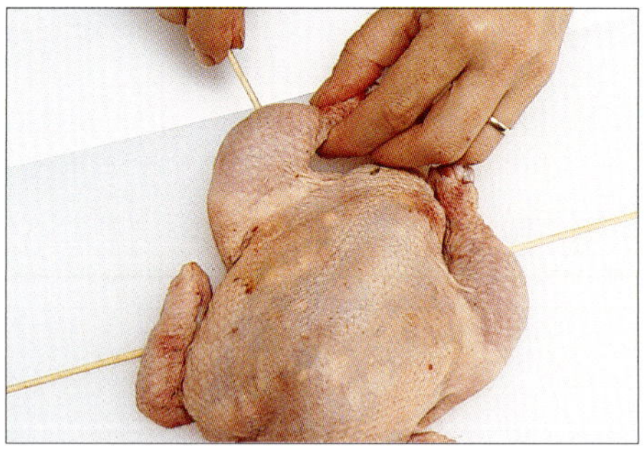

5 Rijg er, om de kuikens vlak te houden bij het grillen, twee prikkers doorheen, die elkaar in het midden kruisen. Elke prikker moet door een vleugel gaan en er bij de drumstick uitkomen.

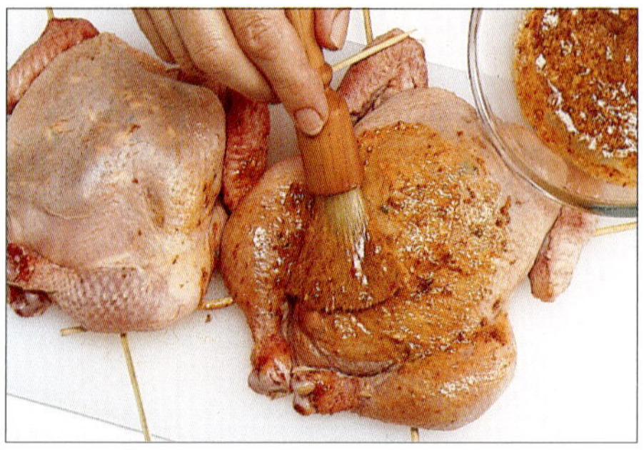

6 Steek de barbecue aan. Plaats een licht ingevet rooster boven de kolen. Meng de rest van het botermengsel met het limoensap en strijk dit over het vel. Gril 25-30 minuten boven halfhoog-hoog vuur, onder nu en dan keren, of tot de sappen er na inprikken helder uitlopen. Garneer met bladpeterselie en serveer met partjes limoen.

Energie 607 kcal; eiwit 50,4 g; koolhydraten 1,1 g (waarvan 1,1 g suikers); vet 44,7 g (waarvan 15,1 g verzadigd); cholesterol 282 mg; calcium 23 mg; vezels 0,2 g; natrium 259 mg.

Kwartel in vijfkruidenmarinade

Door zelf vijfkruidenpoeder te mengen en te malen geeft u de meest verse smaak aan dit Vietnamese gerecht met opengevouwen kwartel. Als u weinig tijd hebt, koop dan goed vijfkruidenpoeder bij een toko.

VOOR 4-6 PERSONEN

INGREDIËNTEN
6 kwartels, schoongemaakt
Om te garneren
mandarijn of satsuma
2 lente-uitjes, grof gehakt
bananenbladeren, om te serveren
Voor de marinade
2 stukjes steranijs
2 tl kaneel
2 tl venkelzaad
2 tl szechuanpeper
een snufje gemalen kruidnagel
1 uitje, gesnipperd
1 teen knoflook, fijngehakt
4 el vloeibare honing
2 el donkere sojasaus

KOOKTIP
U kunt eventueel ook ander klein gevogelte gebruiken, zoals piepkuikens. Die vergen ongeveer 25-30 minuten om te garen via de methode van dit recept.

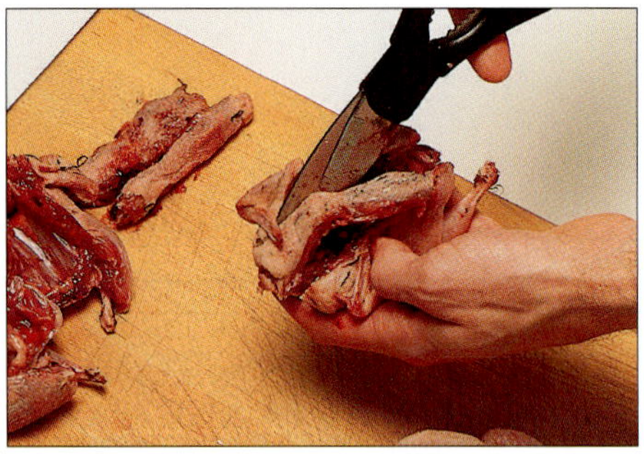

1 Leg twaalf houten prikkers 30 minuten in water. Verwijder de ruggengraat van de kwartels door langs beide kanten te knippen met een keukenschaar.

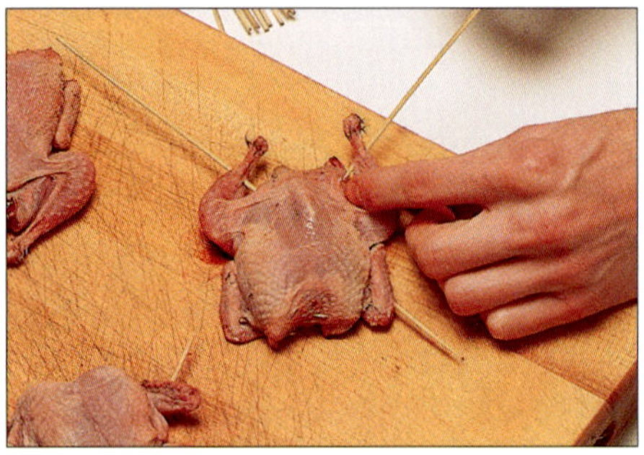

2 Maak de kwartels vlak met uw handpalm en zet ze vast met twee bamboeprikkers.

3 Doe voor de marinade de specerijen in een vijzel of specerijmolen en maal tot fijn poeder. Voeg ui, knoflook, honing en sojasaus toe en meng alles grondig.

4 Schik de kwartels op een platte schaal en giet er de marinade over. Dek af met plasticfolie en laat 8 uur tot een hele nacht in de koelkast staan om de smaken te vermengen.

5 Steek de barbecue aan. Plaats een licht ingevet rooster boven de kolen. Gril de kwartels 5 minuten op halfhooghoog vuur en dek dan af met een deksel of dik aluminiumfolie en gril nog 10 minuten door tot ze goudbruin zijn. Bestrijk nu en dan met marinade.

6 Verwijder voor de garnering de buitenste schil van de mandarijn met een dunschiller. Snijd de schil fijn en meng met de lente-ui. Schik de kwartels op een bedje van bananenbladeren en garneer met mandarijnschil en lente-ui.

Energie 159 kcal; eiwit 13,2 g; koolhydraten 5,6 g (waarvan 5,6 g suikers); vet 9,5 g (waarvan 2,6 g verzadigd); cholesterol 68 mg; calcium 7 mg; vezels 0,1 g; natrium 404 mg.

Opengevouwen kwartel met couscous

Deze delicate vogeltjes kunnen het best worden bereid op een ketelbarbecue met deksel. Als u geen deksel hebt, kunt u improviseren met een grote omgekeerde wok met houten handvat of een 'tent' vouwen van aluminiumfolie. Serveer met een kruidige kerstomatensalade.

VOOR 8 PERSONEN

INGREDIËNTEN
- 8 kwartels
- 400 ml water
- 2 citroenen
- 4 el extra vergine olijfolie
- 3 el verse dragon, gehakt
- 125 g couscous
- 15 g gedroogde paprika, fijngehakt
- 8 zwarte olijven, ontpit en gehakt
- zout en vers gemalen zwarte peper
- 16 houten of metalen spiesen

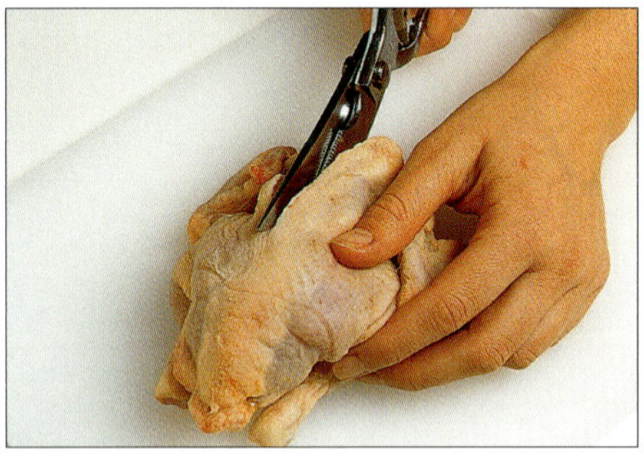

1 Knip de ruggengraten weg van elke kwartel en doe ze in een pan. Voeg het water toe en breng aan de kook. Laat de bouillon zachtjes pruttelen en kook tot de helft in. Reinig intussen de binnenkant van de kwartels met keukenpapier. Als u nog een hartje vindt in de holte, doe dat dan in de bouillon. Leg de kwartels om de beurt op een plank, borst naar boven, en maak ze vlak door stevig op het borstbeen te drukken. Maak voorzichtig met uw vingers het vel los boven de borst voor een holte om later te vullen.

KOOKTIP
Een deksel is belangrijk bij kwetsbare kwartels omdat u ze beter niet kunt keren. Onder een deksel circuleert de hitte rond het voedsel, dat zo aan alle kanten gaart.

2 Rasp de schil van 2 citroenen. Zet de helft weg en doe de rest in een ondiepe schaal. Pers beide citroenen uit en doe het sap in de schaal, met 2 eetlepels olie en 1 eetlepel dragon. Voeg de kwartel toe en schep alles om. Dek af en laat marineren terwijl u de couscousvulling maakt.

3 Doe de couscous in een kom met de gedroogde paprika, zout en peper. De bouillon moet nu flink zijn ingekookt. Zeef 200 milliliter boven de couscous, dek af met een droge doek en laat 10 minuten staan.

4 Meng de rest van de rasp met de olijven en de rest van de olie en dragon door de couscous. Verdeel het mengsel over een bord om af te koelen. Dek af en zet koud weg. Stop vervolgens wat koude vulling in de ruimte tussen kwartelborst en -vel. Leg houten prikkers eerst 30 minuten in water.

5 Steek de barbecue aan. Rijg vleugel en poot van elke kwartel aan het lichaam met kruislings aangebrachte prikkers. Wikkel het uiteinde van de pootjes eventueel in folie om verbranden te voorkomen.

6 Plaats, als de vlammen zijn gedoofd, een licht ingevet rooster boven de hete kolen. Leg de kwartels op het rooster en gril zo'n 5 minuten op halfhoog-hoog vuur. Dek af met een deksel of dik aluminiumfolie en gril nog 10 minuten. Controleer of ze gaar zijn: als ze bol staan en mooi bruin zijn, zijn ze vrijwel zeker gaar. Laat ze anders nog 5 minuten liggen. Laat ze voor het serveren een paar minuten rusten, want ze laten zich het beste met de vingers eten.

Energie 314 kcal; eiwit 23,2 g; koolhydraten 8,3 g (waarvan 0,2 g suikers); vet 21,2 g (waarvan 5,1 g verzadigd); cholesterol 116 mg; calcium 15 mg; vezels 0,2 g; natrium 221 mg.

EENDENWORSTJES MET KRUIDIGE PRUIMENSAUS

DE VOLLE SMAAK VAN EENDENWORSTJES DOET HET BUITENGEWOON GOED BIJ PUREE VAN ZOETE AARDAPPEL EN EEN PRUIMENSAUS. HET RECEPT WERKT OOK GOED MET VARKENS- OF WILDWORSTJES EN GEEFT EEN ECHTE SMAAKKICK AAN ZELF OP HOUT GEROOKTE WORST.

VOOR 4 PERSONEN

INGREDIËNTEN
- 8-12 eendenworstjes

Voor de zoete-aardappelpuree
- 1½ kg zoete aardappelen, in blokjes
- 2 el boter of 2 el olijfolie
- 4 el melk
- zout en vers gemalen zwarte peper

Voor de pruimensaus
- 2 el olijfolie
- 1 kleine ui, gesnipperd
- 1 kleine rode peper, zonder zaad en fijngehakt
- 450 g pruimen, ontpit en gehakt
- 2 el rodewijnazijn
- 3 el vloeibare honing

1 Zet de zoete aardappel in een pan onder water en breng aan de kook. Temper het vuur en laat 20 minuten zacht koken, of tot ze gaar zijn.

2 Verhit voor de pruimensaus de olie in een steelpan en fruit ui en rode peper 5 minuten. Roer er pruimen, azijn en honing door en laat 10 minuten zachtjes pruttelen.

VARIANT
Als u geen zin hebt om de zoete-aardappelpuree te maken, probeer dan een snelle en eenvoudige polenta, misschien met wat gestoomde spinazie.

3 Giet de aardappelen af, pureer ze en laat ze in de pan.

4 Steek de barbecue aan. Schik de worstjes op het rooster en gril 25-30 minuten op halfhoog vuur en keer ze tijdens de bereiding twee- of driemaal om, zodat ze gelijkmatig bruinen en garen.

5 Zet de pan met puree op het rooster en warm op. Roer regelmatig om de puree uit te drogen. Klop de boter of olie en melk erdoor en breng op smaak.

6 Serveer de worstjes met de zoete-aardappelpuree en de pruimensaus.

Energie 894 kcal; eiwit 17,8 g; koolhydraten 110,8 g (waarvan 42,9 g suikers); vet 45,5 g (waarvan 17,9 g verzadigd); cholesterol 67 mg; calcium 170 mg; vezels 11,6 g; natrium 1052 mg.

EENDENBORST MET GEMBER

DIT IS EEN JAPANS-CHINEES FUSION-GERECHT: DE TARE IS JAPANS MAAR DE PANNENKOEKJES ZIJN CHINEES. U KUNT DE EEND GRILLEN IN EEN GRILLPAN OF DIRECT OP HET ROOSTER. GEBRUIK HOOG VUUR OM DICHT TE SCHROEIEN EN HET VET TE VERWIJDEREN, VOOR SAPPIG EN SMAKELIJK VLEES.

VOOR 4 PERSONEN

INGREDIËNTEN

- 4 grote eendenborstfilets, totaal zo'n 675 g
- stukje verse gember van 5 cm, fijngeraspt
- ½ komkommer
- 12 Chinese pannenkoekjes
- 6 lente-uitjes, fijngesneden

Voor de *tare*

- 100 ml tamari
- 100 ml mirin
- 2 el suiker
- zout en vers gemalen zwarte peper

1 Maak vier snedes in het vel van elke filet en leg ze met vel naar boven op een bord. Knijp de geraspte gember uit om er de laatste druppel uit te krijgen. Gooi het pulp weg en smeer het sap over de eend, vooral in de snedes. Halveer de komkommer in de lengte, verwijder pitjes en snijd het vlees klein. Zet weg.

2 Meng voor de tare de tamari, mirin en suiker in een pan met dikke bodem en verhit zachtjes tot de suiker is opgelost. Draai het vuur hoger en laat 4-5 minuten pruttelen, of tot er ongeveer ⅓ van de siroop is verdampt.

3 Steek de barbecue aan. Verhit een grillpan op het rooster boven de kolen. Schroei de eend in porties dicht, met het vel onder.

4 Neem, als het vet is weggelopen en het vel mooi bruin is, de eend uit de pan. Giet het vet af en veeg de pan schoon met keukenpapier. Verhit de pan en bak de eend, met het vel boven, zo'n 3 minuten op halfhoog vuur.

5 Strijk er een beetje tare op, draai de eend om, bestrijk met een schone kwast de andere kant met tare en draai weer om. Dit duurt ongeveer 1 minuut en de eend is nu rosé. U kunt dit testen door zachtjes op het vlees te duwen: het moet nog wat meegeven.

6 Neem uit de pan en laat de eend een paar minuten rusten voor u de filets schuin aansnijdt.

7 Verwarm de pannenkoekjes 3 minuten in een stoompan. Serveer met de eend, tare, lente-ui en komkommer.

KOOKTIP

Schuif, als u direct op het rooster grilt, de kolen opzij en plaats een druipschaal in het midden. Schroei de filets direct boven de kolen dicht en schuif ze dan naar het midden boven de schaal. Dek af met een deksel of een koepel van dik aluminiumfolie en ga verder vanaf stap 4.

Energie 558 kcal; eiwit 36,4 g; koolhydraten 29,6 g (waarvan 7,6 g suikers); vet 36,4 g (waarvan 6,1 g verzadigd); cholesterol 186 mg; calcium 73 mg; vezels 1,2 g; natrium 293 mg.

Eendenborst met abrikoos en tauge

Eend is vol van smaak en doet het buitengewoon goed met fruit. Hier worden abrikozen gebruikt om de filets te vullen, die dan worden gegrild met een honingglazuur, voor een heerlijk krokante korst om prachtig, sappig vlees.

VOOR 4 PERSONEN

INGREDIËNTEN

- 4 flinke eendenborstfilets
- 1 kleine rode ui, in ringen
- 120 g gedroogde abrikozen (geweld)
- 1 el vloeibare honing
- 1 tl sesamolie
- 2 tl steranijspoeder
- zout en vers gemalen zwarte peper

Voor de salade

- ½ krop Chinese kool, fijngesneden
- 150 g taugé
- 2 lente-uitjes, fijngesneden
- 1 el lichte sojasaus
- 1 el arachide-olie
- 1 tl sesamolie
- 1 tl vloeibare honing

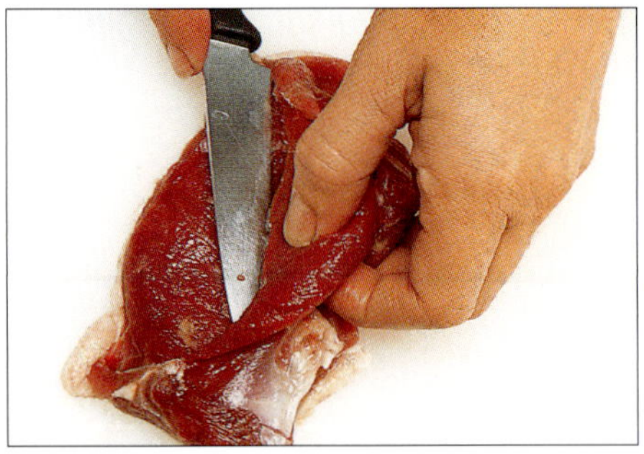

1 Leg de filets met het vel naar beneden op een snijplank en maak er aan één kant verticaal een diepe snede in.

2 Stop de ui en abrikozen in de ontstane holte en druk de filet terug in vorm. Prik vast met spiesen.

3 Steek de barbecue aan. Plaats een licht ingevet rooster boven de kolen. Meng honing en sesamolie en strijk de eend er royaal mee in, met name het vel. Bestrooi met steranijs en kruid ruim met zout en zwarte peper.

4 Gril de eend 12-15 minuten op halfhoog-hoog vuur, tot hij goudbruin is en draai één keer om. De eend moet van binnen nog wat rosé zijn.

5 Maak intussen de salade. Meng Chinese kool, taugé en lente-ui in een ruime kom. Klop de sojasaus door arachide- en sesamolie en honing. Breng op smaak met zout en peper.

6 Schep de salade om met de dressing en serveer hem bij de eend.

Energie 338 kcal; eiwit 36,5 g; koolhydraten 19,7 g (waarvan 18,6 g suikers); vet 16 g (waarvan 2,9 g verzadigd); cholesterol 186 mg; calcium 79 mg; vezels 3,7 g; natrium 197 mg.

GEGLACEERDE EENDENBORST

IN DIT CAJUNRECEPT DOEN PLAKKEN GEROOSTERDE ZOETE AARDAPPEL HET ERG GOED BIJ EENDENBORST DIE IS BESTREKEN MET EEN ZOET GLAZUUR. HET GERECHT IS SNEL VOOR TE BEREIDEN EN TE KOKEN, IDEAAL VOOR EEN ONBEZORGDE BARBECUE.

VOOR 2 PERSONEN

INGREDIËNTEN

- 2 eendenborstfilets
- 1 zoete aardappel, ongeveer 400 g
- 2½ el milde zoete chilisaus
- ½ el sherryazijn
- 4 el gesmolten boter
- grof zeezout en vers gemalen zwarte peper

KOOKTIP

Kies lange, ronde aardappelen voor mooie plakken.

1 Steek de barbecue aan. Plaats een licht ingevet rooster boven de kolen. Snijd het vel van de filets in met steeds 2½ centimeter tussenruimte en wrijf royaal zout en peper over het vel en in de snedes.

2 Boen de aardappel en snijd in plakken van 1 centimeter dik.

3 Gril de eendenborst 5 minuten op halfhoog vuur, het vel onder. Keer en gril nog 8-10 minuten, naar eigen voorkeur.

4 Strijk intussen de plakken aardappel in met gesmolten boter en bestrooi met zeezout. Gril 8-10 minuten op het heetste deel van de barbecue, tot ze zacht zijn, en bestrijk na het omdraaien regelmatig met boter en bestrooi ze royaal met zout en peper. Let erop dat ze niet aanbranden.

5 Verwarm de chilisaus en de azijn in een steelpannetje en meng. Borstel het vel van de eend in met het mengsel en leg, met het vel naar beneden, weer 2-3 minuten op de barbecue om te karameliseren. Snijd in plakken en serveer met de zoete aardappel.

Energie 643 kcal; eiwit 42,1 g; koolhydraten 53,1 g (waarvan 21,9 g suikers); vet 34,2 g (waarvan 15,8 g verzadigd); cholesterol 273 mg; calcium 79 mg; vezels 4,8 g; natrium 456 mg.

VLEES

Het is verrassend hoeveel soorten en delen vlees geschikt zijn om succesvol te barbecueën. Vlees kan worden gehakt voor kofta's of burgers, of in blokjes worden gesneden voor spiesen. Van fijngehakt vlees kunt u zelf heerlijk gekruide worstjes maken, terwijl ook hele bouten kunnen worden bereid. Probeer de gegrilde ossenhaas, die tijdens de bereiding wordt bedropen met een mierikswortel-biersaus om hem sappig te houden. Behalve steaks zijn ook allerlei koteletten heel geschikt voor de barbecue en die worden nog aantrekkelijker door geurige marinades en kruidenboters. Dit hoofdstuk bevat ongewone recepten voor lams-, varkens en rundvlees en wild. Zelfs klassiekers krijgen een nieuwe draai, zoals biefburgers met een hart van stilton of de rijk gekruide Indonesische biefburgers met kokos. Deze klassieke vlezige barbecuegerechten hebben nog nooit zo goed gesmaakt.

LAMSSPIESEN MET MUNTCHUTNEY

DEZE KLEINE RONDE LAMSBALLETJES DANKEN HUN EXOTISCHE SMAAK AAN RAS-EL-HANOUT, EEN HEDONISTISCH NOORD-AFRIKAANS MENGSEL VAN MEER DAN TIEN VERSCHILLENDE SPECERIJEN WAARAAN GEDROOGDE DAMASCUSROZENBLAADJES WORDEN TOEGEVOEGD. HET RESULTAAT IS SUBLIEM.

VOOR 4-6 PERSONEN

INGREDIËNTEN

- 2 el extra vergine olijfolie
- 1 ui, gesnipperd
- 2 tenen knoflook, fijngehakt
- 35 g pijnboompitten
- 500 g lamsgehakt
- 2 tl ras-el-hanout
- 2 tl gedroogde roze rozenblaadjes (eventueel)
- zout en vers gemalen zwarte peper

Voor de muntchutney

- 40 g verse munt
- 2 tl suiker
- sap van 2 citroenen
- 2 handappels, geschild en fijngeraspt

Om te serveren (eventueel)

- 150 ml yoghurt (stand)
- 1½ tl harissa

1 Als u houten prikkers gebruikt, leg dan 18 stuks 30 minuten in koud water. Verhit de olie in een koekenpan op het fornuis. Fruit hierin 7 minuten ui en knoflook. Roer er de pijnboompitten door. Bak nog zo'n 5 minuten, tot het mengsel goudgeel is. Zet weg en laat afkoelen.

2 Maak de muntchutney door de munt fijn te hakken met de hand of een keukenmachine en dan suiker, citroensap en geraspte appel toe te voegen. Roer of draai tot een mengsel.

3 Steek de barbecue aan. Doe het gehakt in een grote kom en voeg ras-el-hanout en (eventueel) rozenblaadjes toe. Voeg het uimengsel toe en zout en peper. Meng goed en vorm er met uw handen 18 balletjes van. Laat de prikkers uitlekken en rijg aan elke prikker één balletje. Schuif, als de vlammen zijn gedoofd, een aantal hete kolen naar één kant en plaats een licht ingevet rooster boven de hete kolen.

4 Leg de spiesen op het rooster op de plek van de meeste kolen om ze te grillen op halfhoog vuur. Dek de barbecue eventueel af met een deksel of een koepel van aluminiumfolie om de hitte te laten circuleren voor gelijkmatig garen. Anders moet u erbij blijven en ze zo'n 10 minuten lang regelmatig keren. Zo ontstaat er geen harde korst voordat het midden gaar is.

5 Serveer desgewenst met yoghurt vermengd met harissa. De spiesen kunnen ook worden gewikkeld in plat Turks brood, samen met een groene salade en plakjes komkommer.

KOOKTIPS

- U kunt deze spiesen ook maken in een hete grillpan. Het kost ongeveer 10 minuten. Schroei dicht op hoog vuur, temper het vuur en keer regelmatig.
- Gedroogde rozenblaadjes zijn verkrijgbaar bij toko's.

Energie 257 kcal; eiwit 17,2 g; koolhydraten 5,1 g (waarvan 4,5 g suikers); vet 18,8 g (waarvan 6 g verzadigd); cholesterol 64 mg; calcium 33 mg; vezels 0,6 g; natrium 59 mg.

SIS KEBABS

SUMAK IS EEN SPECERIJ VAN GEMALEN GEDROOGDE, PAARSE BESJES MET EEN FRUITIG-ZURE SMAAK. IN DIT RECEPT COMBINEERT HIJ MOOI MET DE VOLLE SMAAK VAN LAMSVLEES EN YOGHURT. DEZE KEBABS ZIJN HEERLIJK BIJ INDIVIDUELE KOMMETJES SALADE, DIE U OP HET LAATST OPMAAKT.

VOOR 8 STUKS

INGREDIËNTEN
- 675 g lamsnekfilet, in blokjes van 2½ cm³
- 1 tl elk van venkel-, komijn- en korianderzaad, geroosterd en geplet
- ¼ tl cayennepeper
- stukje verse gember van 5 cm
- 150 ml yoghurt (stand)
- 2 kleine rode paprika's
- 2 kleine gele paprika's
- 300 g verse zilveruitjes
- 2 el olijfolie
- 1 el sumakpoeder
- zout en vers gemalen zwarte peper

Om te serveren
- 8 Turkse pizzabodems ('lahmacun') of tarwetortilla's
- 150 ml yoghurt (stand)
- 1 tl sumakpoeder
- bosje rucola, zo'n 50 g
- 50 verse bladpeterselie
- 2 tl olijfolie
- sap van ½ citroen

KOOKTIP
Als u een grillpan wilt gebruiken op de barbecue, gril dan eerst op hoog vuur en daarna, onder regelmatig keren, op lager vuur.

1 Meng de stukken vlees in een kom met de gekneusde zaden en cayennepeper. Rasp de gember en knijp uit boven het vlees. Als alle sappen eruit zijn gooit u de pulp weg. Giet de yoghurt erover. Schep om, dek af en zet een nacht in de koelkast.

2 Steek de barbecue aan. Leg een grote zeef op een kom en giet het lamsmengsel erin. Laat goed uitlekken. Halveer de paprika's, verwijder zaad en zaadlijsten en snijd dan in grove stukken. Meng in een kom met uitjes en olijfolie.

3 Dep het vlees droog met keukenpapier en verwijder overtollige marinade. Doe in een kom, kruid en schep goed om. Verdeel lamsvlees, paprika's en uitjes in gelijke porties en rijg ze aan 8 lange, metalen spiesen.

4 Verhit een licht ingevet rooster boven de kolen. Gril de kebabs zo'n 10 minuten boven halfhoog-hoog vuur en keer elke 2 minuten om te voorkomen dat vlees of groenten verbranden. Leg op een schaal, als alles gaar is, bestrooi lichtjes met sumak, dek losjes af met aluminiumfolie en laat een paar minuten rusten.

5 Verpak de lahmacum of tortilla's in folie en verwarm ze op de barbecue. Doe de yoghurt in een kommetje en bestrooi met sumak. Schik rucola en peterselie in aparte kommetjes en giet er olie en citroensap over. Serveer met de kebabs en de warme lahmacum.

KOOKTIP
Druk het vlees op de spiesen niet te hard aan want dan bruint het niet goed.

Energie 361 kcal; eiwit 22,5 g; koolhydraten 38,4 g (waarvan 8,1 g suikers); vet 14,1 g (waarvan 5,1 g verzadigd); cholesterol 64 mg; calcium 133 mg; vezels 3 g; natrium 249 mg.

LAMSKOTELETTEN MET LAVENDEL

Lavendel is een ongebruikelijk voor vlees, maar de bedwelmende, zomerse geur doet het goed bij gebarbecued lamsvlees. Behalve lavendel in de marinade, kunt u ook takjes op de kolen of het rooster strooien. Als alternatief kunt u rozemarijn gebruiken.

VOOR 4 PERSONEN

INGREDIËNTEN

- 4 lamsracks, met elk 3-4 koteletten
- 1 sjalot, gesnipperd
- 3 el verse lavendel, gehakt
- 1 el balsamico-azijn
- 2 el olijfolie
- 1 el citroensap
- zout en vers gemalen zwarte peper
- handvol lavendeltakjes

KOOKTIP

U kunt uw slager vragen om te koteletten te preparen. Volg anders de instructies bij Lamskoteletten met rozemarijn op bladzijde 127.

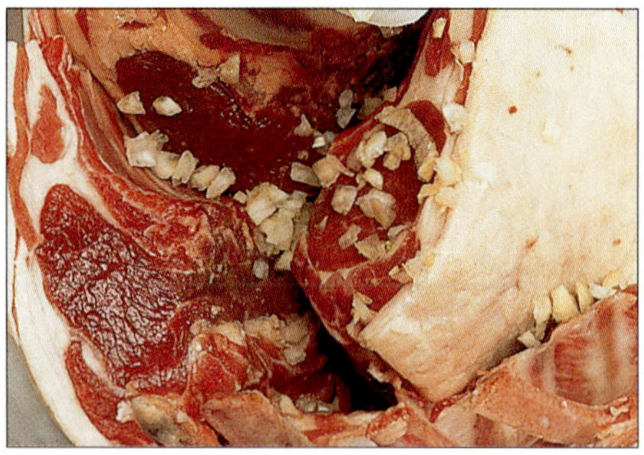

1 Steek de barbecue aan. Plaats een licht ingevet rooster boven de kolen. Leg de racks op een ruime schaal en bedek ze met sjalot.

2 Strooi de gehakte lavendel over het vlees.

3 Klop azijn, olijfolie en citroensap door elkaar en giet over het vlees. Kruid goed met zout en peper en schep om.

4 Strooi takjes lavendel op het rooster of de kolen. Gril het vlees 15-20 minuten op halfhoog-hoog vuur, keer het één keer en bestrijk het met marinade, tot het van buiten goudbruin is en nog wat roze in het midden.

Energie 565 kcal; eiwit 31,4 g; koolhydraten 1,2 g (waarvan 0,9 g suikers); vet 48,3 g (waarvan 21,5 g verzadigd); cholesterol 135 mg; calcium 26 mg; vezels 0,2 g; natrium 111 mg.

Lamsburgers met rodebessensaus

Deze bijzondere burgers vergen wat extra voorbereiding maar zijn die moeite wel waard, want ze bevatten smeltend zachte mozzarella. De rodebessenchutney doet het perfect bij de muntsmaak van de burgers.

VOOR 4 PERSONEN

INGREDIËNTEN
- 500 g lamsgehakt
- 1 kleine ui, gesnipperd
- 2 el verse munt, fijngehakt
- 2 el verse peterselie, fijngehakt
- 120 g mozzarella
- 2 el olie, om de bestrijken
- zout en vers gemalen zwarte peper

Voor de rodebessenchutney
- 120 g rode bessen (vers of diepvries)
- 2 tl vloeibare honing
- 1 tl balsamico-azijn
- 2 el munt, fijngehakt

1 Meng gehakt, ui, munt en peterselie. Kruid royaal met zout en peper.

2 Verdeel het gehaktmengsel grofweg in acht gelijke delen een druk er met uw handen platte rondjes van.

3 Snijd de mozzarella in vier blokjes en leg deze op vier van de gehaktrondjes. Dek af met een ander rondje van het gehaktmengsel.

4 Druk de twee rondjes stevig aan voor vier min of meer platte burgers. Gebruik uw vingers om de randjes dicht te drukken en de kaas af te sluiten.

5 Steek de barbecue aan. Plaats een licht ingevet rooster boven de kolen. Prak alle ingrediënten voor de chutney door elkaar met een vork. Kruid royaal met zout en vers gemalen zwarte peper.

6 Bestrijk de lamsburgers met olijfolie en gril ze in 15 minuten goudbruin op halfhoog-hoog vuur, onder één keer omdraaien. Serveer met de rodebessenchutney.

Energie 344 kcal; eiwit 30,1 g; koolhydraten 5 g (waarvan 4,6 g suikers); vet 22,8 g (waarvan 11,7 g verzadigd); cholesterol 113 mg; calcium 171 mg; vezels 1,9 g; natrium 206 mg.

GEGRILDE LAMSSPIESEN

In Griekenland heet dit gerecht souvlakia. Mals lamsvlees wordt gemarineerd in kruiden, olijfolie en citroensap en dan gebarbecued met paprika en rode ui. Souvlakia kunt u het beste serveren met tzatziki, een grote tomatensalade en geroosterd brood.

VOOR 4 PERSONEN

INGREDIËNTEN
- 1 lamsschouder, zonder bot en ontdaan van het meeste vet
- 2-3 uien, liefst rode, in vieren
- 2 rode of groene paprika's, in vieren, zonder zaad
- 5 el extra vergine olijfolie
- sap van 1 citroen
- 2 tenen knoflook, fijngehakt
- 1 tl gedroogde oregano
- ½ tl gedroogde tijm of wat takjes verse tijm, gehakt
- zout en vers gemalen zwarte peper

1 Vraag uw slager om het vlees te prepareren en in blokjes van 4 kubieke centimeter te snijden (een beetje vet is gewenst bij souvlakia, want dat houdt het vlees sappig bij het grillen). Haal de kwarten ui uit elkaar in stukken van elke twee of drie laagjes en halveer elk stuk paprika in de breedte.

2 Meng olie, citroensap, knoflook en kruiden en kruid met zout en peper. Voeg de blokjes vlees toe en schep alles om.

3 Dek af en laat 4-8 uur marineren in de koelkast, onder nu en dan omroeren.

VARIANT
U kunt desgewenst ook nekfilet gebruiken in plaats van schouder.

4 Neem het vlees uit de marinade, maar bewaar de marinade. Rijg het vlees aan lange metalen spiesen en wissel elk stukje vlees af met een stukje paprika en een stukje ui. Leg ze op bakplaat en bestrijk ze met de bewaarde marinade.

5 Steek de barbecue aan. Plaats een licht ingevet rooster boven de kolen. Gril de souvlakia 10 minuten op halfhoog-hoog vuur, tot ze beginnen te blakeren. Keer de spiesen om, strijk ze opnieuw in met marinade (of wat olijfolie) en bak nog eens 10-15 minuten. Meteen serveren.

KOOKTIP
Hoewel deze souvlakia het beste grillen met wat vet aan het vlees, moet u wel overtollig vet van vlees verwijderen dat wordt gebarbecued want als het vet op de kolen druipt, kan dat steekvlammen geven.

Energie 419 kcal; eiwit 32,3 g; koolhydraten 16,3 g (waarvan 13,1 g suikers); vet 25,4 g (waarvan 8,4 g verzadigd); cholesterol 138 mg; calcium 51 mg; vezels 3,4 g; natrium 89 mg.

MAROKKAANS GEKRUID LAMSVLEES

DEZE MAROKKAANSE SPECIALITEIT BESTAAT VAAK UIT EEN ENKELE UREN LANGZAAM BOVEN HOUTSKOOL GEROOSTERD HEEL LAM. DEZE VERSIE IS VOOR EEN GROTE LAMSSCHOUDER, INGEWREVEN MET SPECERIJEN. HET GARE VLEES WORDT LOSGESNEDEN EN GEDOOPT IN GEROOSTERD ZOUT EN KOMIJN.

VOOR 4-6 PERSONEN

INGREDIËNTEN
- 1 lamsschouder, van zo'n 1,8 kg
- 4 tenen knoflook, fijngehakt
- 1 el paprikapoeder
- 1 el vers gemalen komijnzaad
- 100 ml olijfolie
- 3-4 el munt, fijngehakt
- een paar stevige takjes tijm, om mee te kwasten
- zout en vers gemalen zwarte peper

Om te serveren
- 3 el komijnzaad
- 1½ el grof zeezout

1 Maak de natuurlijke openingen in het vlees wat groter en vul die met knoflook. Meng paprikapoeder, komijn, zout en peper en wrijf de schouder ermee in. Dek af en laat ongeveer 1 uur rusten. Meng olie en munt om het vlees tijdens het roosteren mee in te kwasten.

2 Steek de barbecue aan. Schuif, als de vlammen zijn gedoofd, de hete kolen opzij en zet er een druipschaal naast. Plaats een licht ingevet rooster boven de kolen.

3 Leg de lamsschouder op het rooster op halfhoog-hoog vuur en direct boven de druipschaal. Dek af met een deksel of een koepel van dik aluminiumfolie. Keer het vlees de eerste 30 minuten regelmatig en kwast er met de tijmtakjes muntolie over. Rooster de schouder dan nog 2 uur en keer en bestrijk elke 15 minuten zodat hij sappig blijft.

4 Als u kolen moet aanvullen, doe dat dan voor de hitte te laag is. Het duurt zo'n 10 minuten voor de hitte weer voldoende is om te roosteren.

5 Rooster komijn en zout 2 minuten in een droge koekenpan. Laat niet aanbranden. Maal vervolgens grof in een vijzel.

6 Neem het gare vlees van de barbecue, verpak het dubbel in folie en laat het 15 minuten rusten. Serveer het in plakken met geroosterd komijnzaad en zout om in te dopen.

Energie 618 kcal; eiwit 42,7 g; koolhydraten 0,8 g (waarvan 0,1 g suikers); vet 49,3 g (waarvan 21,2 g verzadigd); cholesterol 183 mg; calcium 16 mg; vezels 0,2 g; natrium 150 mg.

Kruidig lamsvlees

Deze uitgebeende lamsbout wordt opengevouwen zodat hij snel gaart op de barbecue en mals en van binnen rose blijft. De Australische anijsmirte verleent een subtiele smaak aan het vlees. U kunt het vlees zelf uitbenen en openvouwen of het de slager laten doen.

VOOR 6 PERSONEN

INGREDIËNTEN

- 1 lamsbout, van ongeveer 1,8 kg, ontbeend en opengevouwen
- sap van 1 citroen
- 1 el gemalen Australische anijsmirte of 1 tl venkelzaad, vermalen met 2 tl gedroogde tijm
- 6 el extra vergine olijfolie
- zout en vers gemalen zwarte peper

KOOKTIP

Australische anijsmirte heeft een subtiele, Pernod-achtige smaak met een zoete nasmaak. Het kan worden gebruikt bij vlees en vis, of in gebak. Verkrijgbaar via internet als 'aniseed myrtle'.

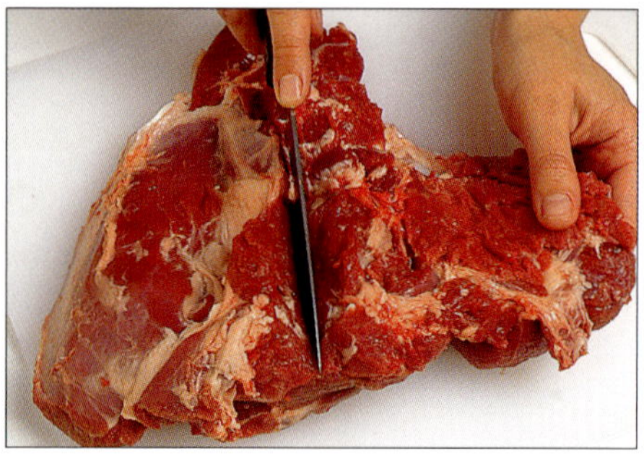

1 Snijd de bout over de lengte in tot op het centrale bot en verwijder de botten. Snijd dikkere delen van het vlees in om het plat te maken. Pers het citroensap uit boven beide kanten en kruid met peper. Wrijf in met de mirte of venkel en tijm en giet de olie erover.

2 Dek af en laat een nacht in de koelkast staan. Haal 1½ uur voor de bereiding uit de koelkast. Wrijf het vlees na 30 minuten in met zout.

3 Steek de barbecue aan. Neem het vlees uit de marinade en bewaar deze. Dep het vlees droog met keukenpapier en rijg het dan op drie plekken aan lange metalen spiesen om het plat te houden.

4 Schuif, als de vlammen zijn gedoofd, de hete kolen naar één kant en zet er een druipschaal naast. Plaats een licht ingevet rooster boven de kolen. Leg het vlees 3-5 minuten op het rooster boven hoog vuur, direct boven de kolen, om het aan één kant aan te braden.

5 Keer het vlees en leg het nu boven de druipschaal. Dek af met een deksel of een koepel dik aluminiumfolie. Gril het vlees 20 minuten en bedruip de aangebraden kant regelmatig met marinade om het sappig te houden.

6 Schuif het vlees boven de kolen, leg deksel of folie terug en gril nog 5-8 minuten, zodat het licht aanbraadt. Leg op een schaal en laat het 10-15 minuten rusten onder folie. Snijd in dikke plakken en serveer met de sappen van de druipschaal.

Energie 302 kcal; eiwit 29,7 g; koolhydraten 0 g (waarvan 0 g suikers); vet 20,4 g (waarvan 5,4 g verzadigd); cholesterol 100 mg; calcium 7 mg; vezels 0 g; natrium 63 mg.

LAMSKOTELETTEN MET ROZEMARIJN

Het mooie van dit recept is dat al het werk een dag van tevoren gebeurt. U kunt uw slager vragen om de racks te prepareren als u minder voorbereidingstijd wilt. Het kost even tijd om te marineren, maar de bereiding zelf gaat wel snel.

VOOR 4-8 PERSONEN

INGREDIËNTEN

- 2 lamsracks van 8 koteletten
- 8 flinke verse takken rozemarijn
- 2 tenen knoflook, in dunne plakjes
- 6 el extra vergine olijfolie
- 2 el verjus of rode wijn
- zout en vers gemalen zwarte peper

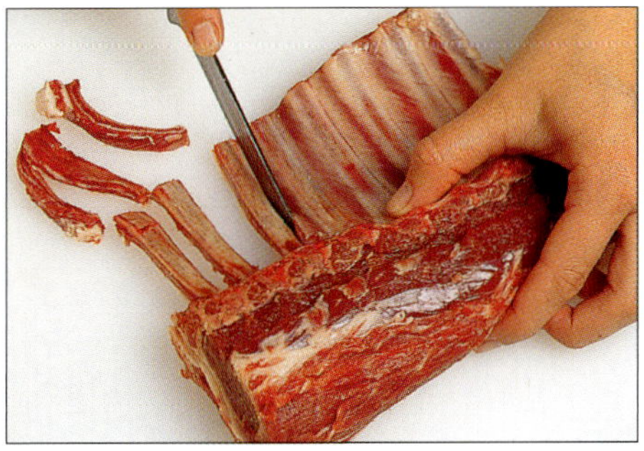

1 Snijd het vet weg van de bovenste 5 centimeter van de ribben. Draai de racks om en snijd tussen de botten. Snijd en schraap het vlees en bindweefsel weg tussen de botten. Snijd de racks in acht porties, elk bestaande uit een dubbele kotelet. Bind aan elk een takje rozemarijn.

2 Leg het vlees in één laag op een schaal. Meng knoflook, olie en verjus of wijn en giet over het vlees. Dek af en zet een nacht in de koelkast, onder regelmatig omdraaien.

3 Breng het vlees 1 uur voor de bereiding op kamertemperatuur. Steek de barbecue aan. Neem het vlees uit de marinade en gooi deze weg. Kruid het vlees 15 minuten voor de bereiding.

4 Plaats een licht ingevet rooster boven de hete kolen. Laat de koteletten rechtop op het rooster boven halfhoog-hoog vuur en tegen elkaar leunen. Dek af met een deksel of een koepel van aluminiumfolie en gril 2 minuten.

5 Leg de koteletten op één kant en gril 4 minuten aan elke kant voor rosé of 5 minuten voor medium.

6 Neem de koteletten van de grill, leg ze op borden, dek af en laat voor serveren 5-10 minuten rusten.

KOOKTIP

Door de koteletten voor het serveren te laten rusten, verzamelen de sappen zich op het bord en creëren ze een lichte saus.

Energie 433 kcal; eiwit 23,4 g; koolhydraten 0 g (waarvan 0 g suikers); vet 37,6 g (waarvan 16,4 g verzadigd); cholesterol 101 mg; calcium 17 mg; vezels 0 g; natrium 83 mg.

MIXED GRILL

DEZE STEVIGE VLEESSELECTIE, GEGRILD AAN EEN SPIES EN BESPRENKELD MET MIERIKSWORTELSAUS, VORMT EEN POPULAIR HOOFDGERECHT. MAAK ALLE STUKKEN VLEES EVEN GROOT, ZODAT ZE GELIJK GAREN. GOOI EVENTUEEL WAT LAURIERBLADEREN OP HET VUUR.

VOOR 4 PERSONEN

INGREDIËNTEN
- 4 stukjes lamsfilet, ongeveer 2½ cm dik
- 4 lamsnieren
- 8 plakken bacon
- 8 kerstomaatjes
- 8 kleine saucijsjes
- 12-16 blaadjes laurier
- zout en vers gemalen zwarte peper

Voor de mierikswortelsaus
- 2 el geraspte mierikswortel (potje)
- 3 el gesmolten boter

1 Snijd overtollig vet van het lamsvlees. Halveer de niertjes en verwijder de kern met een keukenschaar.

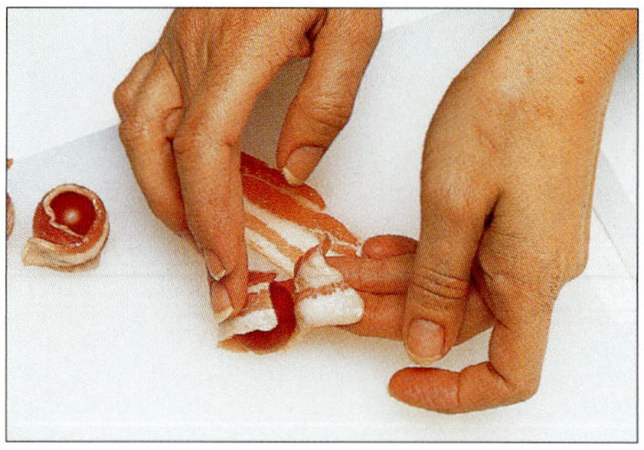

2 Halveer elke plak bacon en wikkel ze om de tomaatjes en niertjes.

3 Rijg lamsvlees, niertjes, tomaatjes, worstjes en laurier aan vier lange metalen spiesen. Zet weg en maak de saus.

4 Roer de mierikswortel grondig met de boter. Doe de helft van de saus in een serveerschaaltje.

5 Strijk wat mierikswortelsaus over het vlees en bestrooi met zout en vers gemalen zwarte peper.

6 Steek de barbecue aan. Plaats een licht ingevet rooster boven de kolen. Gril de spiesen 12 minuten op halfhoog vuur goudbruin en gaar en draai nu en dan om. Serveer warm, besprenkeld met de saus uit het schaaltje.

Energie 422 kcal; eiwit 27,2 g; koolhydraten 7 g (waarvan 3,4 g suikers); vet 31,9 g (waarvan 14,2 g verzadigd); cholesterol 323 mg; calcium 68 mg; vezels 1 g; natrium 955 mg.

Spareribs met gembersaus

Dit gerecht werkt het best als de ribben aan een groot stuk worden gegrild en pas voor het serveren worden losgesneden. Zo blijft het vlees niet alleen sappig maar kunt u ook perfecte porties maken. Maak de gembersaus het liefst een dag van tevoren.

VOOR 4 PERSONEN

INGREDIËNTEN
- 4 stukken varkensrib, met elk 6 ribben, in totaal zo'n 2 kg
- 40 g lichtbruine basterdsuiker
- 3 tenen knoflook, fijngehakt
- stukje verse gember van 5 cm, fijngeraspt
- 2 tl szechuanpeperkorrels, geplet
- ½ tl vers gemalen zwarte peper
- 1 tl steranijs, fijngemalen
- 1 tl Chinees vijfkruidenpoeder
- 6 el donkere sojasaus
- 3 el zonnebloemolie
- 1 el sesamolie

Voor de saus
- 4 el zonnebloemolie
- 300 g sjalotten, gesnipperd
- 9 tenen knoflook, fijngehakt
- stukje verse gember van 7½ cm, fijngeraspt
- 4 el rijstwijn- of sushi-azijn
- 3 el zoete chilisaus
- 7 el tomatenketchup
- 6 el water
- 4 el verse koriander, gehakt
- zout

1 Leg de ribstukken in een grote, ondiepe schaal. Meng de overige ingrediënten, giet deze marinade over de ribben en schep om. Dek af en zet een nacht in de koelkast.

2 Verhit voor de saus de olie in een pan en fruit hierin zachtjes 5 minuten de sjalot. Voeg knoflook en gember toe en bak nog zo'n 4 minuten. Draai het vuur hoger en doe er alle andere ingrediënten bij, behalve de koriander. Dek af en laat 10 minuten trekken en dikker worden. Schep in een kom en roer er de koriander door. Zet tot gebruik in de koelkast.

3 Neem de ribben 1 uur voor de bereiding uit de koelkast. Steek de barbecue aan. Neem de ribben uit de marinade en dep ze droog met keukenpapier. Giet de marinade in een pan. Breng aan de kook op het fornuis en laat 3 minuten trekken.

4 Schuif, als de vlammen zijn gedoofd, de kolen naar één kant en zet er een grote druipschaal naast. Plaats een licht ingevet rooster boven de kolen. Leg de ribben direct boven de hete kolen op hoog vuur en gril ze 3 minuten aan elke kant. Verschuif ze dan naar boven de druipschaal. Dek af met een deksel of een koepel van dik aluminiumfolie en gril nog 30-35 minuten, onder nu en dan keren en bestrijken met marinade.

5 Het vlees is gaar als het goudbruin is. Als u de ribben tegen het eind nog wat krokanter wilt maken, schuift u ze terug boven de kolen. Stop 5 minuten voor het einde met marinade toevoegen. Snijd in losse ribben en serveer met de saus.

Energie 665 kcal; eiwit 46,6 g; koolhydraten 17 g (waarvan 14,8 g suikers); vet 45,9 g (waarvan 14,2 g verzadigd); cholesterol 155 mg; calcium 59 mg; vezels 1,4 g; natrium 1111 mg.

VARKENSSATE

Macadamianoten hebben een typische, volle smaak en worden hier gecombineerd met Aziatische smaken en rode peper voor een hete en kruidige marinade voor blokjes varkensvlees. Serveer de sates met een verfrissende rijstsalade of gegrilde groenten.

VOOR 8-12 STUKS

INGREDIËNTEN
- 450 g varkenshaas
- 1 el lichtbruine basterdsuiker
- 1 tl trassi
- 1-2 stengels citroengras
- 2 el korianderzaad, droog geroosterd
- 6 macadamianoten of geblancheerde amandelen
- 2 uien, gesnipperd
- 3-6 verse rode pepers, zonder zaad en grof gehakt
- ½ tl kurkuma
- 300 ml kokosmelk uit blik
- 2 el arachide- of zonnebloemolie
- zout

1 Leg 8-12 bamboeprikkers 30 minuten in water om te voorkomen dat ze later verbranden.

2 Snijd het vlees in blokjes en leg deze in één laag in een ondiepe schaal. Bestrooi met suiker om het sap los te maken en zet weg.

3 Doe de trassi in een stukje aluminiumfolie en rooster hem even in een droge pan. Of prik het pakketje aan een prikker en verhit het in een gasvlam.

4 Snijd de onderste 5 centimeter van het citroengras en hak fijn. Maal het droog geroosterde korianderzaad fijn in een keukenmachine.

5 Voeg noten en citroengras toe, laat even draaien en doe er dan ui, rode peper, trassi, kurkuma en wat zout bij en draai tot een gladde pasta.

6 Giet de kokosmelk en olie erbij. Laat de machine even draaien om alles te mengen. Giet het mengsel over het vlees en laat 1-2 uur marineren.

7 Steek de barbecue aan. Plaats een licht ingevet rooster boven de kolen. Rijg drie of vier stukjes vlees aan elke bamboeprikker en gril 8-10 minuten op halfhoog vuur, tot ze gaar zijn, en bestrijk regelmatig met de resterende marinade, tot 5 minuten voor het eind van de kooktijd. Serveer de spiesen warm.

Energie 103 kcal; eiwit 13,1 g; koolhydraten 5,2 g (waarvan 4,4 g suikers); vet 3,5 g (waarvan 0,8 g verzadigd); cholesterol 33 mg; calcium 20 mg; vezels 0,5 g; natrium 54 mg.

VARKENSKARBONADES MET PORTOBELLO'S

CITROENGRAS EN THAISE AROMA'S LEVEREN EEN PRACHTIGE MARINADE VOOR VARKENSKARBONADES, DIE WORDEN BEGELEID DOOR EEN HETE SAUS DIE WORDT BEREID IN EEN PAN OP HET ROOSTER VAN DE BARBECUE. SERVEER MET DE PADDENSTOELEN, EEN SALADE EN KNAPPERIG BROOD.

VOOR 4 PERSONEN

INGREDIËNTEN

- 4 varkenskarbonades
- 4 portobello-paddenstoelen
- 3 el plantaardige olie
- 4 verse rode pepers, zonder zaad en in ringetjes
- 3 el vissaus
- 6 el vers limoensap
- 4 sjalotten, gehakt
- 1 tl geroosterde gemalen rijst of rijstemeel
- 2 el lente-ui, gehakt, plus fijngesneden lente-ui om te garneren.
- verse koriander, om te garneren

Voor de marinade

- 2 tenen knoflook, fijngehakt
- 1 el suiker
- 1 el vissaus
- 2 el sojasaus
- 1 el sesamolie
- 1 el whisky of droge sherry
- 2 stengels citroengras, fijngehakt
- 2 lente-uitjes, gehakt

1 Meng voor de marinade knoflook, suiker, sauzen, olie en whisky of sherry in een ruime, ondiepe schaal. Roer er citroengras en lente-ui door.

2 Voeg de karbonades toe en schep om. Dek af en laat 1-2 uur marineren. Steek de barbecue aan. Plaats een licht ingevet rooster boven de kolen.

3 Neem de karbonades uit de marinade en leg ze op het rooster. Gril aan beide kanten 5-7 minuten op hoog vuur. Bestrijk ze met marinade tot 5 minuten voor het eind van de kooktijd. Bestrijk beide kanten van de paddenstoelen met 1 eetlepel olie en gril ze 2 minuten, zonder te keren.

4 Verhit de rest van de olie in een wok of koekenpan op het rooster. Neem van het vuur en roer er rode peper, vissaus, limoensap, sjalot, gemalen rijst en lente-ui door. Schep het vlees en de paddenstoelen op een grote schaal en lepel de saus erover. Garneer met de koriander en fijngesneden lente-ui.

Energie 408 kcal; eiwit 49,7 g; koolhydraten 9,8 g (waarvan 8,3 g suikers); vet 19,1 g (waarvan 4,9 g verzadigd); cholesterol 123 mg; calcium 62 mg; vezels 2 g; natrium 1176 mg.

VARKENSSCHNITZEL

DUNNE VARKENSOESTERS ZIJN IDEAAL OM ROND EEN STEVIG SMAKENDE VULLING TE ROLLEN EN DAN TE GRILLEN IN DEZE VARIANT OP EEN KROATISCH RECEPT. SERVEER ZE MET EEN ROMIGE SAUS MET PADDENSTOELEN EN BACON EN WAT STOKBROOD OM TE DEPPEN.

VOOR 4 PERSONEN

INGREDIËNTEN

- 4 varkensoesters of filetlapjes, van zo'n 200 g elk
- 4 el olijfolie
- 120 g kippenlever, gehakt
- 1 teen knoflook, fijngehakt
- zout en vers gemalen zwarte peper
- 1 el verse peterselie, gehakt, om te garneren

Voor de saus

- 1 ui, in ringetjes
- 120 g bacon, dun gesneden
- 175 g gemengde wilde paddenstoelen
- 120 ml olijfolie
- 1 tl mosterd
- 150 ml witte wijn
- 120 ml zure room
- 250 ml room

1 Leg acht cocktailprikkers 30 minuten in water. Leg het vlees tussen twee vochtige vellen plasticfolie en maak het plat met een vleeshamer of deegroller tot een formaat van zo'n 15 x 10 centimeter. Goed kruiden.

2 Verhit de helft van de olie in een koekenpan en bak de kippenlevers en knoflook 1-2 minuten. Neem uit de pan en laat uitlekken op keukenpapier.

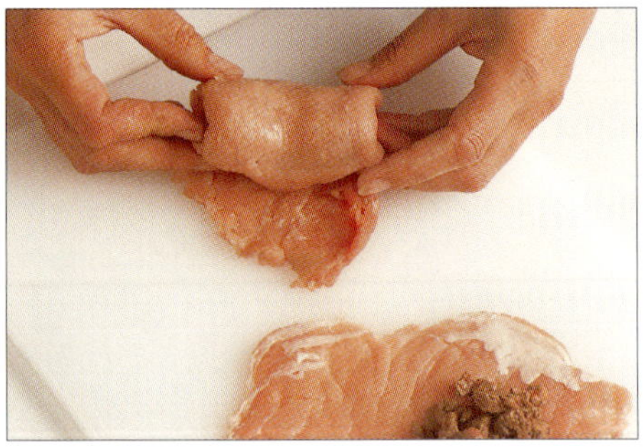

3 Verdeel de levers gelijkmatig over de vier schnitzels, rol ze op tot een pakketje en steek vast met een cocktailprikker.

4 Fruit voor de saus ui, bacon en paddenstoelen 2-3 minuten in de olie, voeg dan mosterd, witte wijn en zure room toe. Breng al roerend tegen de kook aan, doe de room erbij en kruid.

5 Steek de barbecue aan. Plaats een licht ingevet rooster boven de kolen. Bestrijk de schnitzels met olie en gril aan elke kant 8-10 minuten goudbruin op halfhoog vuur en bestrijk zo nodig met extra olie.

6 Warm de saus op op het rooster. Neem de prikkers uit het vlees. Serveer de schnitzels met de saus en garneer met wat peterselie.

KOOKTIP

Kalfs- en kipfilet lenen zich ook goed voor dit recept.

Energie 969 kcal; eiwit 50,2 g; koolhydraten 3,8 g (waarvan 3,3 g suikers); vet 81,6 g (waarvan 33,7 g verzadigd); cholesterol 248 mg; calcium 83 mg; vezels 0,7 g; natrium 532 mg.

VARKENSWORST MET CHAMPIGNONSAUS

ER GAAT NIETS BOVEN GOEDE WORST EN MET DIT RECEPT BENT U DAARVAN VERZEKERD. U KUNT DE COMBINATIE VAN KRUIDEN EN SPECERIJEN VERANDEREN OF DE WORST IN KLEINERE STUKKEN DRAAIEN. HET RECEPT LAAT ZICH MAKKELIJK AANPASSEN EN DE CHAMPIGNONSAUS IS ER PERFECT BIJ.

VOOR 6-8 PERSONEN

INGREDIËNTEN

- 450 g zwoerdloos buikspek, in grove stukken
- 450 g varkensschouder, in grove stukken
- 300-400 g vet spek
- 50 g vers broodkruim
- 2 tenen knoflook, fijngehakt
- 2 tl zout
- 2 tl korianderpoeder (ketoembar)
- 1 tl vers gemalen zwarte peper
- 1 tl komijnpoeder
- ¼ tl cayennepeper
- ¼ tl kaneel
- 3 el vers basilicum, gehakt
- 4 el verse majoraan, gehakt
- 4 el verse bladpeterselie, gehakt
- voldoende schoongemaakte darm voor iets meer dan 900 g worst; ongeveer 50 g of 2,75 m
- 2 el olijfolie, om te bestrijken
- 6 metalen prikkers

Voor de saus

- 3 el extra vergine olijfolie
- 2 uien, gesnipperd
- 2 tenen knoflook, fijngehakt
- 150 g fijngehakte kastanjechampignons
- 25 g uitgelekte, gedroogde tomaat in olie, fijngehakt
- 6 el water
- 4 tl suiker
- 2 el verse peterselie, gehakt
- 2 el sherry-azijn
- zout en vers gemalen zwarte peper

1 Haal buikspek en schouder één keer door de gehaktmolen, het vet spek twee keer. Doe in een schaal en voeg broodkruim, knoflook, een snufje zout en de overige worstingrediënten toe, behalve de rest van het zout, de darm en de olie. Meng grondig, dek af en zet een nacht in de koelkast.

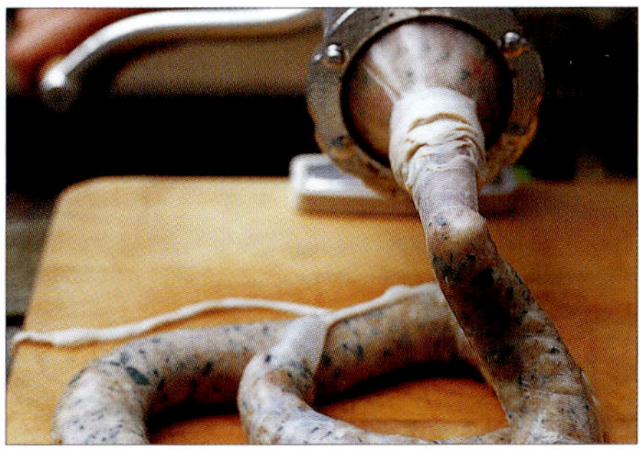

2 Laat koud water door de darm lopen. Sluit de darm aan op het worstaanzetstuk van de gehaktmolen of gebruik een spuitzak met een brede opening. Doe de rest van het zout bij het mengsel en meng. Vul de darm aan één lang stuk, maar laat halverwege een stuk van 12 centimeter leeg. Maak er twee worsten van door de uiteinden af te binden. Rol elke worst op, dek af en zet koel weg.

3 Verhit voor de saus de olie in een pan en fruit ui en knoflook 10 minuten. Voeg champignons en tomaten toe en bak 1 minuut door. Roer er het water door en kook in tot het is verdampt. Roer suiker, peterselie en azijn erdoor. Kruid, dek af en laat afkoelen.

4 Steek de barbecue aan. Steek spiesen in de worst om zijn vorm te behouden. Schuif, als de vlammen zijn gedoofd, de hete kolen opzij en zet er een druipschaal naast. Plaats een licht ingevet rooster boven de kolen. Kwast de worsten in met wat olie en leg ze op het rooster boven de druipschaal. Dek af met een deksel of een koepel van dik aluminiumfolie en bak 5-7 minuten aan beide kanten, of tot ze gaar en goudbruin zijn. Serveer met de saus.

Energie 765 kcal; eiwit 21,9 g; koolhydraten 6,1 g (waarvan 4,9 g suikers); vet 72,7 g (waarvan 26,8 g verzadigd); cholesterol 117 mg; calcium 38 mg; vezels 1,4 g; natrium 87 mg.

VIJFKRUIDEN-SPARERIBS

Gebarbecuede spareribs gemarineerd in Chinese kruiden horen waarschijnlijk tot de grootste favorieten aller tijden. Kies de vlezigste ribben die u kunt vinden om er echt een succes van te maken en zorg voor voldoende servetten.

VOOR 4 PERSONEN

INGREDIËNTEN

1 kg dikbevleesde spareribs
2 tl Chinees vijfkruidenpoeder
2 tenen knoflook, fijngehakt
1 el versgeraspte gember
½ tl chilisaus
4 el donkere sojasaus
3 el lichtbruine basterdsuiker
1 el zonnebloemolie
4 lente-uitjes

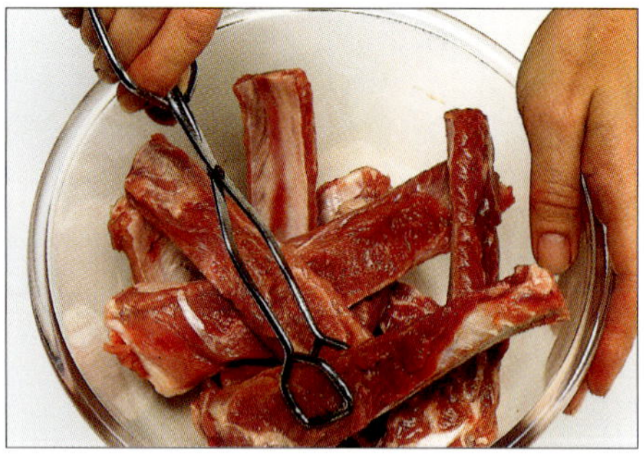

1 Als de ribben nog aan elkaar zitten, snijd ze dan los (of vraag uw slager om dit te doen). Doe ze in een ruime kom.

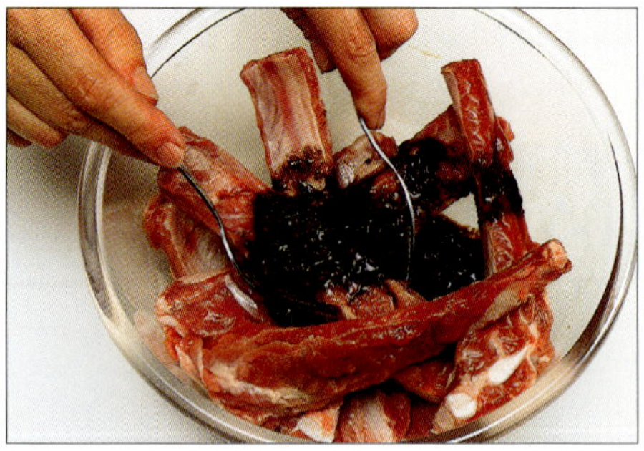

2 Meng alle overige ingrediënten, behalve de lente-ui en giet over de ribben. Schep goed om. Dek af en laat een nacht marineren in de koelkast.

3 Steek de barbecue aan. Plaats een licht ingevet rooster boven de kolen. Gril de ribben 30-40 en onder regelmatig keren op halfhoog-hoog vuur. Kwast tot 5 minuten voor het eind van de kooktijd nu en dan in met de marinade.

4 Snijd, terwijl de ribben garen, de lente-ui fijn. Strooi over de ribben en serveer meteen.

Energie 562 kcal; eiwit 47,2 g; koolhydraten 12,7 g (waarvan 12,6 g suikers); vet 36,3 g (waarvan 13,3 g verzadigd); cholesterol 165 mg; calcium 46 mg; vezels 0 g; natrium 1047 mg.

KALFSKOTELETTEN MET BASILICUMBOTER

SAPPIGE KALFSKOTELETTEN VAN DE LENDE ZIJN DUUR EN KUNT U HET BESTE SNEL EN SIMPEL BEREIDEN. BASILICUM DOET HET BIJZONDER GOED BIJ KALFSVLEES, MAAR OOK ANDERE KRUIDEN KUNNEN WORDEN GEBRUIKT. SERVEER MET GEGRILDE GROENTEN OF EEN SALADE.

VOOR 2 PERSONEN

INGREDIËNTEN

25 g boter, zacht
1 el Dijonmosterd
1 el vers basilicum, gehakt
olijfolie, om te bestrijken
2 kalfskoteletten
zout en vers gemalen zwarte peper
verse takjes basilicum, om te garneren.

KOOKTIP

Gekoelde kruidenboters zijn perfecte à-la-minute-sauzen voor vis en gegrild vlees. Basilicum is heerlijk, maar andere kruiden, zoals bieslook, dragon en peterselie, doen het ook goed.

1 Klop voor de basilicumboter de zachte boter door de mosterd en het basilicum. Kruid royaal met vers gemalen zwarte peper.

2 Steek de barbecue aan. Plaats een licht ingevet rooster boven de kolen.

3 Strijk beide kanten van de koteletten in met olijfolie en bestrooi met wat zout. Gril de koteletten 7-10 minuten op hoog vuur. Bestrijk ze met olie en draai één keer om, tot ze naar uw zin zijn.

4 Leg op elke kotelet wat basilicumboter en serveer meteen, gegarneerd met basilicum.

Energie 718 kcal; eiwit 113,8 g; koolhydraten 0,3 g (waarvan 0 g suikers); vet 29,1 g (waarvan 16 g verzadigd); cholesterol 3135 mg; calcium 35 mg; vezels 0,3 g; natrium 448 mg.

BIEFBURGERS MET RELISH

ZELF BURGERS MAKEN BETEKENT DAT U ZELF KUNT BEPALEN WAT ERIN GAAT. DEZE ZITTEN VOL SMAAK EN DOEN HET ALTIJD GOED. SERVEER TUSSEN BROODJES MET SLA EN EEN ZOETZURE RATATOUILLE-RELISH, DIE EENVOUDIG TE MAKEN IS.

VOOR 4 PERSONEN

INGREDIËNTEN
- 2 sjalotten, ongepeld
- 450 g mager rundergehakt
- 2 el peterselie, gehakt
- 2 el tomatenketchup
- 1 teen knoflook, fijngehakt
- 1 verse groene peper, zonder zaad en fijngehakt
- 1 el olijfolie
- 1 blik (400 g) kant-en-klare ratatouille
- 4 broodjes
- slabladeren
- zout en vers gemalen zwarte peper

VARIANT
Ook lekker met een pittige maïssaus. Verhit 2 theelepels olie in een pan en fruit 1 ui, 2 fijngehakte tenen knoflook en fijngehakte 1 rode peper (zonder zaad) tot alles zacht is. Voeg 2 theelepels garam masala toe en bak 2 minuten, mix er een blikje (320 g) maïs door en de geraspte schil van 1 limoen.

1 Steek de barbecue aan. Zet de sjalotten onder kokend water in een kom. Laat 1-2 minuten staan, verwijder de schil en snipper de sjalot.

2 Meng 1 sjalot met het gehakt. Voeg peterselie en ketchup toe en breng op smaak met zout en peper. Meng goed en verdeel het mengsel in vieren. Kneed elke portie tot een bal en druk plat tot een burger.

3 Maak een pittige saus door de andere sjalot met de knoflook en groene peper 2-3 minuten te fruiten in olijfolie, tot alles zacht is.

4 Voeg de ratatouille uit blik toe. Breng aan de kook en laat 5 minuten pruttelen. Plaats een licht ingevet rooster boven de kolen.

5 Zet de pan op een hoekje van de barbecue. Gril de burgers zo'n 5 minuten aan beide kanten op hoog vuur, tot ze bruin en gaar zijn.

6 Snijd de broodjes open. Schik de blaadjes sla op de onderkant, leg er een burger op en top af met de warme relish en de bovenkant van het broodje.

Energie 487 kcal; eiwit 27,9 g; koolhydraten 31,7 g (waarvan 7,8 g suikers); vet 28,6 g (waarvan 9 g verzadigd); cholesterol 68 mg; calcium 92 mg; vezels 2 g; natrium 492 mg.

STILTONBURGERS

DEZE SMAKELIJKE VARIANT OP DE TRADITIONELE BURGER BEVAT EEN HEERLIJKE VERRASSING: EEN ROMIGE VULLING VAN GESMOLTEN STILTON. BURGERS KUNT U ZELF VRIJ SNEL MAKEN EN SMAKEN BETER DAN KANT-EN-KLARE. KIES GOED RUNDVLEES VOOR DE BESTE SMAAK.

VOOR 4 PERSONEN

INGREDIËNTEN

- 450 rundergehakt
- 1 ui, gesnipperd
- 1 stengel bleekselderij, gehakt
- 1 tl gemengde gedroogde kruiden
- 1 tl mosterd
- 50 g verkruimelde stilton of andere blauwaderkaas (roquefort, gorgonzola)
- 4 broodjes
- zout en vers gemalen zwarte peper

1 Steek de barbecue aan. Plaats een licht ingevet rooster boven de kolen. Meng het gehakt met ui, selderij, gemengde kruiden en mosterd. Kruid goed met zout en peper en kneed met uw handen tot een bal.

2 Verdeel het mengsel in acht gelijke porties. Maak van vier porties ietwat platte rondjes. Leg op elk rondje wat verkruimelde kaas.

3 Maak van de andere vier porties ook platte rondjes en leg ze erop. Kneed met uw handen de twee helften samen zodat de kaas is ingesloten en maak er vier burgers van.

4 Gril 5 minuten aan elke kant op halfhoog-hoog vuur. Snijd de broodjes open en stop er een burger in. Serveer desgewenst met een salade en piccalilly.

Energie 428 kcal; eiwit 29,6 g; koolhydraten 25,9 g (waarvan 2,2 g suikers); vet 23,5 g (waarvan 10,7 g verzadigd); cholesterol 79 mg; calcium 113 mg; vezels 1,1 g; natrium 454 mg.

PEPERSTEAKS IN BIER EN KNOFLOOK

Steaks doen het erg goed met een stevige marinade van knoflook, worcestershiresaus en bier. Marinades hebben een tweeledig doel: ze geven smaak en maken het vlees malser en beter van textuur. Serveer met gepofte aardappel en een knapperige salade.

VOOR 4 PERSONEN

INGREDIËNTEN

- 4 (lende)biefstukken, van zo'n 175 g elk
- 2 tenen knoflook, fijngehakt
- 120 ml donker bier
- 30 ml basterdsuiker
- 2 el worcestershiresaus
- 1 el maïsolie
- 1 el gekneusde zwartepeperkorrels

1 Leg de biefstuk in een schaal en voeg knoflook, bier, suiker, worcestershiresaus en olie toe. Schep alles goed om en laat 2-3 uur tot een nacht marineren in de koelkast.

2 Steek de barbecue aan. Plaats een licht ingevet rooster boven de kolen. Neem de steaks uit de marinade en bewaar deze. Strooi de peperkorrels over de steaks en druk ze in het oppervlak.

3 Gril de steaks op hoog vuur en bestrijk nu en dan met de bewaarde marinade. (Pas op, want de alcohol kan opvlammen; kwast er steeds maar een beetje op en laat de laatste portie marinade doorgaren.)

4 Draai de steaks één keer om en gril ze, naar eigen voorkeur, 3-6 minuten aan elke kant.

Energie 355 kcal; eiwit 39,8 g; koolhydraten 4,7 g (waarvan 4,7 g suikers); vet 19 g (waarvan 7,1 g verzadigd); cholesterol 102 mg; calcium 13 mg; vezels 0 g; natrium 114 mg.

PITTIGE GEHAKTBALLETJES

DEZE SNEL TE MAKEN GEHAKTBALLETJES VORMEN EEN SMAKELIJK HAPJE OF HOOFDGERECHT MET WAT PLAT BROOD EN EEN SALADE OF GEGRILDE GROENTEN. U KUNT ZE OP HET ROOSTER MAKEN, MAAR OMDAT ZE VRIJ KLEIN ZIJN IS HET MAKKELIJKER OM EEN GRILLPAN TE GEBRUIKEN OP DE BARBECUE.

VOOR 6 PERSONEN

INGREDIËNTEN

- 120 g verse, pikante saucijsjes
- 120 g rundergehakt
- 2 sjalotten, gesnipperd
- 2 tenen knoflook, fijngehakt
- 75 g vers witbroodkruim
- 1 ei, losgeklopt
- 2 el verse peterselie, gehakt, plus extra om te garneren
- 1 el olijfolie
- zout en vers gemalen zwarte peper
- Tabasco of andere hete chilisaus, om te serveren

1 Verwijder met uw handen het vel van de saucijsjes, doe het vlees in een kom en prak het met een vork.

2 Voeg gehakt, sjalot, knoflook, broodkruim, ei en peterselie toe, en royaal peper en zout. Meng goed en draai er met uw handen 18 balletjes van. Steek de barbecue aan. Verhit een zware koekenpan of grillpan op het rooster boven de hete kolen.

3 Bestrijk de gehaktballetjes met olijfolie en bak 10-15 minuten op halfhoog vuur, onder regelmatig keren, tot ze helemaal bruin en gaar zijn. (Of gril ze direct op het rooster.)

4 Schep de balletjes op een warme schaal en bestrooi met peterselie. Serveer met chilisaus.

Energie 175 kcal; eiwit 8,6 g; koolhydraten 11,5 g (waarvan 0,9 g suikers); vet 10,7 g (waarvan 3,6 g verzadigd); cholesterol 55 mg; calcium 43 mg; vezels 0,5 g; natrium 287 mg.

STEAK OP CIABATTA

DEZE TIJDLOZE FAVORIET SMAAKT DES TE BETER OP HET STRAND NA EEN MIDDAG WORSTELEN OP EEN SURFPLANK.

VOOR 4 PERSONEN

INGREDIËNTEN

- 2 kropjes bindsla ('little gem')
- 3 tenen knoflook, tot een pasta gewreven met genoeg grof zout om de steaks te kruiden
- 2 el extra vergine olijfolie
- 4 biefstukken, van 2½ cm dik, in totaal zo'n 900 g
- 4 kleine ciabatta's
- zout en vers gemalen zwarte peper

Voor de dressing

- 2 tl Dijonmosterd
- 1 tl cider- of wittewijnazijn
- 1 el olijfolie

1 Haal de slabladeren los en was ze. Verpak tot gebruik in een luchtdichte trommel. Maak een dressing door eerst mosterd en azijn te mengen en er dan geleidelijk de olie door te kloppen. Proef op smaak.

2 Meng olie en knoflook in een ondiepe schaal. Voeg de steaks toe en wrijf ze in met het mengsel. Dek af en zet tot gebruik op een koele plek.

3 Steek de barbecue aan. Plaats een licht ingevet rooster boven de kolen. Leg de steaks 2 minuten aan één kant op het rooster, zonder ze te beroeren. Keer en gril de andere kant 3 minuten. Gril voor medium 4 minuten aan elke kant. Leg op een bord, dek losjes af en laat 2 minuten rusten.

4 Meng sla en dressing. Snijd de ciabatta's open en leg ze met de snijkant onder een minuut op het rooster. Snijd het vlees in plakken en schik het met wat sla op de ciabatta's. Dek af met de bovenkant en snijd elk broodje voor het serveren in tweeën.

KOOKTIP

Deze sandwich is ook heerlijk met hummus. Volg het klassieke hummusrecept in het deel Maaltijdbegeleiders.

Energie 665 kcal; eiwit 64 g; koolhydraten 53,5 g (waarvan 4,4 g suikers); vet 23,2 g (waarvan 6,4 g verzadigd); cholesterol 115 mg; calcium 158 mg; vezels 3 g; natrium 698 mg.

GEGRILDE OSSENHAAS

VOORAL IN HET ZUIDWESTEN VAN DE VS MAG MEN GRAAG 'KWASTEN' OM GROTE STUKKEN VLEES MALS EN SAPPIG TE HOUDEN TIJDENS HET LANGE, LANGZAME KOOKPROCES. DIT IS EEN VARIANT OP DEZE TECHNIEK. ALS HET VLEES EENMAAL IS DICHTGESCHROEID, BESTRIJKT U HET CONTINU.

VOOR 4 PERSONEN

INGREDIËNTEN

- 800 g ossenhaas (runderfilet)
- 2 el geraspte mierikswortel (potje)
- 2 el olijfolie
- 120 ml Chimay (trappistenbier)
- zout en vers gemalen zwarte peper

KOOKTIP

Chimay is een Belgisch trappistenbier, dat u, naar eigen smaak, kunt vervangen door een ander kwaliteitsbier. Alcoholvrij bier kan ook, of zelfs bronwater.

1 Dep het vlees droog met keukenpapier en leg het in een schaal. Wrijf het in met 1 theelepel van de mierikswortel en de olijfolie. Dek af en laat 2 uur marineren op een koele plek.

2 Rijg het vlees eventueel aan een lang draaispit. Steek de barbecue aan. Meng de rest van de mierikswortel met het bier.

3 Kruid het vlees grondig. Verhit een licht ingevet rooster boven de kolen. Gril het vlees 2 minuten aan elke kant op hoog vuur.

4 Laat het spit draaien boven de kolen. Doop een flinke kwast in het biermengsel en strijk er het vlees royaal mee in. Blijf kwasten terwijl het vlees draait, gedurende de hele kooktijd van 11 minuten. Maak het hele mengsel op.

5 Laat het vlees zo'n 10 minuten rusten onder aluminiumfolie, voor u er dikke plakken van snijdt. Heerlijk met gegrilde groenten of koud met boerenbrood en mierikswortelmayonaise.

Energie 409 kcal; eiwit 45,5 g; koolhydraten 0,8 g (waarvan 0,8 g suikers); vet 24,1 g (waarvan 8,4 g verzadigd); cholesterol 116 mg; calcium 12 mg; vezels 0 g; natrium 130 mg.

RUNDERKOFTA'S MET KIKKERERWTENPUREE

Overal in het Midden-Oosten komen deze smakelijke spiesen voor, in kraampjes op straat, bij barbecues, in strandbars en bij gezinsmaaltijden. Kikkererwtenpuree is de traditionele begeleiding en een gemengde salade doet het er ook goed bij.

VOOR 6 PERSONEN

INGREDIËNTEN

- 500 g rundergehakt
- 1 ui, geraspt
- 2 tl komijnpoeder
- 2 tl korianderpoeder (ketoembar)
- 2 tl paprikapoeder
- ¾ tl cayennepeper
- 1 tl zout
- bosje verse bladpeterselie, fijngehakt
- bosje verse koriander, fijngehakt

Voor de kikkererwtenpuree

- 225 g gedroogde kikkererwten, een nacht geweekt, uitgelekt en gaar gekookt
- 50 ml olijfolie
- sap van 1 citroen
- 2 tenen knoflook, fijngehakt
- 1 tl komijnzaad
- 2 el lichte tahinipasta
- 60 ml yoghurt (stand)
- 3 el boter, gesmolten
- zout en vers gemalen zwarte peper
- salade en brood, om te serveren

1 Meng het gehakt met ui, komijn, koriander- en paprikapoeder, cayennepeper, zout, peterselie en verse koriander. Kneed door en klop het glad in een vijzel of laat draaien in een keukenmachine. Doe het mengsel in een schaal, dek af en laat 1 uur staan op een koele plek.

2 Maak intussen de kikkererwtenpuree. Verwarm de oven voor op 200 °C. Draai in een blender of keukenmachine de kikkererwten met olijfolie, citroensap, knoflook, komijnzaad, tahini en yoghurt tot puree. Kruid met zout en peper en schep in een ovenschaal. Dek af met aluminiumfolie en zet 20 minuten in de hete oven. Steek de barbecue aan. Plaats een licht ingevet rooster boven de kolen.

3 Verdeel het mengsel in zes porties. Kneed elke portie zorgvuldig om een van de zes spiesen, in de vorm van dikke worsten. Gril 4-5 minuten aan elke kant op hoog vuur.

4 Smelt de boter in een steelpannetje op de barbecue en giet over de warme kikkererwtenpuree. Serveer de kofta's met de warme kikkererwtenpuree, een gemengde salade en brood.

Energie 449 kcal; eiwit 26,3 g; koolhydraten 20,5 g (waarvan 2,5 g suikers); vet 29,7 g (waarvan 10,7 g verzadigd); cholesterol 64 mg; calcium 141 mg; vezels 5 g; natrium 134 mg.

EIGENGEMAAKTE WILDWORSTJES

WILDWORSTJES HEBBEN EEN UITSTEKENDE SMAAK EN ZIJN VEEL MINDER VET DAN ANDERE WORST. EN ZE ZIJN MAKKELIJK TE MAKEN ALS U AFZIET VAN DARM EN HET MENGSEL GEWOON IN VORM KNEED. GEGRILDE UI EN TOMAAT EN GEBARBECUEDE PADDENSTOELEN ZIJN ER ERG LEKKER BIJ.

VOOR 1,4 KG

INGREDIËNTEN

- 900 fijngehakt hertenvlees
- 450 g fijngehakt buikspek
- 1 el zout
- 2 tl vers gemalen zwarte peper
- 1 teen knoflook, fijngehakt
- 1 tl gedroogde tijm
- 1 ei, losgeklopt
- bloem, om te bestuiven
- olie, om te bestrijken
- gegrilde ui en tomaat en gegrilde portobello's, om te serveren

1 Meng alle worstingrediënten behalve bloem en olie. Neem een stukje en bak het even in wat olie in een koekenpan. Proef en breng het mengsel zo nodig op smaak.

2 Kneed het mengsel met bebloemde handen in worstvorm.

3 Steek de barbecue aan. Plaats een licht ingevet rooster boven de kolen. Bestrijk de worstjes met olie en gril 10 minuten op hoog vuur, of tot ze goudbruin en helemaal gaar zijn.

4 Bak tegelijkertijd in een grote grillpan naast de worstjes wat uienringen, gehalveerde tomaten en paddenstoelen.

KOOKTIP

Omdat deze worstjes niet in darm zitten, zijn ze vrij lastig te keren op het rooster. Een scharnierrooster is handig voor het grillen van delicate zaken op de barbecue.

Energie 156 kcal; eiwit 15,3 g; koolhydraten 0 g (waarvan 0 g suikers); vet 10,9 g (waarvan 3,9 g verzadigd); cholesterol 54 mg; calcium 6 mg; vezels 0 g; natrium 377 mg.

HERTENKOTELETJES MET ROMESCO-SAUS

ROMESCO IS DE CATALAANSE NAAM VOOR DE NORA-PAPRIKA. HIJ GEEFT EEN KRUIDIGE VOLHEID AAN EEN VAN SPANJE'S GROOTSTE SAUZEN, UIT TARRAGONA. DE SAUS BEVAT OOK GEMALEN, GEROOSTERDE NOTEN EN VAAK WAT RODE PEPER. HIJ KAN WARM WORDEN GESERVEERD, ZOALS HIER, OF KOUD ALS DIP VOOR GROENTEN.

VOOR 4 PERSONEN

INGREDIËNTEN
- 4 hertenkoteletten, 2 cm dik en zo'n 175-200 g elk
- 2 el olijfolie
- 50 g boter

Voor de *romesco*-saus
- 3 ñora-paprika's, gedroogd
- 1 hete rode peper, gedroogd
- 25 g amandelen
- 150 ml olijfolie
- 1 oude boterham, zonder korst
- 3 tenen knoflook, fijngehakt
- 3 tomaten, ontveld, zonder pitjes en grof gehakt
- 4 el sherry-azijn
- 4 el rodewijnazijn
- zout en vers gemalen zwarte peper

1 Snijd voor de saus gedroogde paprika's en peper open en verwijder zaad. Laat ze 30 minuten weken in warm water, tot ze zacht zijn. Giet af, dep droog met keukenpapier en hak fijn.

2 Rooster de amandelen in een droge pan op halfhoog vuur, tot ze gelijkmatig bruin zijn. Schep in een keukenmachine of blender.

3 Doe 3 eetlepels van de olie in de koekenpan en bak het brood goudbruin aan beide kanten. Neem uit de pan en laat uitlekken op keukenpapier. Scheur in stukken en doe het bij de amandelen. Bak de knoflook in de olie die nog in de pan zit.

4 Doe paprika, rode peper en tomaten bij amandelen en brood, samen met knoflook en olie uit de pan en draai tot een gladde pasta.

5 Voeg met draaiende motor geleidelijk de resterende olie toe en dan de azijnen. Schep in een kom, als de saus glad en goed gemengd is, en breng op smaak met zout en peper. Dek af met plasticfolie en zet 2 uur in de koelkast. Schep hem dan in een steelpan.

6 Steek de barbecue aan. Plaats een licht ingevet rooster boven de kolen. Smelt de boter in de olie in een steelpan op het rooster en gebruik dit om de koteletten te bestrijken. Gril deze 5-6 minuten aan elke kant, tot ze goudbruin en helemaal gaar zijn.

7 Verhit intussen langzaam de romesco-saus. Roer er wat koud water door als hij te dik is. Serveer bij het vlees, begeleid door groenten of een salade.

KOOKTIP
Pas altijd op met rode peper, want het sap kan wondjes of ogen irriteren. Draag rubberhandschoenen of smeer vingers in met olijfolie en was uw handen daarna grondig.

Energie 531 kcal; eiwit 30,3 g; koolhydraten 6 g (waarvan 2,9 g suikers); vet 43,9 g (waarvan 11,8 g verzadigd); cholesterol 89 mg; calcium 43 mg; vezels 1,5 g; natrium 185 mg.

INDONESISCHE BIEFBURGERS

Dit ongewone Indonesische gerecht bevat kokos, wat de burgers een volle en sappige smaak geeft. Ze zijn heerlijk met een scherpe maar zoete mangochutney en kunnen worden gegeten met een stukje naan of een pitabroodje.

VOOR 8 STUKS

INGREDIËNTEN

- 500 g rundergehakt
- 1 tl ansjovispasta
- 2 tl tomatenpuree
- 2 tl korianderpoeder (ketoembar)
- 1 tl komijnpoeder
- 1½ tl versgeraspte gember
- 2 tenen knoflook, fijngehakt
- 1 eiwit
- 75 g kokoscrème aan een blok, geraspt of 40 g kokosrasp (santen)
- 3 el verse koriander, gehakt
- zout en vers gemalen zwarte peper
- 8 verse druivenbladeren (eventueel), om te serveren

1 Meng gehakt, ansjovispasta, tomatenpuree, koriander- en komijnpoeder, gember en knoflook. Voeg het eiwit toe en zout en peper naar smaak. Kneed er voorzichtig met de hand de kokos door zodat hij niet smelt. Voeg de verse koriander toe.

2 Verdeel in acht porties en maak er stevige burgers van, met een doorsnede van 7½ centimeter. Zet 30 minuten koel weg.

3 Steek de barbecue aan. Schuif, als de vlammen zijn gedoofd, de kolen opzij en zet er een druipschaal naast. Plaats een licht ingevet rooster boven de kolen. Gril de burgers 10-15 minuten, onder één of twee keer omdraaien, op halfhoog-hoog vuur boven de druipschaal. Controleer op gaarheid door er een stukje af te breken.

4 Als u druivenbladeren gebruikt, was ze dan en dep ze droog met keukenpapier. Wikkel er één om elke burger. Serveer met mangochutney en naan of pitabrood.

Energie 177 kcal; eiwit 13,4 g; koolhydraten 0,8 g (waarvan 0,7 g suikers); vet 13,4 g (waarvan 7 g verzadigd); cholesterol 38 mg; calcium 22 mg; vezels 1,1 g; natrium 90 mg.

GEBARBECUEDE RUNDERFILET

DIT GERECHT MET DUNNE PLAKJES RUNDVLEES, GEMARINEERD IN SUIKER, SOJASAUS EN KNOFLOOK, IS IDEAAL OM SUPERSNEL TE MAKEN IN EEN GRILLPAN OF TE BARBECUEËN OP EEN FIJNMAZIG ROOSTER. SERVEER MET EEN SNELLE VERSIE VAN DE TRADITIONELE KOREAANSE GEFERMENTEERDE KOOL, KIMCHI.

VOOR 4 PERSONEN

INGREDIËNTEN

- 500 g ossenhaas (runderfilet)
- 1 el suiker
- 2 el lichte sojasaus
- 2 el sesamolie
- 2 tenen knoflook, tot pasta gewreven met 1 tl suiker.
- ½ tl fijngemalen zwarte peper

Voor de *kimchi*

- 500 g Chinese kool, in stukjes van 2½ cm
- 4 el zonnebloemolie
- 1 el sesamolie
- 50 g suiker
- 100 ml witterijstazijn
- stukje verse gember van 2½ cm, fijngehakt
- 1 verse, halfhete rode peper
- 2 lente-uitjes, in ringetjes

Voor de *sigumchi namul*

- 350 g spinazie
- 2 tl sesamolie
- 2 el lichte sojasaus
- 1 el mirin
- 2 tl sesamzaad, geroosterd

KOOKTIP

Dit gerecht laat zich met succes bereiden op een wegwerpbarbecue met fijnmazig rooster, maar het vlees kan op andere barbecues door de openingen van het rooster vallen. Voor de meeste barbecues heeft een grillpan dus de voorkeur.

1 Vries het vlees 1 uur in om het makkelijker te kunnen snijden. Neem uit de vriezer en snijd het zo dun mogelijk. Leg in laagjes in een ondiepe schaal en bestrooi elke laag met suiker. Dek af en zet 30 minuten in de koelkast. Meng sojasaus, sesamolie, knoflookpasta en peper en giet alles over het vlees en schep goed om. Dek af en zet een nacht in de koelkast.

2 Blancheer voor de *kimchi* de kool 5 seconden in ruim kokend water, giet af en spoel af onder koud water. Laat uitlekken en dep droog met keukenpapier. Doe de kool in een kom. Meng de overige ingrediënten en voeg de kool toe. Schep om, dek af en zet in de koelkast. Dit mengsel kan 2 dagen van tevoren worden gemaakt, maar smaakt het best binnen 2 uur.

3 Blancheer voor de *sigumchi namul* de spinazie 1 minuut in kokend water, giet af, spoel na onder koud water, laat uitlekken en dep droog met keukenpapier. Meng olie, sojasaus en mirin. Schep er spinazie en sesamzaad door. Dek af en zet op een koele plek (niet de koelkast). Binnen 2 uur serveren.

4 Steek de barbecue aan. Verhit een grillpan op het rooster boven de hete kolen. Gril het vlees, in porties, om en om 15-20 seconden. Serveer meteen met de *sigumchi namul* en *kimchi*.

Energie 500 kcal; eiwit 31,4 g; koolhydraten 25,8 g (waarvan 25,5 g suikers); vet 30,6 g (waarvan 6,5 g verzadigd); cholesterol 76 mg; calcium 231 mg; vezels 4,7 g; natrium 900 mg.

GAUCHO-BARBECUE

DIT HEERLIJKE, TRADITIONELE VLEESGERECHT VAN DE PAMPA'S BESTAAT UIT RUNDERRIBBEN EN DIKKE LENDE, VERGEZELD DOOR VARKENSWORSTJES. ER KOMT GEEN MARINEREN BIJ KIJKEN, MAAR HET VLEES WORDT INGEKWAST MET PEKEL TIJDENS HET KOKEN OM HET SAPPIG TE HOUDEN. SERVEER ER EEN SELECTIE VAN SALADES EN SALSA'S BIJ.

VOOR 6 PERSONEN

INGREDIËNTEN

- 50 g grof zeezout
- 200 ml warm water
- 6 varkensworstjes
- 1 kg runderribben
- 1 dikke lende, aan één stuk
- salades, salsa's en brood, om te serveren

1 Los het zout op in het water. Laat afkoelen.

2 Steek de barbecue aan. Plaats een licht ingevet rooster boven de kolen.

3 Bak eerst de worstjes 15-20 minuten op halfhoog vuur, afhankelijk van het formaat. Snijd de gare worstjes in dikke plakken en schik ze op een schaal. Laat de gasten zichzelf helpen terwijl u het overige vlees bereidt.

4 Leg de ribben met het bot onder op het rooster. Bak 15 minuten, draai om, bestrijk elke rib met pekel en gril nog eens 25-30 minuten en blijf kwasten. Snijd het vlees, leg het op een schaal en laat de gasten zichzelf helpen.

5 Leg de hele dikke lende op het rooster en gril 5 minuten, draai om en bestrijk de gebruinde kant met pekel.

6 Blijf op deze manier 20-25 minuten omdraaien en bestrijken, tot het vlees naar uw zin is. Laat het 5 minuten rusten onder een dikke laag aluminiumfolie, snijd het in plakken en serveer met salades, salsa en brood.

KOOKTIPS

- Dit gerecht is snel te bereiden op de barbecue, dus kom niet in de verleiding om het vlees alvast gedeeltelijk voor te koken om het af te bakken op de barbecue, want dat stimuleert bacteriegroei.
- Als u niet thuis kookt, zult u het vlees in een koelbox moeten vervoeren en moet u het daar pas uithalen als u het nodig hebt.
- Stop altijd de producten die u het eerst gaat koken bovenin de koelbox en sluit de koelbox weer als u er wat uit hebt genomen.

VARIANT

Andere selecties zijn ook mogelijk, van biefstuk en entrecôte tot ribeye. Zwezerik, spiesen met kippenhart en niertjes zijn ook gewilde items bij een gaucho-barbecue, net als kip, lams- en varkensvlees. De ster van de show is echter altijd het rundvlees.

Energie 873 kcal; eiwit 84,4 g; koolhydraten 6,3 g (waarvan 0,9 g suikers); vet 56,7 g (waarvan 23,8 g verzadigd); cholesterol 246 mg; calcium 46 mg; vezels 0,3 g; natrium 1333 mg.

De vegetarische barbecue

Gebarbecuede groenten hebben een heerlijke smaak en ze kunnen met kaas, noten, bonen en tofu worden gecombineerd tot spannende hoofdgerechten die iedereen aanspreken. De rooksmaak van het grillen verrijkt groenten als aubergine, pompoen, paprika en groene asperge, die u serveert met dips en sauzen, zoals een pindasaus of een yoghurtpesto. Halloumikaas is een topingrediënt voor de vegetarische barbecue, vanwege de stevige textuur, en die niet smelt, zoals andere kazen. U kunt ook rolletjes of pakketjes maken van groente, zoals plakken aubergine, en deze op de barbecue bereiden, of de groente voorzien van een aromatische vulling en dan boven de kolen bereiden of in pakketjes van aluminiumfolie. Met zo veel fantastische, smaakvolle combinaties is het leuk en makkelijk om een vegetarisch barbecuefeest te bedenken.

THAISE GROENTEKOEKJES

Hier wordt notige tempeh, gemaakt van sojabonen, met een geurige mix van citroengras, verse koriander en gember gecombineerd in kleine burgers voor op de grill. Serveer met een dipsaus en een glaasje zoete sake of rijstwijn.

VOOR 8 STUKS

INGREDIENTEN

- 1 stengel citroengras, buitenstebladeren verwijderd en het binnenste fijngehakt
- 2 tenen knoflook, gehakt
- 2 lente-uitjes, gehakt
- 2 sjalotten, gehakt
- 2 rode pepers, zonder zaad en gehakt
- stukje verse gember van 2½ cm, gehakt
- 4 el verse koriander, gehakt, plus extra om te garneren
- 250 g tempeh, in plakken
- 1 el limoensap
- 1 tl suiker
- 3 el bloem
- 1 groot ei, losgeklopt
- plantaardige olie, om te bakken
- zout en vers gemalen zwarte peper

Voor de dipsaus

- 3 el mirin
- 3 el wittewijnazijn
- 2 lente-uitjes, in dunne ringetjes
- 1 el suiker
- 2 rode pepers, fijngehakt
- 2 el verse koriander, gehakt
- flinke snuf zout

1 Steek de barbecue aan. Meng alle ingrediënten voor de dipsaus en zet weg.

2 Draai citroengras, knoflook, lente-ui, sjalot, pepers, gember en koriander in een keukenmachine of blender tot een grove pasta. Voeg tempeh, limoensap en suiker toe en laat weer draaien. Voeg zout, peper, bloem en ei toe. Draai tot een grove, plakkerige massa. Plaats een licht ingevet rooster boven de kolen.

3 Neem telkens één achtste van het tempehmengsel en vorm er met uw handen een balletje van. Het is handig om uw handen te bevochtigen. Druk de balletjes voorzichtig plat.

4 Kwast de koekjes in met olie. Gril 5-6 minuten op hoog vuur en draai daarbij één keer om. Laat uitlekken op keukenpapier. Garneer en serveer warm met de dipsaus.

Energie 119 kcal; eiwit 4,5 g; koolhydraten 8,2 g (waarvan 3,6 g suikers); vet 7,8 g (waarvan 1 g verzadigd); cholesterol 24 mg; calcium 202 mg; vezels 1 g; natrium 15 mg.

Kidneybonen-champignonburgers

Zowel vegetariers, veganisten als vleeseters zullen genieten van deze gezonde, vetarme groenteburgers. Met een salade, pitabrood en Griekse yoghurt vormen ze een stevig maal. Een scharnierrooster is wellicht handig voor het grillen van deze burgers.

VOOR 4 PERSONEN

INGREDIENTEN
- 1 el olijfolie
- 1 uitje, gesnipperd
- 1 teen knoflook, fijngehakt
- 1 tl komijnpoeder
- 1 tl korianderpoeder (ketoembar)
- ½ tl kurkuma
- 120 g champignons, fijngehakt
- 400 g kidneybonen, uit blik
- 2 el verse koriander, gehakt
- volkorenmeel (eventueel)
- olijfolie, om te bestrijken
- zout en vers gemalen zwarte peper
- Griekse yoghurt, om te serveren

KOOKTIP
Bonenburgers zijn niet zo stevig als vleesburgers en moeten voorzichtig worden behandeld op de barbecue.

1 Verhit de olijfolie in een koekenpan en fruit ui en knoflook op halfhoog vuur en roer tot ze zacht zijn. Voeg de specerijen toe en bak nog 1 minuut, onder continu roeren.

2 Doe de champignons erbij en roerbak tot ze zacht en droog zijn. Neem de pan van het vuur en schep de inhoud in een kom.

3 Laat de bonen grondig uitlekken, doe ze in een kom en prak ze grof met een vork.

4 Roer de bonen met de verse koriander door het champignonmengsel. Kruid met zout en peper. Steek de barbecue aan. Plaats een licht ingevet rooster boven de kolen.

5 Vorm met bebloemde handen het mengsel tot vier platte burgers. Als het mengsel te plakkerig is, meng er dan wat volkorenmeel door.

6 Kwast de burgers licht in met olijfolie en gril 8-10 minuten goudbruin op een hete barbecue en draai ze daarbij één keer om. Serveer desgewenst met een lepel yoghurt en een gemengde salade.

Energie 159 kcal; eiwit 7,6 g; koolhydraten 19,1 g (waarvan 4,5 g suikers); vet 6,3 g (waarvan 0,9 g verzadigd); cholesterol 0 mg; calcium 77 mg; vezels 6,7 g; natrium 392 mg.

QUESADILLA'S MET GEGRILDE GROENTE

DIT RECEPT IS EEN GEWELDIG VOORBEELD VAN HOE GRILLPAN EN ROOSTER TEGELIJK KUNNEN WORDEN GEBRUIKT BIJ DE BEREIDING VAN MEERDERE INGREDIENTEN. ZET EEN LANGWERPIGE GRILLPAN AAN EEN KANT VAN HET ROOSTER VOOR DE UI EN PAPRIKA. DE AUBERGINES MOGEN OP HET ROOSTER ZELF.

VOOR 6-8 PERSONEN

INGREDIENTEN

- 1 gele en 1 oranje paprika, in vieren en zonder zaad
- 2 rode paprika's, in vieren en zonder zaad
- 2 rode uien, in parten, met de onderkant intact
- 8 lange mini-aubergines, in totaal 175 g, in de lengte gehalveerd
- 2 el olijfolie
- 400 g mozzarella
- 2 verse groene pepers, zonder zaad en in ringetjes
- 1 el Mexicaanse tomatensaus
- 8 maïs- of tarwetortilla's
- handvol vers basilicum
- zout en vers gemalen zwarte peper

1 Steek de barbecue aan. Plaats een licht ingevet rooster boven de kolen. Verhit een grillpan op het rooster.

KOOKTIPS

- De quesadilla's kunnen in parten worden gesneden en meteen worden gegeten of in aluminiumfolie worden verpakt om warm te houden terwijl de rest wordt gebakken.
- Als u zowel voor vegetariërs als niet-vegetariërs kookt, moet u altijd één kant van de barbecue reserveren voor vegetarische gerechten, zodat ze niet in contact komen met vlees.

2 Schep paprika's, ui en aubergine in een ovenschaal om in de olie. Leg de paprika's met vel onderin de grillpan of direct op het rooster op halfhoog-hoog vuur en gril tot ze van onderen geschroeid en bruin zijn. Als het voedsel dreigt te verbranden, neem de pan dan van het vuur tot het wat minder heet is. Leg de paprika's onder een omgekeerde kom en zet weg om wat af te koelen, zodat de velletjes loskomen.

3 Gril ui en aubergine tot ze wat zachter zijn en grilstrepen vertonen. Zet weg. Wrijf het vel van de paprika's, snijd elk stuk in tweeën en voeg bij de andere groenten.

4 Snijd de mozzarella in 20 plakken. Doe ze met de groenten in een ruime kom en voeg pepers en tomatensaus toe. Roer goed door en breng op smaak met zout en peper. Zet de grillpan op halfhoog vuur en bak alle tortilla's aan slechts één kant.

5 Leg een tortilla, met de gebakken kant naar boven, in de grillpan en schep een vierde van het groentemengsel in het midden. Strooi er wat basilicum over. Als de tortilla van onder bruint, leg er dan een tweede op, met de gebakken kant naar beneden. Keer de quesadilla voorzichtig om met een brede spatel en bak tot de onderkant bruint en de kaas begint te smelten. Neem uit de pan met de spatel en serveer meteen of verpak in folie terwijl u de andere drie quesadilla's bereidt.

VARIANT

Dunne plakken courgette zijn ook heerlijk van de grill en kunnen aan het mengsel worden toegevoegd of de aubergines vervangen.

Energie 233 kcal; eiwit 11,8 g; koolhydraten 17 g (waarvan 8,5 g suikers); vet 13,5 g (waarvan 7,4 g verzadigd); cholesterol 29 mg; calcium 214 mg; vezels 2,7 g; natrium 268 mg.

AARDAPPEL-KAASPOLPETTES

DEZE KLEINE HAPJES VAN AARDAPPEL EN FETA-KAAS, GEKRUID MET DILLE EN CITROENSAP, ZIJN HEERLIJK VAN DE BARBECUE. ZE KUNNEN EVENTUEEL WORDEN BEGELEID DOOR EEN TOMATENSAUS, OF EEN MOOI OPGEMAAKTE SALADE MET TOMAAT, SLA EN UI.

VOOR 4 PERSONEN

INGREDIENTEN
- 500 g aardappelen (kruimig)
- 120 g feta
- 4 lente-uitjes, gehakt
- 3 el verse dille, gehakt
- 1 ei, losgeklopt
- 1 el citroensap
- 1 el olijfolie
- zout en vers gemalen zwarte peper

1 Kook de aardappelen in de schil gaar in gezouten water. Giet af en schil ze als ze nog warm zijn.

2 Stamp de aardappelen fijn. Kruimel de feta erdoor en voeg lente-ui, dille, ei en citroensap toe en kruid met peper en wat zout. Roer goed door en laat afkoelen tot een stevige massa.

3 Verdeel het mengsel in balletjes ter grootte van een walnoot en druk ze een beetje plat. Kwast licht in met olijfolie. Steek de barbecue aan. Plaats een licht ingevet rooster boven de kolen. Schik de polpettes op het rooster, gril goudbruin op halfhoog vuur en keer ze één keer om. Meteen serveren.

Energie 230 kcal; eiwit 8,4 g; koolhydraten 20,9 g (waarvan 2,3 g suikers); vet 13,1 g (waarvan 5,3 g verzadigd); cholesterol 68 mg; calcium 122 mg; vezels 1,4 g; natrium 446 mg.

MAROKKAANS GEGRILDE GROENTE

GEGRILDE GROENTEN KRIJGEN EXTRA SMAAK DOOR TOEVOEGING VAN KNOFLOOK, GEMBER, ROZEMARIJN EN HONING, EN ZIJN HEERLIJK BIJ COUSCOUS. YOGHURT OF HARISSA PASSEN ERG GOED BIJ HET GERECHT. SERVEER MET EEN SALADE VAN MOZZARELLA EN BLAADJES SLA.

VOOR 6 PERSONEN

INGREDIENTEN
- 5 el olijfolie
- 6 tenen knoflook, fijngehakt
- 25 g verse gember, geraspt
- een paar takjes rozemarijn
- 2 tl vloeibare honing
- 3 rode uien, gepeld en in vieren
- 2-3 courgettes, in de lengte gehalveerd en dan dwars in 2-3 stukken gesneden
- 2-3 rode, groene of gele paprika's, zonder zaad en in vieren
- 2 aubergines, in 6-8 lange stukken
- 2-3 preien, schoongemaakt en in lange repen
- 2-3 zoete aardappelen, geschild, in de lengte gehalveerd en in lange repen gesneden
- 4-6 tomaten, in vieren
- zout en vers gemalen zwarte peper
- yoghurt (stand) of harissa, om te serveren

Voor de couscous
- 500 g couscous
- 1 tl zout
- 600 ml warm water
- 3 el zonnebloemolie
- 2 el boter, in blokjes

1 Verwarm de oven voor op 200 °C. Doe de couscous in een kom. Roer het zout door het water en giet dit, al roerend, over de couscous. Laat 10 minuten staan om op te zwellen en wrijf met uw vingers de zonnebloemolie door de korrels om ze lucht te geven en klontjes te breken. Schep de couscous in een ovenschaal, schik er de boter op, dek af met aluminiumfolie en verwarm zo'n 20 minuten in de oven.

2 Steek ondertussen de barbecue aan. Plaats een licht ingevet rooster boven de kolen en verhit een grillpan op het rooster.

3 Giet de olie op een grote bakplaat en voeg knoflook, gember, rozemarijn en honing toe. Kruid met zout en peper. Schep hier de groenten gelijkmatig in om. Gril de grotere stukken groente direct op het rooster op halfhoog-hoog vuur en de kleinere stukken, zoals tomaten en ui, in de grillpan en kwast zo nodig in met olie. Schep de gare groenten op een schaal, dek af en houd warm.

4 Werk met uw vingers de gesmolten boter door de couscous en maak hem wat losser. Maak er op een grote schaal een bergje van, met een kuiltje bovenin. Lepel wat groenten in het kuiltje en schik de rest rondom. Serveer meteen met yoghurt of harissa.

Energie 337 kcal; eiwit 11,5 g; koolhydraten 43,5 g (waarvan 7,1 g suikers); vet 14,2 g (waarvan 5,9 g verzadigd); cholesterol 23 mg; calcium 206 mg; vezels 5,3 g; natrium 613 mg.

GEGRILDE GEITENKAASPIZZA

EEN PIZZA MET EEN DUNNE KORST KAN OP DE BARBECUE WORDEN BEREID EN KRIJGT DAN EEN GOEDE, KNAPPERIGE EN GOUDBRUINE BODEM. EEN FIJNMAZIG ROOSTER IS HANDIG VOOR HET GRILLEN VAN DE BODEM.

VOOR 4 PERSONEN

INGREDIENTEN

150 g kant-en-klare pizzamix
olijfolie, om te bestrijken
150 ml passata
2 el rode pesto
1 kleine rode ui, dun gesneden
8 kerstomaatjes, gehalveerd
120 g stevige geitenkaas, in plakjes
handvol vers basilicum, gescheurd
zout en vers gemalen zwarte peper

1 Steek de barbecue aan. Plaats een licht ingevet rooster boven de kolen. Maak het deeg volgens de gebruiksaanwijzing op de verpakking. Rol het deeg uit op een licht bebloemd oppervlak tot een cirkel van zo'n 25 centimeter doorsnee.

2 Bestrijk het deeg met olijfolie en leg het op de ingevette kant op het rooster boven halfhoog vuur. Bak de pizzabodem 6-8 minuten, tot hij van onder stevig en goudbruin is. Kwast de bovenkant in met olie en keer om.

3 Meng passata en rode pesto en smeer snel over de gebakken kant, tot op 1 centimeter van de rand. Schik er ui, tomaten en kaas op en bestrooi met zout en peper.

4 Bak de pizza nog 10 minuten, tot hij goudbruin en knapperig is. Bestrooi met basilicum en serveer.

KOOKTIP

Maak zelf pizzadeeg door 175 gram patentbloem te zeven met ¼ theelepel zout. Roer er 1 theelepel droge gist doorheen en voeg 120 milliliter lauw water en 1 eetlepel olijfolie toe. Kneed tot een soepel deeg. Dek af en laat 1 uur rijzen. Sla de lucht eruit en gebruik volgens recept.

Energie 338 kcal; eiwit 11 g; koolhydraten 46 g (waarvan 5 g suikers); vet 13,5 g (waarvan 3,5 g verzadigd); cholesterol 13 mg; calcium 218 mg; vezels 1,9 g; natrium 327 mg.

KALEBAS GEVULD MET GEITENKAAS

KLEINE KALEBASSEN HEBBEN EEN ZOETE, SUBTIELE SMAAK DIE IN DIT RECEPT MOOI CONTRASTEERT MET OLIJVEN EN ZONGEDROOGDE TOMAAT. DE RIJST ZORGT VOOR SUBSTANTIE, ZONDER INVLOED OP DE SMAKEN.

VOOR 2 PERSONEN

INGREDIENTS

- 4 hele mini-kalebassen of kleine pompoenen
- 225 g gekookte langkorrelrijst
- 75 g zongedroogde tomaten, gehakt
- 40 g zwarte olijven, ontpit en gehakt
- 50 g zachte geitenkaas
- 2 tl olijfolie
- 1 el vers basilicum, gehakt, plus wat takjes, om te serveren
- groene salade, om te serveren (eventueel)

1 Steek de barbecue aan. Snijd de bodem van de kalebassen vlak. Verwijder de bovenkant en schep de pitten eruit.

2 Meng rijst, tomaten, olijven, geitenkaas, olijfolie en basilicum.

3 Verdeel het mengsel evenredig over de kalebassen en zet ze elk op een dik stuk, ingevet aluminiumfolie. Vouw het folie om de kalebassen en zet ze tussen de kolen van een halfhete-hete barbecue.

4 Bak 45 minuten tot 1 uur, tot ze zacht zijn als u er met een spies in prikt. Garneer met takjes basilicum en serveer desgewenst met een groene salade.

KOOKTIP

De bereidingstijd hangt af van het formaat van de kalebassen en de hitte van de kolen. Om de temperatuur de hele tijd halfheet-heet te houden, moet u de kolen steeds herschikken zodat de heetste in de buurt van de groentepakketjes liggen. U kunt de temperatuur aflezen aan de laag as die zich op de kolen vormt.

Energie 337 kcal; eiwit 11,5 g; koolhydraten 43,5 g (waarvan 7,1 g suikers); vet 14,2 g (waarvan 5,9 g verzadigd); cholesterol 23 mg; calcium 206 mg; vezels 5,3 g; natrium 613 mg.

GEGRILDE GROENTEN MET YOGHURTPESTO

GEGRILDE ZOMERGROENTEN VORMEN EEN MAAL OP ZICH, OF ZIJN HEERLIJK ALS MEDITERRAAN BIJGERECHT BIJ VLEES OF BIJ VIS VAN DE GRILL. DE YOGHURTPESTO IS EEN ROMIGE BEGELEIDER VOOR DE RIJKE SMAKEN VAN DE GEGRILDE GROENTE.

VOOR 8 PERSONEN

INGREDIENTEN

- 4 kleine aubergines
- 4 courgettes
- 2 rode en 2 gele paprika's
- 2 venkelknollen
- 2 rode uien
- 300 ml yoghurt (stand)
- 6 el pesto
- olijfolie, om te bestrijken
- zout en vers gemalen zwarte peper

VARIANT
Barbecue eventueel wat plakjes halloumi-kaas, bestreken met olijfolie, om bij de groente te serveren.

1 Snijd de aubergines in plakken van 1 centimeter dik. Bestrooi met zout en laat 30 minuten staan. Spoel grondig af onder koud stromend water.

2 Halveer de courgettes in de lengte. Halveer de paprika's en verwijder zaad maar laat de steeltjes zitten.

3 Snijd venkel en rode ui met een scherp mes in dikke parten.

4 Steek de barbecue aan. Plaats een licht ingevet rooster boven de kolen. Roer yoghurt en pesto heel licht door elkaar voor een gemarmerd effect. Schep in een serveerschaaltje en zet weg.

5 Schik de groenten op het rooster boven hoog vuur. Bestrijk royaal met olijfolie en bestrooi met veel zout en vers gemalen zwarte peper.

6 Gril de groenten goudbruin en zacht en draai ze nu en dan om. De aubergines en paprika's vergen 6-8 minuten, courgette, ui en venkel 4-5 minuten. Serveer de groenten zodra ze gaar zijn met de yoghurtpesto.

KOOKTIP
Mini-groenten zijn uitstekend om in hun geheel te barbecueën. Let vooral op mini-aubergines en -paprikaatjes. Kleine aubergines hoeft u niet te zouten.

Energie 146 kcal; eiwit 6,9 g; koolhydraten 12,3 g (waarvan 11,8 g suikers); vet 8 g (waarvan 1,9 g verzadigd); cholesterol 4 mg; calcium 163 mg; vezels 5,1 g; natrium 86 mg.

GEGRILDE GROENTEN MET SAFFRAANDIP

Een romige dipsaus doet het erg goed bij gegrilde groente en hier wordt een delicaat geurende saffraandip geserveerd bij knolgroente en groene asperges, een ongewone combinatie. Door de groente in plakken te snijden, garen ze sneller.

VOOR 4-6 PERSONEN

INGREDIENTEN
- ingrediënten
- 4 kleine zoete aardappelen, in totaal zo'n 675 g
- 4 wortelen, totaal zo'n 375 g
- 4 pastinaken, totaal zo'n 400 g
- 4 rauwe rode bietjes, totaal zo'n 400 g
- 450 g groene asperges, schoongemaakt
- 4 el extra vergine olijfolie
- zout en vers gemalen zwarte peper

Voor de saffraandip
- 1 el kokend water
- plukje saffraandraadjes
- 200 ml crème fraîche
- 10 sprietjes bieslook, gehakt
- 10 blaadjes vers basilicum, gescheurd

1 Giet voor de saffraandip het kokende water in een kommetje met de saffraandraadjes. Laat 3 minuten intrekken. Klop de crème fraîche glad en roer het saffraanvocht erdoor.

2 Voeg bieslook en basilicum toe, kruid en roer door.

3 Steek de barbecue aan. Snij elke zoete aardappel en wortel in de lengte in acht plakken, elke pastinaak in zeven en elke biet in tien. Schep alle groenten, behalve de biet, om in het grootste deel van de olie. Schep de biet in een aparte schaal om in de rest van de olie, zodat hij de andere groenten niet verkleurt. Kruid alle groenten goed.

4 Plaats een licht ingevet rooster boven de kolen. Schik de groenten op het rooster boven halfhoog vuur.

5 Gril de groente 3 minuten lichtjes aan elke kant, tot ze gaar zijn en voorzien van grillstrepen. Serveer ze heet of warm met de saffraandip.

Energie 397 kcal; eiwit 7 g; koolhydraten 44,6 g (waarvan 21,6 g suikers); vet 22,4 g (waarvan 10,5 g verzadigd); cholesterol 38 mg; calcium 123 mg; vezels 9,8 g; natrium 119 mg.

GEGRILDE HALLOUMI-BONENSALADE

HALLOUMI IS EEN HARDE, WITTE, ZOUTIGE GEITENKAAS DIE PIEPT ALS U ERIN BIJT. HIJ LAAT ZICH GOED GRILLEN EN PAST PERFECT BIJ DE HEERLIJK VERSE SMAKEN VAN DE GROENTEN. DEZE SALADE KAN DIRECT, OP HALFHOOG VUUR, OP HET ROOSTER WORDEN BEREID.

VOOR 4 PERSONEN

INGREDIENTEN

- 20 krieltjes, totaal zo'n 300 g
- 200 g haricots verts, afgehaald
- 675 g tuinbonen, gedopt (na doppen ongeveer 225 g)
- 200 g halloumi, in plakjes van ½ cm dik
- 1 teen knoflook, tot pasta gewreven met een flinke snuf zout
- 6 el olijfolie
- 1tl cider- of wittewijnazijn
- 15 g vers basilicum, gescheurd
- 3 el vers bonenkruid, gehakt
- 2 lente-uitjes, dun gesneden
- zout en vers gemalen zwarte peper
- 4 metalen of houten spiesen

1 Rijg vijf aardappelen aan elke spies en kook 7 minuten in een ruime pan gezouten water, tot ze bijna gaar zijn. Voeg de haricots toe en kook nog 3 minuten. Doe er de tuinbonen bij en kook nog 2 minuten. Giet alle groenten af in een ruim vergiet.

2 Neem de aardappelen, aan de spies, uit het vergiet en fris de bonen op onder koud water. Haal de velletjes van de tuinbonen, zodat u de heldergoene binneste boontjes overhoudt. Doe in een kom, dek af en zet weg.

3 Leg de halloumi en aardappelspiesen in een ruime schaal. Klop knoflook en olie door elkaar met een royale draai van de pepermolen. Doe in de schaal en schep aardappel en halloumi er grondig in om.

4 Steek de barbecue aan en schuif de kolen naar één kant. Leg kaas en aardappelspiesen in een grillpan en gril zo'n 2 minuten boven de kolen. Als ze te snel bruinen, schuift u de pan naar het minder hete deel van het rooster.

5 Doe de azijn bij de olie en knoflook die in de schaal zijn achtergebleven en meng. Schep er de tuinbonen, haricots, kruiden en lente-ui door, samen met de halloumi. Serveer met de aardappelspiesen.

Energie 238 kcal; eiwit 14,7 g; koolhydraten 21,3 g (waarvan 3,9 g suikers); vet 11 g (waarvan 7 g verzadigd); cholesterol 35 mg; calcium 244 mg; vezels 5,8 g; natrium 735 mg.

GEGRILDE VENKELSALADE

DIT IS ZO TYPISCH ITALIAANS DAT U ALLEEN MAAR UW OGEN HOEFT TE SLUITEN OM U IN TOSCANE TE WANEN, LUNCHEND IN DE SCHADUW VAN EEN BOOM. VENKEL HEEFT VEEL FANS, MAAR WORDT VAAK RAUW GEGETEN OF LICHT GESTOOFD, ZODAT DIT GRILLRECEPT EEN HEERLIJKE VERRASSING IS.

VOOR 6 PERSONEN

INGREDIENTEN

- 3 kleine zoete oranje paprika's
- 5 venkelknollen met groen, in totaal zo'n 900 g
- 2 el olijfolie
- 1 el cider- of wittewijnazijn
- 3 el extra vergine olijfolie
- 24 kleine zwarte olijfjes
- 2 takjes vers bonenkruid, blaadjes verwijderd
- zout en vers gemalen zwarte peper

KOOKTIP

Als u direct op de barbecue bakt, gril de paprika's dan als de kolen heet zijn. Laat ze dan afkoelen om ze te ontvellen. Gril de venkel op halfhoog-hoog vuur en keer regelmatig als zich strepen hebben gevormd.

1 Steek de barbecue aan. Verhit een grillpan op het rooster boven de kolen. Gril de paprikaatjes en keer ze elke paar minuten om zodat ze egaal blakeren. Neem de pan van het vuur, leg de paprika's onder een omgekeerde schaal en laat wat afkoelen om de velletjes los te maken.

2 Verwijder het groen van de venkel en bewaar het. Snijd de venkel in de lengte in vijf enigszins gelijke stukken. Als de wortel wat hard lijkt, snijd hem dan weg.

3 Leg de venkel in een platte schaal, bedek met olijfolie en kruid. Wrijf het geblakerde vel van de gegrilde paprika, verwijder zaad en snijd het vlees in blokjes.

4 Zet de grillpan weer op het vuur en test de temperatuur. Temper het vuur een beetje en gril de venkel in porties 8-10 minuten, onder regelmatig keren, tot ze goudbruine grillstrepen hebben. Houd de temperatuur in de gaten zodat ze niet aanbranden. Schep de gare venkel op een platte serveerschaal.

5 Klop azijn en olie door elkaar en giet over de venkel. Bestrooi met de blokjes paprika en de olijfjes en tot slot de blaadjes bonenkruid en het venkelgroen. Serveer warm of koud.

Energie 96 kcal; eiwit 2,5 g; koolhydraten 9,1 g (waarvan 8,7 g suikers); vet 5,7 g (waarvan 0,8 g verzadigd); cholesterol 0 mg; calcium 52 mg; vezels 5,6 g; natrium 302 mg.

PASTASALADE MET GEGRILDE PAPRIKA

EEN VAN DE VELE MOOIE DINGEN VAN DE ZOMER IS DE OVERVLOED AAN VERSE KRUIDEN. LEKKER VEEL BASILICUM EN KORIANDER MAKEN DEZE SALADE EXTRA SMAKELIJK. LAAT DE PASTA DE DRESSING OPZUIGEN EN VOEG VLAK VOOR HET GRILLEN VAN DE PAPRIKA'S DE KRUIDEN TOE.

VOOR 4 PERSONEN

INGREDIENTS
- 250 g gedroogde fusili tricolore
- 1 handvol vers basilicum, gehakt
- 1 handvol verse koriander, gehakt
- 1 teen knoflook, fijngehakt
- 1 grote rode en 1 grote groene paprika
- zout en vers gemalen zwarte peper

Voor de dressing
- 2 el pesto
- sap van ½ citroen
- 4 el extra vergine olijfolie

VARIANT
Rooster wat pijnboompitten in een droge pan op de barbecue, voor wat extra 'beet'.

1 Breng een ruime pan gezouten water aan de kook. Voeg de pasta toe en kook de pasta volgens de gebruiksaanwijzing op de verpakking.

2 Klop de ingrediënten voor de dressing in een ruime kom door elkaar. Giet de pasta af en doe bij de dressing. Schep goed om en zet weg om af te koelen. Doe er basilicum, koriander en knoflook bij en schep om.

3 Steek de barbecue aan. Plaats een licht ingevet rooster boven de kolen. Leg de paprika's zo'n 10 minuten op het rooster op hoog vuur en keer regelmatig, tot ze egaal zijn geblakerd. Leg de paprika's onder een omgekeerde schaal om wat af te koelen en de velletjes los te maken.

4 Verwijder het vel met uw vingers, snijd de paprika's open en verwijder zaad en zaadlijsten.

5 Snijd de paprika's klein en doe ze bij de pasta. Proef, breng zo nodig op smaak en serveer.

Energie 402 kcal; eiwit 10,1 g; koolhydraten 51,6 g (waarvan 7,1 g suikers); vet 18,7 g (waarvan 2,9 g verzadigd); cholesterol 3 mg; calcium 75 mg; vezels 3,7 g; natrium 36 mg.

AUBERGINE-POMPOENSALADE

PRACHTIG GEELBRUINE FLESPOMPOEN IN EEN STEVIGE SALADE MET GEGRILDE AUBERGINE EN FETA. ZOALS ALLE RECEPTEN VOOR GEGRILD VOEDSEL KAN DEZE SALADE OOK IN ELK JAARGETIJDE BINNENSHUIS WORDEN BEREID EN HIJ IS NET ZO LEKKER IN DE WINTER ALS IN DE ZOMER.

VOOR 4 PERSONEN

INGREDIENTEN
- 2 aubergines
- 1 flespompoen, ongeveer 1 kg, geschild
- 120 ml extra vergine olijfolie
- 1 tl paprikapoeder
- 150 g feta
- 50 pistachenoten, grof gehakt
- zout en vers gemalen zwarte peper

1 Snijd de aubergine in de breedte in 5 millimeter dikke plakjes. Leg ze op een schaal en bestrooi met wat zout. Laat 30 minuten staan. Snijd de pompoen op dezelfde manier en schep de pitten weg met een lepel. Leg de plakken pompoen in een kom, kruid lichtjes en schep om met 2 eetlepels van de olie.

2 Steek de barbecue aan. Verhit een grillpan op het rooster boven de kolen. Temper het vuur wat en gril de pompoen in porties. Schroei 3 minuten aan elke kant en leg op een schaal. Bestrooi, als alle plakken zijn gegrild, met wat paprikapoeder.

3 Dep de aubergine droog. Schep om met de resterende olie en kruid lichtjes. Gril op dezelfde manier als de pompoen. Meng, als alle plakken zijn gegrild, met de pompoen. Kruimel de feta over de warme salade, strooi de pistachenoten erover en bestuif met het resterende paprikapoeder.

VARIANT
Probeer, in plaats van aubergines, paprika's of dungesneden courgettes, of voeg een paar kwarten ui toe. Strooi er desgewenst wat rozijnen over.

Energie 393 kcal; eiwit 11,2 g; koolhydraten 10,4 g (waarvan 8,5 g suikers); vet 34,3 g (waarvan 9,2 g verzadigd); cholesterol 26 mg; calcium 236 mg; vezels 6,3 g; natrium 609 mg.

AUBERGINEROLLETJES IN TOMATENSAUS

DIT IS EEN HANDIG EN SMAKELIJK VEGETARISCH GERECHT, DAT VAN TEVOREN KAN WORDEN BEREID EN SIMPEL KAN WORDEN AFGEMAAKT OP DE BARBECUE. AUBERGINEROLLETJES GEVULD MET RICOTTA, GEITENKAAS EN RIJST, GEKRUID MET BASILICUM EN MUNT; EEN GOEDE COMBINATIE MET TOMATENSAUS.

VOOR 4 PERSONEN

INGREDIENTS

- 2 aubergines
- olijfolie of zonnebloemolie, om te bakken
- 75 g ricotta
- 75 g zachte geitenkaas
- 225 g gekookte langkorrelrijst
- 1 el vers basilicum, gehakt
- 1 tl verse munt, gehakt, plus extra takjes om te garneren
- zout en vers gemalen zwarte peper

Voor de tomatensaus

- 1 el olijfolie
- 1 rode ui, gesnipperd
- 1 teen knoflook, fijngehakt
- tomatenpulp, uit blik (400 g)
- 120 ml groentebouillon of witte wijn, of een mengsel
- 1 el verse peterselie, gehakt

KOOKTIP

Als u liever minder olie gebruikt voor de aubergines, bestrijk dan elke plak met slechts een beetje olie en gril egaal bruin.

1 Verhit voor de tomatensaus de olie in een pannetje en fruit de ui en knoflook in 3-4 minuten zacht. Voeg tomaten, bouillon en/of wijn en peterselie toe. Kruid goed. Breng aan de kook, temper het vuur en laat 10-12 minuten pruttelen, tot het wat dikker is.

2 Snijd de aubergines in vier of vijf plakken en gooi de twee buitenste weg. Verhit de olie in een ruime koekenpan en bak de aubergine goudbruin aan beide kanten. Laat uitlekken op keukenpapier. Meng ricotta, geitenkaas, rijst, basilicum en munt. Kruid goed met zout en peper.

3 Steek de barbecue aan. Plaats een licht ingevet rooster boven de kolen. Leg een flinke lepel kaas-rijstmengsel aan het uiteinde van elke plak aubergine en rol op. Verpak de rolletjes in aluminiumfolie en leg ze op het rooster. Bak 15 minuten op halfhoog vuur. Verhit de tomatensaus op de barbecue, tot hij borrelt. Garneer met takjes munt en serveer met de saus.

Energie 233 kcal; eiwit 8,9 g; koolhydraten 24,6 g (waarvan 6,7 g suikers); vet 11,8 g (waarvan 5,8 g verzadigd); cholesterol 25 mg; calcium 56 mg; vezels 3,3 g; natrium 125 mg.

GEGRILDE AUBERGINEPAKKETJES

AUBERGINES ZIJN VEELZIJDIG EN HUN ZACHTE VLEES ABSORBEERT ALLERLEI ANDERE SMAKEN. BEREID DEZE PAKKETJES VAN TEVOREN, BARBECUE ZE SNEL VOOR DIE HEERLIJKE ROOKSMAAK EN EET ZE MET EEN TYPISCH ITALIAANSE DRESSING VAN BALSAMICO-AZIJN EN TOMATEN.

VOOR 4 PERSONEN

INGREDIENTEN
- 2 lange aubergines
- 225 g mozzarella
- 2 roma-tomaten
- 16 blaadjes vers basilicum
- 2 el olijfolie
- zout en vers gemalen zwarte peper

Voor de dressing
- 4 el olijfolie
- 1 tl balsamico-azijn
- 1 el zongedroogde-tomatenpasta
- 1 el citroensap

Om te garneren
- 2 el geroosterde pijnboompitten
- gescheurde blaadjes basilicum

KOOKTIP

De beste kaas voor deze heerlijke pakketjes is ongetwijfeld mozzarella. Neem de authentieke, gemaakt van buffelmelk en verkocht in wei. Gerookte mozzarella ('mozzarella affumicata') is een goed alternatief en verleent extra smaak aan het gerecht. U kunt ook gewone of gerookte geitenkaas nemen, maar kies er wel een met eenzelfde textuur als mozzarella.

1 Verwijder de stelen van de aubergine en snijd ze in de lengte in dunne plakken. U hebt zestien plakken nodig, maar gooi de buitenste plakken, die grotendeels uit schil bestaan, weg. (Met een keukenschaaf krijgt u perfect gelijke plakken.)

2 Breng een ruime pan gezouten water aan de kook en kook de aubergine 2 minuten. Laat grondig uitlekken en dep droog met keukenpapier. Snijd de mozzarella in acht plakken. Snijd elke tomaat in acht plakjes, zonder het eerste en laatste mee te tellen.

3 Leg twee plakken aubergine kruislings op een schaal. Leg een plak tomaat in het midden, kruid met zout en peper, leg er dan een blaadje basilicum, een plak mozzarella, nog een blaadje basilicum en weer een plak tomaat op en kruid opnieuw.

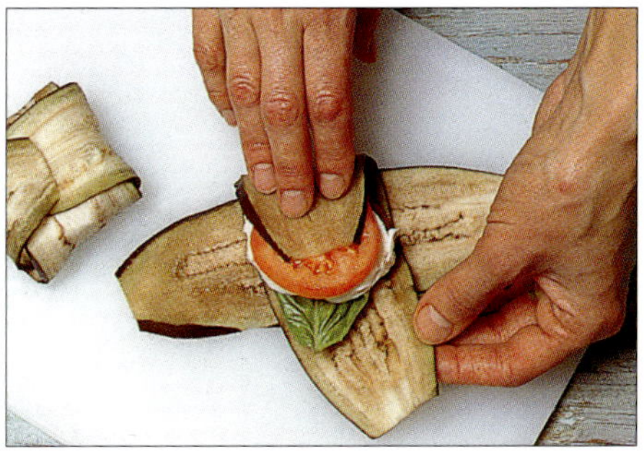

4 Vouw de aubergine over de vulling heen. Maak zo acht pakketjes. Zet 20 minuten in de koelkast.

5 Klop voor de dressing olie, azijn, tomatenpasta en citroen door elkaar. Breng op smaak.

6 Steek de barbecue aan. Plaats een licht ingevet rooster boven de kolen. Kwast de pakketjes in met olijfolie en gril aan beide kanten zo'n 5 minuten op hoog vuur, tot ze goudbruin zijn. Garneer en serveer warm, met de dressing.

Energie 350 kcal; eiwit 12,7 g; koolhydraten 5 g (waarvan 4,7 g suikers); vet 31,2 g (waarvan 10,5 g verzadigd); cholesterol 33 mg; calcium 223 mg; vezels 3,6 g; natrium 230 mg.

TOFU-PAPRIKASPIESEN

EEN KROKANT LAAGJE VAN GEMALEN DRY-ROASTED PINDA'S OM BLOKJES TOFU ZORGT VOOR VEEL EXTRA TEXTUUR EN KLEUR. HET GEEFT DE SPIESEN MET SAPPIG GEGRILDE STUKKEN RODE EN GROENE PAPRIKA EEN SUBTIELE SMAAK.

VOOR 2 PERSONEN

INGREDIENTEN
- 250 g stevige tofu
- 50 g dry-roasted pinda's
- 3 el olijfolie
- 2 rode en 2 groene paprika's
- 4 el zoete chilisaus
- zout en vers gemalen zwarte peper

1 Leg vier houten prikkers 30 minuten in water. Dep de tofu droog op keukenpapier en snijd dan in blokjes.

2 Maal de pinda's in een blender of keukenmachine en schep op een bord. Doe de olie in een kom, voeg de tofu toe en schep goed om. Neem de tofu uit de olie en haal ze door de pinda's.

3 Steek de barbecue aan. Plaats een licht ingevet rooster boven de kolen. Halveer de paprika's, verwijder de zaadjes en snijd in grove stukken.

4 Kwast de paprika in met de olie uit de kom en rijg ze aan de prikkers, afgewisseld met blokjes tofu. Kruid met zout en peper en leg op het rooster.

5 Gril de spiesen, onder regelmatig keren, 10-12 minuten op halfhoog vuur, tot paprika en pinda's bruin beginnen te worden. Leg de spiesen op warme borden en serveer meteen met de chilisaus.

KOOKTIP
Chilisauzen variëren van vrij mild tot zeer pikant, terwijl sommige ook vrij zoet zijn. Bij deze spiesen past een pikante saus.

Energie 516 kcal; eiwit 20,3 g; koolhydraten 30,2 g (waarvan 26,8 g suikers); vet 35,6 g (waarvan 5,6 g verzadigd); cholesterol 0 mg; calcium 681 mg; vezels 7,4 g; natrium 461 mg.

ZOMERGROENTESPIESEN

ER IS NIETS NIEUWS AAN GROENTE AAN EEN SPIES, MAAR DEZE METHODE, OM ZE DOOR EEN MARINADE VAN KRUIDIGE OLIE EN CITROENSAP TE HALEN, MAAKT HET VERSCHIL. SERVEER ZE MET EEN HETE EN ROMIGE DIP EN UW VEGETARISCHE GASTEN KUNNEN ER GEEN GENOEG VAN KRIJGEN.

VOOR 4 PERSONEN

INGREDIENTEN
- 2 aubergines, gedeeltelijk geschild en in blokjes
- 2 courgettes, in blokjes
- 2-3 rode of groene paprika's, zonder zaad en in stukken
- 12-16 kerstomaatjes
- 4 kleine rode uien, in vieren
- 4 el olijfolie
- sap van ½ citroen
- 1 teen knoflook, fijngehakt
- 1 tl korianderpoeder (ketoembar)
- 1 tl kaneel
- 2 tl vloeibare honing
- 1 tl zout

Voor de harissa-yoghurtdip
- 450 g yoghurt (stand)
- 2-4 el harissa
- bosje verse koriander, fijngehakt
- bosje munt, fijngehakt
- zout en vers gemalen zwarte peper

KOOKTIP
Snijd aubergine, courgette en paprika in min of meer gelijke stukken, zodat ze even snel garen.

1 Steek de barbecue aan. Plaats een licht ingevet rooster boven de kolen. Doe alle groente in een kom. Meng olijfolie, citroensap, knoflook, zout, korianderpoeder, kaneel, honing en giet over de groente.

2 Schep met uw handen de groente voorzichtig om in de marinade en rijg dan aan metalen spiesen. Gril deze op hoog vuur en draai ze nu en dan om, tot de groente mooi egaal is gebruind.

3 Maak intussen de dip. Klop naar smaak net zo veel harissa door de yoghurt als u wilt. Voeg het meeste van de koriander en munt toe, maar bewaar wat om te garneren. Kruid goed met zout en peper.

4 Schuif de warme groente van de spiesen en doop ze in de dip. Garneer met de resterende kruiden.

Energie 392 kcal; eiwit 9,2 g; koolhydraten 25,4 g (waarvan 17,9 g suikers); vet 28,8 g (waarvan 3,2 g verzadigd); cholesterol 0 mg; calcium 110 mg; vezels 5,5 g; natrium 19 mg.

GEVULDE PAPRIKA'S

AMANDELEN, GEDROOGD FRUIT, RIJST EN KNOFLOOK VORMEN EEN RIJKE EN SMAKELIJKE VULLING VOOR PAPRIKA'S, DIE IN FOLIEPAKKETJES WORDEN BEREID OP HET ROOSTER. PREPAREER ZE VLAK VOOR HET GRILLEN, ZODAT DE VULLING NOG WARM IS ALS DE PAPRIKA'S OP DE BARBECUE GAAN.

VOOR 4 PERSONEN

INGREDIENTEN

1 rijpe tomaat, ontveld
2 gele of oranje en 2 groene paprika's
4 el olijfolie, plus extra om te besprenkelen
2 uien, gesnipperd
2 tenen knoflook, fijngehakt
75 g geblancheerde amandelen, gehakt
75 g langkorrelrijst, gekookt en uitgelekt
2 el verse munt, gehakt
2 el verse peterselie, gehakt
2 el sultana's
3 el gemalen amandelen
zout en vers gemalen zwarte peper
gemengde en gehakte verse kruiden, om te garneren

1 Steek de barbecue aan. Plaats een licht ingevet rooster boven de kolen. Hak de tomaat grof en zet weg.

2 Halveer de paprika's, laat de kern zitten, maar verwijder zaad. Bestrijk de paprika's met 1 eetlepel olijfolie en gril 15 minuten op halfhoog vuur. Leg de paprika's op een dubbel vel aluminiumfolie en kruid goed met zout en peper.

3 Fruit de ui 5 minuten in de rest van de olie. Voeg knoflook en amandelen toe en bak nog een minuut.

4 Neem de pan van het vuur en roer er rijst, tomaat, munt, peterselie en sultana's door. Kruid goed met zout en peper en schep het mengsel in de paprika's.

5 Bestrooi met gemalen amandel en besprenkel met wat extra olijfolie. Verpak de paprika's in folie en leg ze op het rooster. Bak 20-25 minuten op halfhoog-hoog vuur. Serveer gegarneerd met de kruiden.

VARIANT

Voeg een paar gevulde tomaten toe als aanvulling op de paprika's. Halveer de tomaten en schep er pitjes en pulp uit. Bewaar dat laatste om bij de vulling te doen.

Energie 392 kcal; eiwit 9,2 g; koolhydraten 25,4 g (waarvan 17,9 g suikers); vet 28,8 g (waarvan 3,2 g verzadigd); cholesterol 0 mg; calcium 110 mg; vezels 5,5 g; natrium 19 mg.

GEVULDE ARTISJOKBODEMS

DE APARTE SMAAK VAN ARTISJOKKEN WORDT EXTRA GEACCENTUEERD ALS U ZE GRILT. IN DIT RECEPT KRIJGEN ZE OOK EEN INTENS SMAKENDE TOPPING VAN CHAMPIGNONS, GRUYERE EN WALNOTEN, VOOR EEN RIJK EN SMAAKVOL GEHEEL.

VOOR 4 PERSONEN

INGREDIENTEN
- 225 g kastanjechampignons
- 1 el boter
- 2 sjalotten, gesnipperd
- 50 g volle of halfvolle roomkaas
- 2 el gehakte walnoten
- 3 el geraspte gruyère
- 4 grote of 6 kleine artisjokbodems (diepvries, uit blik of van gekookte artisjokken, bladeren en hart verwijderd)
- zout en vers gemalen zwarte peper
- verse takjes peterselie, om te garneren

1 Doe voor de vulling de champignons in een keukenmachine of blender en pulseer tot ze zijn fijngehakt.

2 Smelt de boter in een koekenpan en fruit de sjalot 2-3 minuten op halfhoog vuur, tot hij net zacht is. Voeg de champignons toe, draai het vuur iets hoger en roerbak 5-7 minuten door, tot alle vocht van de champignons is verdampt en ze bijna droog zijn. Kruid royaal met zout en vers gemalen zwarte peper. Steek de barbecue aan. Plaats een licht ingevet rooster boven de kolen.

3 Meng de roomkaas en champignons. Voeg walnoten en de helft van de gruyère toe en roer het mengsel goed door.

4 Verdeel het mengsel over de artisjokkenbodems en bestrooi met de rest van de kaas. Gril 12 minuten op halfhoog vuur, afgedekt met een deksel of een koepel van aluminiumfolie. Garneer en serveer.

KOOKTIP
Verwijder bij verse artisjokken eerst de steel en kook ze dan 40-45 minuten. Verwijder alle bladeren van de bodem en schraap het 'hooi' weg.

Energie 162 kcal; eiwit 6,4 g; koolhydraten 2,2 g (waarvan 1,7 g suikers); vet 14,1 g (waarvan 6 g verzadigd); cholesterol 24 mg; calcium 103 mg; vezels 1,2 g; natrium 115 mg.

UIEN GEVULD MET GEITENKAAS

Gegrilde uien hebben een zoete smaak en combineren goed met een vulling van geitenkaas, zongedroogde tomaat en pijnboompitten. Gril ze boven indirect vuur, zodat ze wel garen maar niet verbranden. Serveer ze met een keuze aan salades en broodsoorten.

VOOR 4 PERSONEN

INGREDIENTS

- 4 grote uien
- 150 g geitenkaas, verkruimeld of in blokjes
- 50 g vers broodkruim
- 8 zongedroogde tomaten in olijfolie, uitgelekt en fijngehakt
- 1-2 tenen knoflook, fijngehakt
- ½ tl verse tijm, gehakt
- 2 el verse peterselie, gehakt
- 1 klein ei, losgeklopt
- 3 el pijnboompitten
- 3 el olijfolie, uit de pot zongedroogde tomaten
- zout en vers gemalen zwarte peper

1 Breng een ruime pan gezouten water aan de kook. Doe er de hele uien met schil in en kook ze zo'n 10 minuten. Giet af, laat afkoelen, halveer ze dan horizontaal en verwijdert de schil, zonder de uien uit elkaar te laten vallen.

2 Schep er met een theelepel het middelste vlees uit, zodat een dikke schelp over blijft.

3 Hak het uitgeschepte vlees fijn en meng het grondig met geitenkaas, broodkruim, gedroogde tomaat, knoflook, tijm, de helft van de peterselie en het ei. Breng op smaak met zout en peper. en voeg de pijnboompitten toe.

4 Bestrijk de buitenkant van de uischelpen met olie en verdeel er het mengsel over. Sprenkel er wat olie over.

5 Steek de barbecue aan. Schuif de kolen opzij en zet er een druipschaal tussen. Plaats een licht ingevet rooster boven de kolen. Gril 45 minuten-1 uur op halfhoog vuur boven de druipschaal, onder een deksel of een koepel van dik aluminiumfolie. Bestrijk nu en dan met olie. Garneer voor het serveren met de rest van de peterselie.

VARIANTEN

- Vervang geitenkaas door 120 gram fijngehakte champignons en 1 geraspte wortel.
- Vervang geitenkaas door feta en de pijnboompitten door rozijnen.
- Vervang geitenkaas door gerookte mozzarella en pijnboompitten door pistachenoten.
- Gebruik in olie ingemaakte rode en gele paprika's in plaats van tomaten.

Energie 400 kcal; eiwit 14 g; koolhydraten 19 g (waarvan 7,3 g suikers); vet 30,4 g (waarvan 9,2 g verzadigd); cholesterol 82 mg; calcium 115 mg; vezels 2,4 g; natrium 345 mg.

PORTOBELLO'S GEVULD MET BONEN EN CITROEN

DEZE GROTE CHAMPIGNONS HEBBEN EEN VOLLE SMAAK EN VLEZIGE TEXTUUR, DIE GOED PASSEN BIJ DEZE VULLING VAN KRUIDEN, BONEN EN CITROEN. DE DIP VAN PIJNBOOMPITTEN EN KNOFLOOK IS AFKOMSTIG UIT HET MIDDEN-OOSTEN EN HEEFT EEN GLADDE, ROMIGE STRUCTUUR.

VOOR 4 PERSONEN

INGREDIENTS

- 200 g gedroogde of 400 g uitgelekte aduki-bonen uit blik
- 3 el olijfolie, plus extra om te bestrijken
- 1 ui, gesnipperd
- 2 tenen knoflook, fijngehakt
- 2 el verse tijm, gehakt of 1 tl gedroogde
- 8 grote portobello's, de steeltjes fijngehakt
- 50 g vers volkorenbroodkruim
- sap van 1 citroen
- 180 g verkruimelde geitenkaas
- zout en vers gemalen zwarte peper

Voor de pijnboompittendip

- 50 g pijnboompitten, licht geroosterd
- 50 g witbrood, in blokjes
- 2 tenen knoflook, fijngehakt
- 200 ml melk
- 3 el olijfolie
- 1 el verse peterselie, gehakt, om te garneren (eventueel)

1 Als u gedroogde bonen gebruikt, week ze dan een nacht, giet ze af en spoel ze goed na. Zet ze in een pan onder water en breng aan de kook. Kook 10 minuten op hoog vuur, temper de vlam, kook nog 30 minuten, tot ze gaar zijn, en giet af. Spoel bonen uit blik af onder koud water, laat uitlekken en zet weg.

2 Verhit de olie in grote, zware koekenpan en fruit er al roerend 5 minuten ui en knoflook in, of tot ze zacht zijn.

3 Voeg tijm en paddenstoelsteeltjes toe en bak, onder nu en dan roeren, nog 3 minuten.

4 Roer er adukibonen, broodkruim en citroensap door, breng op smaak en kook 2-3 minuten, tot alles is doorgewarmd. Prak tweederde van de bonen met een vork of pureeknijper. Laat de rest van de bonen heel en meng alles door elkaar. Steek de barbecue aan. Plaats een licht ingevet rooster boven de kolen.

5 Draai voor de pijnboompittendip alle ingrediënten glad en romig in een keukenmachine of blender. Voeg wat extra melk toe als het mengsel te dik lijkt. Bestrooi eventueel met peterselie.

6 Bestrijk de bodems en zijkanten van de paddenstoelen met olie. Schep er een lepel van het bonenmengsel in. Gril 20 minuten op halfhoog vuur, onder een deksel of een koepel van dik aluminiumfolie.

7 Leg op elke paddenstoel wat kaas en gril nog 5 minuten, of tot de kaas is gesmolten. Serveer desgewenst met een groene salade of spinazie.

Energie 604 kcal; eiwit 25,5 g; koolhydraten 38,8 g (waarvan 8,7 g suikers); vet 39,7 g (waarvan 12 g verzadigd); cholesterol 46 mg; calcium 237 mg; vezels 8,8 g; natrium 858 mg.

CASSAVE-GROENTESPIESEN

HEEL VEEL GROENTEN ZIJN GESCHIKT VOOR DE BARBECUE EN DIT RECEPT BEVAT EEN AANTREKKELIJK EN HEERLIJK ASSORTIMENT AFRIKAANSE GROENTEN DIE WORDEN GEMARINEERD IN EEN PITTIGE KNOFLOOKSAUS. SERVEER DE GROENTEN MET EEN ROMIGE BONENDIP, ZOALS HUMMUS.

VOOR 4 PERSONEN

INGREDIENTEN
- 175 g cassave
- 1 ui, in parten
- 1 aubergine, in blokjes
- 1 courgette, in plakken
- 1 rijpe bakbanaan, in plakken
- ½ rode paprika en ½ groene paprika, zonder zaad, in stukjes
- 16 kerstomaatjes
- rijst of couscous, om te serveren

Voor de marinade
- 4 el citroensap
- 4 el olijfolie
- 3-4 el sojasaus
- 1 el tomatenpuree
- 1 groene peper, zonder zaad en fijngehakt
- ½ ui, geraspt
- 2 tenen knoflook, fijngehakt
- 1 tl koekkruiden
- snufje gedroogde tijm

1 Leg acht houten prikkers 30 minuten in koud water. Schil de cassave en snijd in blokjes. Doe ze in een kom, giet er kokend water over en laat zo'n 5 minuten staan. Laat goed uitlekken.

2 Doe alle groenten, inclusief de cassave, in een kom en schep om met uw handen.

3 Meng de marinade-ingrediënten en giet over de groenten. Dek af en laat 1-2 uur marineren.

4 Steek de barbecue aan. Plaats een licht ingevet rooster boven de kolen. Rijg de groenten met de kerstomaatjes aan houten of metalen spiesen en gril zo'n 15 minuten op hoog vuur, tot ze gaar en gebruind zijn. Keer de spiesen regelmatig en bestrijk ze nu en dan met marinade.

5 Giet ondertussen de resterende marinade in een steelpan en kook 10 minuten in op het rooster. Zeef de ingekookte marinade boven een kan. Server de spiesen op een bedje van rijst of couscous, met de saus apart.

Energie 167 kcal; eiwit 3 g; koolhydraten 26,1 g (waarvan 7,6 g suikers); vet 6,3 g (waarvan 1 g verzadigd); cholesterol 0 mg; calcium 34 mg; vezels 3,3 g; natrium 7 mg.

GEGRILDE PAPRIKA'S MET COUSCOUS

COUSCOUS IS EEN GOEDE BASIS VOOR VULLINGEN EN WORDT IN DIT RECEPT GEMENGD MET ROZIJNEN EN GEKRUID MET VERSE MUNT. GEGRILDE PAPRIKA'S MAKEN DE SMAKENCOMBINATIE ECHT SPECIAAL EN DE PAPRIKA'S ZIJN EENVOUDIG TE BEREIDEN IN HUN FOLIEPAKKETJES.

VOOR 4 PERSONEN

INGREDIENTEN
- 6 paprika's
- 2 el boter
- 1 ui, gesnipperd
- 1 tl olijfolie
- ½ tl zout
- 175 g couscous
- 2 el rozijnen
- 2 el verse munt, gehakt
- 1 eigeel
- zout en vers gemalen zwarte peper
- blaadjes munt, om te garneren

1 Snijd elke paprika in met een scherp mes en verwijder hart en zaadjes. Smelt de boter in een steelpan en fruit hierin de ui glazig maar niet bruin.

2 Breng voor de couscous 250 milliliter water aan de kook. Voeg olie en zout toe en doe er de couscous bij. Roer en zet
5 minuten afgedekt weg. Roer er ui, rozijnen en munt door. Kruid goed en roer het eigeel erdoor. Steek de barbecue aan. Plaats een licht ingevet rooster boven de kolen.

3 Vul de paprika's voor driekwart met het couscousmengsel (de couscous zwelt bij de bereiding op). Verpak elke paprika in een stuk ingevet aluminiumfolie.

4 Gril 20 minuten op halfhoog vuur, of tot ze gaar zijn. Serveer warm of koud, gegarneerd met verse munt.

Energie 262 kcal; eiwit 5,8 g; koolhydraten 42,4 g (waarvan 18,9 g suikers); vet 8,7 g (waarvan 4 g verzadigd); cholesterol 64 mg; calcium 40 mg; vezels 3,9 g; natrium 53 mg.

TOFU-SATE

GEROOKTE TOFU WORDT GEMARINEERD IN KNOFLOOK EN SOJASAUS, DAN GEGRILD MET PAPRIKA EN GESERVEERD MET EEN GROVE PINDASAUS. TOFU NEEMT MAKKELIJK SMAKEN VAN EEN MARINADE OP OF VAN ANDER VOEDSEL, DUS U KUNT OOK WAT BEVOCHTIGDE KRUIDEN OP DE KOLEN WERPEN.

VOOR 4-6 PERSONEN

INGREDIENTEN

- 400 g gerookte tofu
- 3 el lichte sojasaus
- 2 tl sesamolie
- 1 teen knoflook, fijngehakt
- 1 gele en 1 rode paprika, in stukjes
- 8-12 blaadjes laurier
- zonnebloemolie, om te bestrijken

Voor de pindasaus

- 2 lente-uitjes, fijngehakt
- 2 tenen knoflook, fijngehakt
- flinke snuf chilipoeder of enkele druppels Tabasco
- 1 tl suiker
- 1 el wittewijnazijn
- 2 el lichte sojasaus
- 3 el grove pindakaas

1 Leg 8-12 houten prikkers 30 minuten in water. Snijd de tofu in blokjes en doe ze in een ruime kom. Voeg sojasaus, sesamolie en knoflook toe en schep goed om. Dek af met plasticfolie en marineer minstens 20 minuten.

2 Meng alle pindasausingrediënten grondig met een houten lepel in een grote kom. Gebruik geen blender of keukenmachine, want de textuur moet wat grof blijven. Steek de barbecue aan. Plaats een licht ingevet rooster boven de kolen.

3 Laat de tofu uitlekken en rijg hem aan de prikkers, afgewisseld met stukken paprika en laurier (misschien moet u grote blaadjes eerst halveren).

4 Bestrijk de satés met zonnebloemolie en gril op hoog vuur, onder nu en dan keren, tot tofu en paprika bruin en krokant zijn. Warm serveren met de pindasaus.

KOOKTIP

Als u alleen gewone tofu kunt vinden, laat die dan 30 minuten tot 1 uur marineren voor een optimale smaak.

VARIANT

U kunt ook paddenstoelen, kerstomaatjes en uipartjes aan de prikkers rijgen.

Energie 143 kcal; eiwit 7,8 g; koolhydraten 6,2 g (waarvan 5,2 g suikers); vet 9,8 g (waarvan 1,7 g verzadigd); cholesterol 0 mg; calcium 350 mg; vezels 1,4 g; natrium 210 mg.

GEGRILDE POMPOEN MET SPECERIJEN

GEGRILDE POMPOEN HEEFT EEN HEERLIJKE, VOLLE SMAAK, ZEKER IN COMBINATIE MET SPECERIJEN. EET HEM ZO UIT DE SCHIL, EN EET DE SCHIL OOK OP, OF SCHEP HET GARE VLEES ERUIT, VOEG EEN LEPEL SALSA OF CREME FRAICHE TOE EN WIKKEL ALLES IN EEN WARME TORTILLA.

VOOR 6 PERSONEN

INGREDIENTEN
- 1 kg pompoen
- 4 el olie
- 2 tl hete chilisaus
- ½ tl zout
- ½ tl pimentpoeder
- 1 tl kaneel
- gehakte verse kruiden, om te garneren
- salsa en crème fraîche, om te serveren

KOOKTIPS
- Elke pompoensoort laat zich goed grillen. De oranje soorten zijn het kleurrijkst om mee te koken.
- Het is handig om snedes te maken in het vlees van de parten pompoen, zodat ze sneller garen.

1 Snijd de pompoen in grote stukken. Schep pitten en vezels eruit en gooi weg.

2 Meng olie en chilisaus en sprenkel het meeste ervan gelijkmatig over de stukken pompoen. Steek de barbecue aan. Plaats een licht ingevet rooster boven de kolen.

3 Meng zout, piment en kaneel en strooi dit mengsel over de pompoen.

4 Gril 25 minuten op halfhoog-hoog vuur, onder nu en dan bestrijken met olie en regelmatig keren, tot het pompoenvlees zacht is. Serveer met de salsa en crème fraîche er apart bij.

Energie 90 kcal; eiwit 1,2 g; koolhydraten 4,2 g (waarvan 3,3 g suikers); vet 7,7 g (waarvan 1,2 g verzadigd); cholesterol 0 mg; calcium 49 mg; vezels 1,7 g; natrium 27 mg.

BIJGERECHTEN

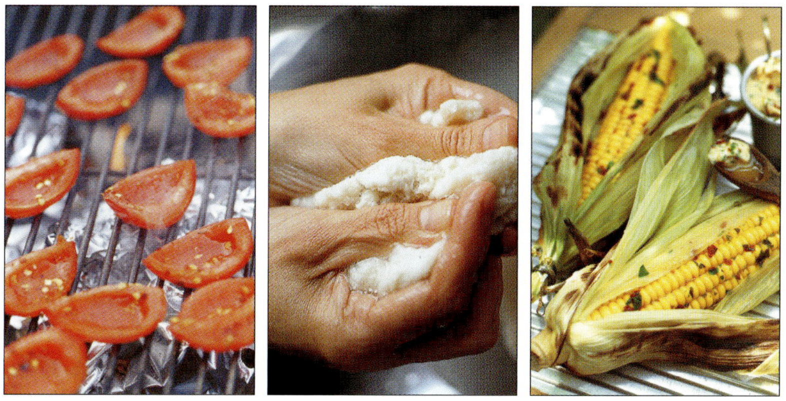

Veel bijgerechten voor gebarbecuede hoofdgerechten kunnen ook op (of zelfs in) de barbecue worden bereid. Groenten kunt u in aluminiumfolie tussen de kolen leggen, terwijl u het hoofdgerecht op het rooster bereidt. Serveer ze met een rokerige salsa of een gekruide boter en u hebt bijgerechten die net zo spannend smaken als het hoofdgerecht. Voor een heerlijke rooksmaak kunt u groente ook direct op het rooster grillen, zoals de in het blad gegrilde maïs of de gegrilde aardappelen met bieslookbloemen. De handigste bijgerechten zijn waarschijnlijk de salades die u van tevoren kunt maken en op tafel zet als de rest gaart. Dit hoofdstuk bevat ook koude salades, als mooi contrast met vlees, vis, gevogelte of groenten van de grill: verfrissend en knapperig of heerlijk romig; bijgerechten die iedereen verleiden.

GEGRILDE-UISALADE

DIT IS EEN MOOIE SMAKENMIX. HET IS OP ZICHZELF EEN GOEDE VEGETARISCHE SALADE, MAAR HIJ IS OOK HEERLIJK BIJ BIJVOORBEELD GEGRILD RUNDVLEES. MENG ZO VEEL VERSCHILLENDE UIEN ALS U WILT; KIJK OOK OP EXOTISCHE MARKTEN VOOR EEN GEVARIEERDE SELECTIE.

VOOR 4-6 PERSONEN

INGREDIËNTEN

- 6 rode lente-uitjes, zonder groen
- 6 witte lente-uitjes, zonder groen en in de lengte gesplitst
- 250 g verse zilveruitjes, gepeld en heel
- 2 roze uien, in ringen van 5 mm dik
- 2 rode uien, in parten
- 2 kleine gele uien, in parten
- 4 langwerpige (bananen)sjalotten, in de lengte gehalveerd
- 200 g sjalotten, liefst Thaise
- 3 el olijfolie, plus extra om te besprenkelen
- sap van 1 citroen
- 3 el verse bladpeterselie, gehakt
- 2 el balsamico-azijn
- zout en vers gemalen zwarte peper
- bieslookbloemen (eventueel), om te garneren

1 Steek de barbecue aan. Leg uien en sjalotten in een ruime platte schaal. Klop olie en citroensap samen en giet over het mengsel. Schep uien en sjalotten om en breng op smaak.

2 Verhit een rooster boven de kolen. Zet een grillpan of een geperforeerde metalen grillmand op het rooster op halfhoog-hoog vuur, zodat u geen uien kwijtraakt tussen de openingen van het rooster. Gril de uien 5-7 minuten, in porties en draai ze nu en dan om.

3 Houd elke gare portie ui warm op een bord. Voeg vlak voor het serveren de peterselie toe, schep lichtjes om en besprenkel met balsamico-azijn en extra olijfolie.

4 Garneer eventueel met wat bieslookbloemen en serveer met warm pitabrood en gegrilde halloumi als vegetarisch voorgerecht, of met gegrild vlees of met vis als hoofdgerecht.

KOOKTIP

Bieslookbloemen komen tevoorschijn als u de bieslook (in tuin of pot) laat doorschieten. Ook de bloemen van Chinese bieslook of daslook zijn fraai.

Energie 117 kcal; eiwit 2,7 g; koolhydraten 14 g (waarvan 10,1 g suikers); vet 6 g (waarvan 0,8 g verzadigd); cholesterol 0 mg; calcium 66 mg; vezels 3,1 g; natrium 9 mg.

ZOETE-AARDAPPELSALADE

TERWIJL U UW HOOFDGERECHT GRILT, KUNT U ZOETE AARDAPPELEN IN ALUMINIUMFOLIE BAKKEN TUSSEN DE KOLEN. SNIJD ZE DAN IN BLOKJES EN SCHEP ZE OM MET WAT GROENTEN VOOR EEN WARME SALADE MET EEN TWIST. EEN VULLEND BIJGERECHT BIJ VLEES OF VIS VAN DE BARBECUE.

VOOR 4-6 PERSONEN

INGREDIENTEN
- 1 kg zoete aardappelen

Voor de dressing
- 3 el verse koriander, gehakt
- sap van 1 limoen
- 150 ml yoghurt

Voor de salade
- 1 rode paprika, zonder zaad en in kleine blokjes
- 3 stengels bleekselderij, fijngesneden
- ¼ rode ui, gesnipperd
- 1 rode peper, fijngehakt
- zout en vers gemalen zwarte peper
- verse koriander, om te garneren

1 Prik de aardappelen aan alle kanten in en wrijf de buitenkant royaal in met zout en olijfolie. Wikkel ze dan stevig in dik aluminiumfolie. Steek de barbecue aan. Leg de aardappelen tussen de halfhete-hete kolen en bak 1 uur.

2 Meng de dressingingrediënten, kruid en zet koel weg.

3 Meng in een ruime kom paprika, selderij, ui en rode peper. Haal de gare zoete aardappel uit de pakketjes en laat ze een paar minuten afkoelen. Verwijder dan de schil met een scherp mesje.

4 Snijd de geschilde aardappel in blokjes en doe ze in de kom. Haal de dressing uit de koelkast, sprenkel over de groenten en schep om, zodat alles wordt vermengd met de dressing. Breng op smaak en serveer, gegarneerd met verse koriander.

Energie 176 kcal; eiwit 4 g; koolhydraten 40,5 g (waarvan 14 g suikers); vet 1 g (waarvan 0,3 g verzadigd); cholesterol 0 mg; calcium 115 mg; vezels 5,2 g; natrium 101 mg.

GEGRILDE AARDAPPELEN MET BIESLOOKBLOEMEN

HET GEBRUIK VAN EETBARE BLOEMEN VAN PLANTEN EN KRUIDEN UIT DE TUIN HEEFT IETS HEEL PLEZIERIGS. ZO MAAR EEN HANDJE KRUIDEN OF BLOEMEN PLUKKEN HOORT HELEMAAL BIJ DE CREATIVITEIT VAN BUITEN KOKEN EN ETEN, EN KAN SPANNENDE EN ONVERWACHTE RESULTATEN

VOOR 4-6 PERSONEN

INGREDIËNTEN
- 900 kleine stevige aardappelen, zoals charlotte of ratte
- 1 el champagneazijn
- 100 ml olijfolie
- 3 el bieslook, gehakt
- ongeveer 10 bieslookbloemen
- 4-6 takjes gele kerstomaatjes aan de tros
- zout en vers gemalen zwarte peper

KOOKTIP
Als bieslook vaste voet heeft in de tuin, bloeit hij meestal in juli-augustus.

1 Steek de barbecue aan. Kook de aardappelen zo'n 10 minuten in een ruime pan licht gezouten water, tot ze net gaar zijn. Maak intussen de dressing. Klop de azijn door 75 milliliter olijfolie en roer er dan bieslook en bloempjes door. Giet de aardappelen af, halveer en kruid ze.

2 Plaats een licht ingevet rooster boven de kolen. Schep de aardappelen om in de rest van de olie en leg ze op het rooster boven halfhoog-hoog vuur, met de snijkant naar beneden. Laat 5 minuten liggen en druk ze dan wat aan zodat ze strepen krijgen van de grill.

3 Draai de aardappelen om en gril de andere kant 3 minuten. Doe de aardappelen in een schaal, giet de dressing erover en schep licht om.

4 Gril de tomaatjes 3 minuten, of tot ze gaan blakeren. Serveer bij de hete, warme of koude aardappelen.

Energie 232 kcal; eiwit 3 g; koolhydraten 26,2 g (waarvan 4 g suikers); vet 13,5 g (waarvan 2,1 g verzadigd); cholesterol 0 mg; calcium 14 mg; vezels 2,2 g; natrium 23 mg.

GEGRILDE MAISKOLVEN

ALS U HET BLAD OM DE KOLF LAAT ZITTEN, WORDEN DE KORRELS BESCHERMD EN DE BOTER INGESLOTEN, ZODAT ALLE SMAKEN BEHOUDEN BLIJVEN. VERSE MAIS MET DE VLIEZEN INTACT IS PERFECT, MAAR MET BANANENBLADEREN OF EEN DUBBELE LAAG ALUMINIUMFOLIE GAAT HET OOK.

VOOR 6 PERSONEN

INGREDIËNTEN

- 3 gedroogde chipotle-pepers
- 250 g zachte boter
- 1½ tl citroensap
- 3 el verse bladpeterselie, gehakt
- 6 maïskolven, met vlies
- zout en vers gemalen zwarte peper

1 Verhit een koekenpan. Voeg de gedroogde pepers toe en rooster ze onder continu roeren 1 minuut, zodat ze niet verbranden. Leg ze in een kom en giet er wat bijna-kokend water over. Houd ze onder water met een schoteltje en laat ze 1 uur wellen. Giet af, verwijder zaad en hak fijn. Meng de boter met pepers, citroensap en peterselie en kruid.

2 Trek de vliezen van elke kolf open zonder ze te scheuren. Smeer 2 eetlepels van de chiliboter over elke kolf. Vouw de vliezen terug en zorg dat ze de boter goed bedekken. Bewaar de rest van de boter voor later gebruik. Leg de kolven in koud water en laat 1-3 uur staan op een koele plek; of langer als u dat beter uitkomt.

3 Steek de barbecue aan. Neem de kolven uit het water en wikkel ze in paren in aluminiumfolie. Plaats een licht ingevet rooster boven de kolen. Gril de maïs 15-20 minuten op halfhoog-hoog vuur, tot hij zacht is.

4 Verwijder folie en gril nog 5 minuten extra. Keer regelmatig om het vlies wat te blakeren. Warm serveren met de rest van de chiliboter.

Energie 435 kcal; eiwit 3,4 g; koolhydraten 27,1 g (waarvan 10,1 g suikers); vet 35,6 g (waarvan 21,9 g verzadigd); cholesterol 89 mg; calcium 28 mg; vezels 1,8 g; natrium 525 mg.

AUBERGINE-CITROENSALADE

CITROEN VERLEENT EEN SUBTIEL ACCENT AAN DE SMAAK VAN DE SMELTEND ZACHTE AUBERGINE IN DIT KLASSIEKE SICILIAANSE GERECHT. HET IS HEERLIJK BIJ EEN SCHAAL KOUD VLEES, BIJ PASTA OF GEWOON OP ZICHZELF MET WAT GOED, KNAPPERIG BROOD.

VOOR 4 PERSONEN

INGREDIENTEN
- 1 grote aubergine, ongeveer 675 g
- 4 el olijfolie
- geraspte schil en het sap van 1 citroen
- 2 el kappertjes, afgespoeld
- 12 ontpitte groene olijven
- 2 el verse bladpeterselie, gehakt
- zout en vers gemalen zwarte peper

KOOKTIP
Deze salade smaakt nog beter als u hem een dag van tevoren maakt. Hij is in de koelkast vier dagen houdbaar. Breng voor serveren op kamertemperatuur.

1 Steek de barbecue aan. Verhit een grillpan op het rooster boven de kolen. Snijd de aubergine in blokjes van 2½ centimeter. Doe ze in een kom en giet er de olie over. Schep grondig om. Gril de aubergineblokjes zo'n 10 minuten, in porties, op halfhoog vuur en schep regelmatig om, tot ze goudbruin en zacht zijn. Verwijder met een schuimspaan, laat uitlekken op keukenpapier en bestrooi met wat zout.

2 Doe de aubergine in een ruime serveerschaal en schep om met citroensap en -rasp, kappertjes, olijven en peterselie en kruid met zout en peper. Serveer op kamertemperatuur.

VARIANT
Voeg geroosterde pijnboompitten en krullen parmezaan toe voor een hoofdgerecht.

Energie 140 kcal; eiwit 1,9 g; koolhydraten 4 g (waarvan 3,6 g suikers); vet 13,2 g (waarvan 2 g verzadigd); cholesterol 0 mg; calcium 42 mg; vezels 4,2 g; natrium 288 mg.

GEVULDE GROENTEBAKJES

DE KRUIDIGE TOMAATRODE VULLING VAN DEZE GROENTE HEEFT EEN ONWEERSTAANBARE FRISZURE CITRUSBEET. DEZE VEELZIJDIGE VEGETARISCHE HAPJES ZIJN ZOWEL WARM ALS KOUD LEKKER EN ZIJN IDEAAL ALS VOORGERECHTJE OF EEN LICHT HOOFDMAAL.

VOOR 4 PERSONEN

INGREDIENTEN

4 aardappelen (vastkokend), geschild
4 uien, gepeld
4 courgettes in de breedte gehalveerd
2-4 tenen knoflook, fijngehakt
3-4 el olijfolie
3-4 el tomatenpuree
1/4 tl ras-el-hanout of kerriepoeder
flinke snuf pimentpoeder
zaadjes van 2-3 kardemompeulen
2-3 el verse peterselie, gehakt
90-120 ml groentebouillon
zout en vers gemalen zwarte peper
salade, om te serveren (eventueel)

1 Breng een ruime pan gezouten water aan de kook. Doe eerst de aardappelen, dan de uien en tot slot de courgette in het water en kook tot ze bijna zacht zijn maar niet door en door gaar. Reken op 10 minuten voor de aardappel, 8 minuten voor de ui en 4-6 minuten voor de courgette. Neem de groenten uit de pan en laat afkoelen.

2 Hol de groenten uit als ze hanteerbaar zijn en bewaar het vlees. Steek de barbecue aan. Plaats een licht ingevet rooster boven de kolen.

3 Hak het vlees en doe het in een kom. Meng er knoflook, de helft van de olie, tomatenpuree, ras-el-hanout of kerriepoeder, piment, kardemom, citroensap, peterselie en zout en peper door. Gebruik dit mengsel om de uitgeholde groenten te vullen.

4 Zet elke groente op een dik stuk aluminiumfolie en besprenkel met bouillon en olie. Vouw de folie stevig dicht en gril de groenten 35-40 minuten op halfhoog-hoog vuur, tot ze zacht zijn. Serveer warm met, eventueel, een salade.

KOOKTIP

Gebruik liefst een klein meloenschepje of een appelboor om de groente uit te hollen. Dat werkt makkelijker en preciezer dan een theelepel.

Energie 225 kcal; eiwit 6,4 g; koolhydraten 30,2 g (waarvan 12,3 g suikers); vet 9,5 g (waarvan 1,4 g verzadigd); cholesterol 98 mg; calcium 98 mg; vezels 4,8 g; natrium 47 mg.

GEBARBECUEDE GROENTEN MET GEROOKTE-TOMATENSALSA

GEBRUIK EEN DUBBELE LAAG KOLEN VOOR DE BARBECUE, DIE DIEP GENOEG IS VOOR DE IN FOLIE VERPAKTE GROENTEN EN GRIL DE TOMATEN OP HET ROOSTER.

VOOR 4-6 PERSONEN

INGREDIËNTEN

- 2 kleine bollen knoflook
- 2 flespompoenen, elk zo'n 450 g, in de lengte gehalveerd en zonder pitten
- 4-6 uien, zo'n 120 g elk, van boven ingekruisd
- 4-6 pofaardappelen, zo'n 175 g elk
- 4-6 zoete aardappelen, zo'n 175 g elk
- 3 el olijfolie
- verse tijm-, laurier- en rozemarijntakjes
- zout en vers gemalen zwarte peper
- 2 handvollen houtmot, minstens 30 minuten geweekt in water

Voor de tomatensalsa

- 500 g tomaten, in vieren en zonder pitjes
- ½ tl suiker
- snuf rodepepervlokken
- ¼ gerookt paprikapoeder
- 2 el goede tomatenchutney

1 Steek de barbecue aan met een royale hoeveelheid kolen. Wikkel knoflook, pompoen en ui apart in een dubbele laag aluminiumfolie, maar laat open. Verpak de aardappelen twee aan twee: één gewone en één zoete. Sprenkel olie over de inhoud van de pakketjes, kruid met zout en peper en stop er een takje kruid bij. Besprenkel met wat water en sluit de pakketjes stevig af.

2 Leg de pakketjes tussen halfhete-hete kolen en let liefst op wat waar ligt. De knoflook vraagt 20 minuten, de pompoen 30, de ui 45 en de aardappelen 1 uur. Neem gare groente uit de barbecue en wikkel in een extra laag folie om warm te houden. Maak kort voor serveren de bovenkant van de pakketjes open, behalve de knoflook, en zet ze terug op de kolen om wat uit te drogen.

3 Maak intussen de salsa. Verhit een licht ingevet rooster boven de kolen. Bestrooi de tomaten met suiker, pepervlokken, zout en peper. Leg ze op het rooster boven de groenten en gril, afgedekt, 5 minuten.

4 Laat de houtmot uitlekken en doe een handvol op de kolen. Leg het deksel terug en laat 5 minuten roken. Voeg nog wat houtmot toe en gril nog 10 minuten, tot de tomaten wat uitgedroogd zijn. Neem de tomaten van het rooster en lepel het vlees van het geblakerde vel. Prak dit in een kom en meng met de andere ingrediënten. Serveer bij de groenten.

KOOKTIP

De groenten zijn heerlijk bij gegrilde lendebiefstuk of met wat geschaafde parmezaan erover.

Energie 244 kcal; eiwit 6,2 g; koolhydraten 42,4 g (waarvan 13 g suikers); vet 6,7 g (waarvan 1,1 g verzadigd); cholesterol 0 mg; calcium 65 mg; vezels 5,4 g; natrium 54 mg.

GROENTEN IN KOKOS-GEMBERPASTA

ZOETE AARDAPPELEN EN RODE BIET KRIJGEN EEN MOOIE ZOETIGHEID ALS ZE WORDEN GEGRILD EN ZIJN HEERLIJK BIJ DEZE HARTIGE UIEN. ALLE GROENTEN WORDEN GEDRENKT IN EEN AROMATISCHE KOKOS-GEMBER-KNOFLOOKSALSA. SERVEER ZE BIJ EENVOUDIG GEGRILD VLEES.

VOOR 4 PERSONEN

INGREDIENTEN

- 2 el arachideolie of milde olijfolie
- 450 g zoete aardappel, geschild en in dikke repen of stukken
- 4 rode bietjes, gekookt, geschild en in parten
- 450 g kleine rode of gele uien, gehalveerd
- 1 tl korianderzaad, licht gekneusd
- 3-4 kleine verse rode pepers, fijngehakt
- zout en vers gemalen zwarte peper
- verse koriander, gehakt, om te garneren

Voor de salsa

- 2 grote tenen knoflook
- 1-2 groene pepers, zonder zaad en fijngehakt
- 1 el verse gember, fijngehakt
- 3 el verse koriander, gehakt
- 5 el kokosmelk
- 2 el arachideolie of milde olijfolie
- geraspte schil van ½ limoen
- ½ tl lichtbruine basterdsuiker

1 Maak eerst de salsa. Maal knoflook, pepers, gember, koriander en kokos fijn in een keukenmachine, blender of koffiemolen.

2 Doe de salsa in een kommetje en klop er olie, limoenrasp en suiker door.

3 Steek de barbecue aan. Plaats een licht ingevet rooster boven de kolen en leg een geperforeerde grillmand op het rooster om op te warmen.

KOOKTIP

Zoete aardappelen met oranje vlees ogen in dit gerecht aantrekkelijker dan die met wit vlees – én ze zijn voedzamer.

4 Doe de olie in een ruim bakblik en voeg groenten en korianderzaad toe. Schep om. Leg in de grillmand en gril 15 minuten op halfhoog-hoog vuur.

5 Leg de groenten weer in het bakblik, voeg de salsa toe en schep grondig om. Doe er de pepers bij en kruid goed met zout en peper.

6 Gril de groenten nog eens een half uur of tot de zoete aardappel en ui helemaal gaar en zacht zijn. Schud de mand regelmatig om. Meteen serveren, bestrooid met wat verse koriander.

Energie 284 kcal; eiwit 4,8 g; koolhydraten 42,4 g (waarvan 21,6 g suikers); vet 11,9 g (waarvan 1,7 g verzadigd); cholesterol 0 mg; calcium 106 mg; vezels 6,8 g; natrium 139 mg.

GEROOSTERDE UI MET ZONGEDROOGDE TOMATEN

UIEN KRIJGEN EEN PRACHTIG ZOETE ROMIGHEID ALS ZE WORDEN GEGAARD IN HUN SCHIL. ZE HEBBEN BOTER NODIG, VEEL ZWARTE PEPER EN IETS ZOUTS ALS CONTRAST VOOR HUN ZOETIGHEID. LAAT ZE GAREN TUSSEN DE KOLEN TERWIJL U HET ROOSTER GEBRUIKT VOOR HET HOOFDGERECHT.

VOOR 6 PERSONEN

INGREDIENTEN
- 6 even grote rode uien, ongepeld
- olijfolie, om te besprenkelen
- 175-225 g brokkelkaas, zoals parmezaan, pecorino of overjarige goudse, dungesneden
- paar sprietjes bieslook
- zout en vers gemalen zwarte peper

Voor de gedroogde-tomatenboter
- 120 g zachte boter
- 65 g zongedroogde tomaten in olijfolie, uitgelekt en fijngehakt
- 2 el vers basilicum of peterselie, gehakt

VARIANTEN
- Neem geitenkaas in plaats van bovenstaande kazen
- Bak vers wit broodkruim krokant in boter met wat knoflook en meng het dan met veel gehakte verse peterselie. Strooi het mengsel voor het serveren over de ui.

1 Prak voor de gedroogde-tomatenboter de boter en klop er dan tomaten en basilicum of peterselie door. Breng op smaak met zout en peper en vorm er een rol van. Verpak in folie en leg in koelkast.

2 Steek de barbecue aan. Wikkel de uien in een dubbele laag aluminiumfolie maar laat de bovenkant open. Sprenkel er wat olie op en sluit. Leg de pakketjes tussen de halfhete-hete kolen en rooster 1 uur, of tot ze zacht zijn en meegeven.

3 Snijd de bovenkant weg en open de uien. Kruid met veel zwarte peper en doe er klontjes tomatenboter in. Strooi er de kaas en bieslook over, eet meteen en druk boter en kaas in de zachte, zoete ui.

KOOKTIP
Als u droge zongedroogde tomaten hebt, moet u ze eerst even laten wellen in kokend water.

Energie 304 kcal; eiwit 9 g; koolhydraten 8,6 g (waarvan 6,3 g suikers); vet 25,6 g (waarvan 16,3 g verzadigd); cholesterol 69 mg; calcium 260 mg; vezels 1,9 g; natrium 334 mg.

GEROOSTERDE RODE BIET MET KNOFLOOKSAUS

RODE BIET HEEFT EEN FIJN ZOETE EN AARDSE SMAAK DIE HET BEST NAAR VOREN KOMT ALS HIJ WORDT GEROOSTERD. IN GRIEKENLAND GEEFT MEN ER VAAK SKORTHALIA BIJ, EEN KNOFLOOKSAUS DIE MOOI CONTRASTEERT MET DE ZOETIGHEID VAN DE BIET.

VOOR 4 PERSONEN

INGREDIËNTEN
- 675 g kleine of middelgrote rode bieten
- 5-6 el extra vergine olijfolie
- zout

Voor de knoflooksaus
- 4 middelgrote boterhammen, zonder korst, 10 minuten geweld in water
- 2-3 tenen knoflook, fijngehakt
- 1el wittewijnazijn
- 4 el extra vergine olijfolie

1 Pers voor de knoflooksaus het meeste vocht uit het brood, maar laat het vrij vochtig. Draai het met knoflook, azijn en zout naar smaak glad in een keukenmachine.

2 Druppel er met draaiende motor de olie bij. De saus moet vloeibaar zijn. Schep hem in een kommetje en zet weg.

3 Steek de barbecue aan. Spoel de rode biet af onder koud water om vuil te verwijderen, maar beschadig daarbij niet de schil.

4 Wikkel de biet in groepjes van drie-vier stuks dubbel in aluminiumfolie en laat de bovenkant open. Sprenkel er wat olie over en voeg een beetje zout toe.

5 Sluit de pakketjes en schik ze tussen de halfhete tot hete kolen. Bak zo'n 1½ uur, tot ze perfect zacht zijn.

6 Neem de bieten uit de folie. Schil ze als ze genoeg zijn afgekoeld. Snijd ze in dunne plakjes en serveer met de rest van de olie erover.

7 Serveer met een dun laagje knoflooksaus erop of geef die er los bij. Geef er eventueel ook vers brood bij.

Energie 344 kcal; eiwit 5,1 g; koolhydraten 25,7 g (waarvan 12,5 g suikers); vet 25,4 g (waarvan 3,6 g verzadigd); cholesterol 0 mg; calcium 62 mg; vezels 3,6 g; natrium 247 mg.

RODE BIET MET MUNT

GEBARBECUED VOEDSEL SMAAKT GOED MET SALADES EN DEZE KLEURRIJKE EN DECORATIEVE BIETENSALADE MET EEN BALSAMICO-AZIJNDRESSING IS ZOWEL SNEL TE BEREIDEN ALS GOED TE COMBINEREN MET EEN GROENE SALADE. HIJ KAN VAN TEVOREN WORDEN BEREID; ALTIJD HANDIG ALS U GASTEN ONTVANGT.

VOOR 4 PERSONEN

INGREDIENTEN

- 4-6 gekookte rode biet
- 1-2 tl suiker
- 1-2 el balsamico-azijn
- sap van ½ citroen
- 2 el extra vergine olijfolie
- 1 bosje verse munt, alleen de blaadjes, in dunne reepjes
- zout

VARIANTEN

- Voeg gesnipperde ui en wat dille toe in plaats van munt.
- Voor pittige rode biet voegt u naar smaak harissa toe en vervangt u de munt door koriander.

1 Snijd de biet met een scherp mes in plakjes of gelijke blokjes. Doe in een kom en voeg suiker, balsamico-azijn, citroensap, olijfolie en een snuf zout toe, en schep om.

2 Doe er de helft van de fijngesneden munt bij en schep goed om. Zet de salade ongeveer 1 uur in de koelkast. Serveer gegarneerd met de rest van de munt.

Energie 95 kcal; eiwit 1,7 g; koolhydraten 10,2 g (waarvan 9,6 g suikers); vet 5,6 g (waarvan 0,8 g verzadigd); cholesterol 0 mg; calcium 21 mg; vezels 1,9 g; natrium 66 mg.

COUSCOUSSALADE

DIT IS EEN POPULAIRE SALADE MET OLIJVEN, AMANDELEN EN COURGETTES, VERMENGD MET LUCHTIGE COUSCOUS, KRUIDEN, CITROENSAP EN OLIJFOLIE. HIJ HEEFT EEN DELICATE SMAAK EN VORMT EEN UITSTEKENDE BEGELEIDING BIJ GEGRILDE KIP OF SPIESEN.

VOOR 4 PERSONEN

INGREDIENTEN
- 275 g couscous
- 550 ml kokende groentebouillon
- 2 kleine courgettes
- 16-20 zwarte olijven
- 25 g amandelschaafsel, geroosterd
- 4 el olijfolie
- 1 el citroensap
- 1 el verse koriander, gehakt
- 1 el verse peterselie, gehakt
- flinke snuf komijn poeder
- flinke snuf cayennepeper

1 Doe de couscous in een kom en giet de kokende bouillon erover. Roer met een vork en zet 10 minuten weg om de bouillon te laten absorberen. Maak de couscous luchtig door met een vork de korrels te scheiden.

2 Snijd de uiteinden van de courgette weg en snijd de rest in 2½ centimeter lange stukken. Maak er vervolgens met een scherp mes fijne reepjes van. Halveer de olijven en verwijder de pitten.

3 Meng courgette, olijven en amandelen zorgvuldig maar grondig door de couscous.

4 Meng olijfolie, citroensap, koriander, peterselie, komijn en cayennepeper. Roer door de salade en schep de dressing grondig door de couscous en groenten. Schep op een grote serveerschaal en serveer meteen.

Energie 327 kcal; eiwit 6,9 g; koolhydraten 37,2 g (waarvan 1,6 g suikers); vet 17,6 g (waarvan 2,3 g verzadigd); cholesterol 0 mg; calcium 66 mg; vezels 1,9 g; natrium 425 mg.

TABBOULEH

DIT IS EEN GEWELDIG VERFRISSENDE, ZOETZURE SALADE VAN GEWELDE BULGUR EN LEKKER VEEL VERSE MUNT, PETERSELIE EN LENTE-UI. VOEG GERUST MEER KRUIDEN TOE VOOR EEN GROENERE SALADE. HIJ KAN ALS VOOR- OF ALS BIJGERECHT WORDEN GESERVEERD.

VOOR 4-6 PERSONEN

INGREDIENTEN

- 250 g bulgur
- 1 bos lente-ui, in ringetjes
- 1 komkommer, fijngehakt of in blokjes
- 3 tomaten, kleingesneden
- ¼-½ el komijnpoeder
- 1 grote bos peterselie, gehakt
- 1 grote bos munt, gehakt
- sap van 2 citroenen, of naar smaak
- 4 el extra vergine olijfolie
- zout
- olijven, partjes citroen, partjes tomaat, plakjes komkommer en takjes munt, om te garneren (eventueel)
- bindsla (romaine) en yoghurt, om te serveren (eventueel)

1 Doe de bulgur in een kom, giet er koud water overheen en laat ongeveer 30 minuten wellen.

2 Schep de bulgur in een zeef en laat goed uitlekken. Schud om overtollig water te verwijderen en doe weer in de kom.

3 Doe de lente-ui bij de bulgur en meng grondig met uw handen.

4 Voeg komkommer, tomaten, komijn, peterselie, munt, citroensap, olie en zout bij de bulgur en schep om.

5 Schep de tabbouleh op een bed van slabladeren en garneer desgewenst met olijven, citroen- en tomaatpartjes, komkommer en takjes munt en serveer met een kom yoghurt.

VARIANTEN

Gebruik in kokend water gewelde couscous in plaats van bulgur en gebruik verse koriander in plaats van peterselie.

Energie 180 kcal; eiwit 3,6 g; koolhydraten 24,3 g (waarvan 2,8 g suikers); vet 8,1 g (waarvan 1,1 g verzadigd); cholesterol 0 mg; calcium 42 mg; vezels 1,4 g; natrium 10 mg.

WATERMELOEN-FETASALADE

DE COMBINATIE VAN ZOETE EN SAPPIGE WATERMELOEN MET ZOUTIGE FETA STAMT UIT ISRAEL EN WERD GEINSPIREERD DOOR DE TURKSE TRADITIE OM IN DE HETE ZOMERMAANDEN WATERMELOEN TE ETEN MET ZOUTIGE WITTE KAAS. HET SMAAKT GEWELDIG BIJ GEBARBECUED VOEDSEL.

VOOR 4 PERSONEN

INGREDIENTEN

- 2-3 el extra vergine olijfolie
- sap van ½ citroen
- 1 tl azijn, naar smaak
- wat verse tijm
- snufje komijnpoeder
- 4 grote plakken watermeloen, gekoeld
- 1 kop frisee-sla, zonder hart
- 130 g feta, liefst van schapenmelk, in blokjes
- handvol lichtgeroosterde pompoenpitten
- handvol zonnebloempitten
- 10-15 zwarte olijven

1 Klop olijfolie, citroensap, azijn, tijm en komijn grondig door elkaar. Dek af en zet weg (maar niet in de koelkast) tot u de salade gaat serveren.

2 Snijd de schil van de watermeloen en verwijder zo veel mogelijk pitten. Snijd het vlees in driehoekige stukken.

3 Doe de sla in een kom en schep om met de dressing. Schik de bladeren op een serveerschaal of individuele borden en voeg watermeloen, feta, pompoen- en zonnebloempitten en zwarte olijven toe. Serveer meteen.

KOOKTIP

De beste olijven voor dit recept zijn dikke, mediterrane soorten, zoals kalamata of andere glanzende, ingemaakte of drooggerijpte zwarte olijven, zoals sommige Italiaanse soorten.

Energie 242 kcal; eiwit 7,9 g; koolhydraten 11,4 g (waarvan 9,7 g suikers); vet 18,6 g (waarvan 6 g verzadigd); cholesterol 23 mg; calcium 147 mg; vezels 1,2 g; natrium 752 mg.

GEMENGDE GROENE SALADE

EEN MIX VAN SLASOORTEN VORMT EEN VERFRISSEND BIJGERECHT, ZEKER ALS U SOORTEN MET CONTRASTERENDE SMAKEN KIEST, ZOALS HIERONDER. DE SALADE HEEFT EEN LICHTE DRESSING EN DOET HET GOED MET EEN BEGELEIDING VAN YOGHURT EN FETA.

VOOR 4 PERSONEN

INGREDIENTEN

- 120 g rucola
- 1 zakje gemengde sla
- ¼ witte kool, dungesneden
- 1 komkommer, in plakjes
- 1 kleine rode ui, gesnipperd
- 2-3 tenen knoflook, fijngehakt
- 3-5 tomaten, in parten
- 1 groene paprika, zonder zaad en dungesneden
- 2-3 takjes munt, gesneden of gescheurd
- 1-2 el verse peterselie en/of dragon of dille, gehakt
- 3 el extra vergine olijfolie
- sap van ½ citroen
- 1 el rodewijnazijn
- 15-20 zwarte olijven
- zout en vers gemalen zwarte peper

1 Doe rucola, gemengde sla, kool, komkommer, ui en knoflook in een ruime slakom. Schep om met uw vingers om alles goed te mengen.

2 Strooi er tomaat, paprika, munt, verse en gedroogde kruiden, zout en peper over. Besprenkel met olie, citroensap en azijn, maak af met de olijven en serveer.

KOOKTIP

Geef er eventueel 50 g verkruimelde feta, vermengd met 100 milliliter yoghurt en wat paprikapoeder, bij.

VARIATION

Voor een tomatensalade laat u de kool weg, gebruikt u minder sla en vervangt u de tomaten in het recept door 450 g kerstomaatjes.

Energie 146 kcal; eiwit 3,1 g; koolhydraten 10 g (waarvan 9,4 g suikers); vet 10,6 g (waarvan 1,6 g verzadigd); cholesterol 0 mg; calcium 99 mg; vezels 3,9 g; natrium 337 mg.

WORTEL-SINAASAPPELSALADE

DIT IS EEN FANTASTISCHE, FRIS SMAKENDE SALADE MET EEN COMBINATIE VAN CITRUS EN GROENTE DIE ZO FABELACHTIG IS DAT HET MOEILIJK IS UIT TE MAKEN OF HET NU EEN SALADE IS OF EEN DESSERT. HET IS EEN VERFRISSEND BIJGERECHT BIJ VLEES, KIP OF VIS VAN DE BARBECUE.

VOOR 4 PERSONEN

INGREDIENTEN

- 450 g wortel
- 2 grote navelsinaasappels
- 1 el extra vergine olijfolie
- 2 el vers geperst citroensap
- snufje suiker (eventueel)
- 2 el pistachenoten (gehakt) of geroosterde pijnboompitten
- zout en vers gemalen zwarte peper

1 Schil de wortel en rasp hem grof boven een ruime kom.

2 Snijd een dun stuk schil en het witte vlies van het uiteinde van elke sinaasappel. Zet op een bord, met de snijkant naar beneden, en snijd schil en vlies in repen weg. Houd de sinaasappels boven een kom en snijd elk partje los, maar laat het membraan zitten. Pers het sap uit het membraan in de kom.

3 Meng olie, citroen- en sinaasappelsap voor een lichte dressing. Kruid met zout en vers gemalen zwarte peper en eventueel wat suiker.

4 Schep sinaasappel en wortel om met de dressing en strooi er de pistachenoten of pijnboompitten over.

Energie 131 kcal; eiwit 2,7 g; koolhydraten 14,6 g (waarvan 13,9 g suikers); vet 7,3 g (waarvan 1,1 g verzadigd); cholesterol 0 mg; calcium 65 mg; vezels 4,2 g; natrium 71 mg.

AARDAPPEL-OLIJVENSALADE

DEZE HEERLIJKE SALADE STAMT UIT NOORD-AFRIKA. DE COMBINATIE VAN KNOFLOOK, KOMIJN EN VEEL VERSE KORIANDER MAAKT HEM BIJZONDER SMAKELIJK EN TOCH IS HIJ SNEL EN SIMPEL TE MAKEN. IDEAAL ALS EEN VAN DE SALADES BIJ VLEES, VIS OF GEVOGELTE VAN DE BARBECUE.

VOOR 4 PERSONEN

INGREDIENTEN

- 8 grote nieuwe aardappelen
- flinke snuf zout
- flinke snuf suiker
- 3 tenen knoflook, fijngehakt
- 1 el azijn naar keuze, zoals een fruitvariant
- flinke snuf komijnpoeder of -zaad
- snufje cayennepeper of scherpe paprikapoeder, naar smaak
- 2-3 el extra vergine olijfolie
- 2-3 el verse koriander, gehakt
- 10-15 droge, zwarte, mediterrane olijven

1 Schil de aardappelen en snijd klein. Zet ze in een pan onder water en voeg zout en suiker toe. Breng aan de kook, temper het vuur en laat 8-10 minuten zachtjes koken, of tot de aardappelen net zacht zijn. Giet af en laat afkoelen in een vergiet.

2 Snijd de aardappelen, als ze genoeg zijn afgekoeld, in dikke plakken en doe ze in een kom.

3 Bestrooi met knoflook, komijn en cayennepeper of paprikapoeder en besprenkel met azijn en olie. Strooi er koriander en olijven over. Koud serveren.

Energie 196 kcal; eiwit 3 g; koolhydraten 24,5 g (waarvan 2,2 g suikers); vet 10,2 g (waarvan 1,6 g verzadigd); cholesterol 0 mg; calcium 42 mg; vezels 2,5 g; natrium 302 mg.

TRADITIONELE COLESLAW

U kunt coleslaw kant-en-klaar kopen, maar er is saaie en spannende coleslaw. Het geheim van goede coleslaw is een pittige dressing en een interessante keuze aan groenten. Ook dungesneden kool is essentieel en dat snijden gaat het beste met een keukenschaaf.

VOOR 6-8 PERSONEN

INGREDIENTEN

1 grote witte of groene kool, zeer dun gesneden
3-4 wortelen, grof geraspt
½ rode en ½ groene paprika
1-2 stengels bleekselderij, fijngehakt of 1-2 tl selderijzaad
1 ui, gesnipperd
2-3 handvollen rozijnen of sultana's
3 el wittewijn- of ciderazijn
4-6 el suiker, naar smaak
175-250 ml mayonaise, om te binden
zout en vers gemalen zwarte peper

1 Meng kool, wortel, paprika's, selderij of selderijzaad, ui en rozijnen of sultana's in een grote kom. Voeg azijn, suiker, zout en peper toe en schep grondig om. Laat 1 uur staan.

2 Roer er genoeg mayonaise door om de ingrediënten te binden. Proef op smaak en op zoet-zuurverhouding en voeg zo nodig extra suiker, zout of peper toe. Zet in de koelkast. Giet voor serveren overtollig vocht af.

Energie 222 kcal; eiwit 2 g; koolhydraten 16,1 g (waarvan 15,4 g suikers); vet 17 g (waarvan 2,6 g verzadigd); cholesterol 16 mg; calcium 55 mg; vezels 3,4 g; natrium 120 mg.

DE ULTIEME LUXE SALADE

Een heerlijke salade met veel beet, een lichte, romige dressing en zowel frisse als pittige smaken, is een must bij een uitgebreide barbecue. Het is verleidelijk om iets uit het kant-en-klaarschap te trekken, maar deze salade kunt u ook makkelijk zelf maken.

VOOR 6-8 PERSONEN

INGREDIENTEN

1 kg vastkokende aardappeltjes, geboend
1 rode of witte ui, gesnipperd
2-3 stengels bleekselderij
4-6 el verse peterselie, gehakt
15-20 met paprika gevulde olijven, gehalveerd
3 hardgekookte eieren, gehakt
4 el extra vergine olijfolie
4 el wittewijnazijn
1-2 el milde of grove mosterd
selderijzaad, naar smaak (eventueel)
175-250 ml mayonaise
zout en vers gemalen zwarte peper
paprikapoeder, om te garneren

1 Kook de aardappelen in een pan gezouten water gaar. Giet af, doe terug in de pan en laat 2-3 minuten afkoelen en uitwasemen.

2 Snijd de aardappelen, als ze genoeg zijn afgekoeld, maar nog steeds erg warm, in stukken of plakken en doe in een kom.

3 Bestrooi de aardappelen met zout en peper en voeg dan ui, selderij, peterselie, olijven en ei toe. Meng olijfolie, azijn, mosterd en (eventueel) selderijzaad en schep het mengsel door de salade. Voeg genoeg mayonaise toe om de salade te binden. Zet voor serveren in de koelkast en bestrooi met wat paprikapoeder.

Energie 331 kcal; eiwit 5,1 g; koolhydraten 21,4 g (waarvan 2,6 g suikers); vet 25,6 g (waarvan 4,2 g verzadigd); cholesterol 88 mg; calcium 45 mg; vezels 2,1 g; natrium 358 mg.

CANNELLINIBONENSALADE

ZACHTE WITTE BONEN ZIJN HEERLIJK IN DIT ISRAELISCHE GERECHT, MET ZIJN KRUIDIGE DRESSING EN DE BEET VAN VERSE, KNAPPERIGE GROENE PAPRIKA. U KUNT HET PERFECT VAN TEVOREN MAKEN EN HET SMAAKT GEWELDIG ALS VOORGERECHT MET PITABROOD, MAAR OOK ALS BIJGERECHT.

VOOR 4 PERSONEN

INGREDIENTEN

750 g tomaten, in blokjes
1 ui, gesnipperd
½-1 verse rode peper, fijngehakt
1 groene paprika, zonder zaad en kleingesneden
snuf suiker
4 tenen knoflook, fijngehakt
blik van 400 g cannellinibonen, uitgelekt
3-4 el olijfolie
geraspte schil en sap van 1 citroen
1 el cider- of wittewijnazijn
zout en vers gemalen zwarte peper
verse peterselie, gehakt

1 Schep tomaat, ui, rode peper, paprika, suiker, knoflook, bonen, zout en royaal zwarte peper grondig om een in een ruime schaal.

2 Voeg olijfolie, citroenrasp en -sap en azijn toe en schep lichtjes om. Zet voor serveren in de koelkast en garneer met peterselie.

Energie 226 kcal; eiwit 8,8 g; koolhydraten 27,6 g (waarvan 12,9 g suikers); vet 9,6 g (waarvan 1,5 g verzadigd); cholesterol 0 mg; calcium 92 mg; vezels 9 g; natrium 409 mg.

KLASSIEKE PASTASALADE

PASTASALADE IS EEN POPULAIR EN VULLEND BIJGERECHT BIJ ALLERLEI GERECHTEN. DEZE VERSIE BEVAT HARICOTS VERTS EN KERSTOMAATJES, MET PARMEZAAN, OLIJVEN EN KAPPERTJES VOOR EEN BEETJE PIT. KOOK DE PASTA BEETGAAR VOOR DE BESTE TEXTUUR.

VOOR 6 PERSONEN

INGREDIËNTEN

- 300 g gedroogde fusili
- 150 g haricots verts, afgehaald en in stukjes van 5 cm
- 1 aardappel, zo'n 150 g, in blokjes
- 200 g kerstomaatjes aan de tros, ontveld en gehalveerd
- 2 lente-uitjes, fijngesneden
- 90 g parmezaan, in blokjes of grof geschaafd
- 6-8 zwarte olijven, ontpit en in ringetjes
- 1-2 el kappertjes, naar smaak

Voor de dressing

- 6 el extra vergine olijfolie
- 1 el balsamico-azijn
- 1 el verse bladpeterselie, gehakt
- zout en vers gemalen zwarte peper

1 Kook de pasta volgens de gebruiksaanwijzing op de verpakking. Giet af in een vergiet en spoel na met koud water, tot hij koud is. Laat uitlekken en schud nu en dan even met het vergiet.

2 Kook de haricots en aardappel 5-6 minuten in een pan gezouten kokend water, tot ze gaar zijn. Laat uitlekken en afkoelen in een vergiet.

3 Doe alle ingrediënten voor de dressing in een ruime kom met zout en peper naar smaak en klop door elkaar.

4 Voeg tomaten, lente-ui, parmezaan, olijven en kappertjes toe en dan de koude pasta, haricots en aardappel. Schep alles goed om. Dek af en laat zo'n 30 minuten staan. Proef voor serveren of de salade op smaak is.

KOOKTIP

Om de zachte textuur van deze prima salade af te ronden, schaaft u wat vliesdunne plakjes minder gerijpte (en dus zachtere) parmezaan over de salade. Harde parmezaan is meer geschikt voor gebruik in warme gerechten.

Energie 376 kcal; eiwit 13,2 g; koolhydraten 43 g (waarvan 3,7 g suikers); vet 18 g (waarvan 5 g verzadigd); cholesterol 15 mg; calcium 212 mg; vezels 2,9 g; natrium 359 mg.

Desserts en drankjes

Het hoofdgerecht is klaar, de kolen zijn nog heet, dus waarom de barbecue niet gebruiken om een verrukkelijk dessert te bereiden? Stevig fruit als meloen, ananas en mango kunnen makkelijk worden bereid op het rooster of in de grillpan en dan worden geserveerd met saus of ijs, maar ook zachter fruit kan op de barbecue. Probeer het recept voor gegrilde aardbeien en marshmallows maar eens – een hemelse combinatie die zowel volwassenen als kinderen zal bevallen. U kunt fruit ook in folie verpakken en op het rooster bakken. Om het extra speciaal te maken, serveert u het met een saus of vult u het met noten of amaretti. Als u het dessert helemaal van tevoren wilt plannen, is een simpele salade van exotisch fruit een prima afsluiter van een barbecue. Dit hoofdstuk bevat ook alcoholische en alcoholvrije drankjes die zeer geschikt zijn voor een warme zomerdag met vrienden of om buiten met het gezin te ontspannen rond de barbecue.

GEGRILDE AARDBEIEN EN MARSHMALLOWS

ELK EXCUUS OM MARSHMALLOWS TE ETEN IS WELKOM. BESTROOI DEZE KLEINE SPIESEN NA HET GRILLEN ROYAAL MET POEDERSUIKER, WAARVAN EEN DEEL IN HET AARDBEIENSAP ZAL SMELTEN. HET ROOSTER MOET ERG HEET ZIJN OM DE MARSHMALLOWS SNEL DICHT TE SCHROEIEN VOOR ZE SMELTEN.

VOOR 4 PERSONEN

INGREDIËNTEN

- 16 gemengde, roze en witte marshmallows, gekoeld
- 16 aardbeien
- poedersuiker, om te bestuiven
- 8 korte spiesen van kersenhout of metaal

KOOKTIP

Door de marshmallows minstens een half uur te koelen, zijn ze steviger en makkelijker aan een spies te rijgen.

1 Steek de barbecue aan. Leg houten spiesen 30 minuten in water. Verhit een licht ingevet rooster boven de kolen.

2 Prik telkens 2 marshmallows en 2 aardbeien aan de spiesen en gril 20 seconden aan beide kanten. Als er niet snel grillstrepen ontstaan, dring dan niet te lang aan, want dan kunnen de marshmallows verbranden. Bak tot ze warm aanvoelen en nog maar net beginnen te smelten.

3 Leg de spiesen op individuele borden of een grote schaal, bestrooi royaal met poedersuiker en serveer.

Energie 110 kcal; eiwit 1,4 g; koolhydraten 27,6 g (waarvan 22,9 g suikers); vet 0,1 g (waarvan 0 g verzadigd); cholesterol 0 mg; calcium 11 mg; vezels 0,5 g; natrium 10 mg.

MELOEN MET HONING

DIT GEWELDIG SIMPELE DESSERT KAN OOK WORDEN GEMAAKT MET MELOEN DIE NOG NET NIET GOED RIJP IS, OMDAT DE HONINGRAAT HEM HEERLIJK ZOET MAAKT. DIT RECEPT IS IDEAAL OM IN DE ZOMER TE MAKEN, ALS DE FRAMBOZEN IN HET SEIZOEN ZIJN EN DE LAVENDEL BLOEIT.

VOOR 6 PERSONEN

INGREDIËNTEN

- 1,3 kg meloen, liefst charentais
- 200 g honingraat
- 1 tl water
- bosje lavendel, plus extra bloemen, ter decoratie
- 300 g frambozen

KOOKTIP
Gebruik verse lavendel.

1 Steek de barbecue aan. Halveer de meloen, schep de pillen eruit en snijd elke helft in drie plakken. Doe een derde van de honingraat in een kom en leng aan met het water. Maak een kwastje van de lavendel en doop het in de honing.

2 Verhit een grillpan op het rooster boven de kolen. Strijk de meloen lichtjes in met het honingmengsel. Gril 30 seconden aan beide kanten. Serveer warm met de frambozen en de lavendelbloemen en top af met de rest van de honingraat.

Energie 113 kcal; eiwit 1,9 g; koolhydraten 27,2 g (waarvan 27,2 g suikers); vet 0,4 g (waarvan 0,1 g verzadigd); cholesterol 0 mg; calcium 42 mg; vezels 2,1 g; natrium 71 mg.

NECTARINES MET PISTACHENOTEN

VERSE, RIJPE NECTARINES GEVULD MET GEMALEN AMANDELEN EN PISTACHENOTEN ZIJN SIMPEL TE BEREIDEN IN FOLIEPAKKETJES OP DE BARBECUE. MAAK DE PAKKETJES VAN TEVOREN EN GRIL ZE TERWIJL U HET HOOFDGERECHT EET. ALS U ZE OPENT, BADEN DE NECTARINES IN EEN FRUITIGE LIKEURSAUS.

VOOR 4 PERSONEN

INGREDIENTEN

- 50 g gemalen amandelen
- 1 el fijne tafelsuiker
- 1 eigeel
- 50 g gedopte pistachenoten, gehakt
- 4 nectarines
- 200 ml sinaasappelsap
- 2 rijpe passievruchten
- 3 el Cointreau of andere sinaasappellikeur

1 Steek de barbecue aan. Plaats een licht ingevet rooster boven de kolen. Meng amandelen, suiker en eigeel tot een pasta en roer dan de pistache erdoor.

2 Halveer de nectarines en verwijder de pit. Schep de notenvulling royaal op de nectarinehelften en leg ze dan in paren op stukken dik aluminiumfolie. Vouw toe maar laat de bovenkant open.

3 Giet sinaasappelsap rond de nectarines en sluit de bovenkant. Zet op het rooster op halfhoog-hoog vuur en kook 25 minuten.

4 Halveer de passievruchten en schep de pulp eruit. Open de bovenkant van de pakketjes en doe er wat passievruchtenpulp in. Sprenkel de likeur erover en kook nog 5 minuten. Leg de nectarines op borden en schep de saus eromheen.

KOOKTIP

De suiker in de notenvulling moet karameliseren, wat een fraai goudbruin kruimeleffect geeft.

Energie 272 kcal; eiwit 7,6 g; koolhydraten 20,7 g (waarvan 20 g suikers); vet 15,4 g (waarvan 1,9 g verzadigd); cholesterol 50 mg; calcium 62 mg; vezels 3,5 g; natrium 74 mg.

VIJGEN MET HONING

DIT VERRUKKELIJKE DESSERT WORDT GEMAAKT MET TWEE SPECIALE INGREDIENTEN: VIJGEN EN HAZELNOTEN. DE VERSE VIJGEN WORDEN GEBAKKEN IN FOLIEPAKKETJES MET EEN LICHT GEKRUIDE CITROEN-HONINGSIROOP EN GESERVEERD MET ZELFGEMAAKT HAZELNOTENIJS.

VOOR 4 PERSONEN

INGREDIËNTEN

- fijngesneden reepjes schil van 1 citroen
- 1 pijpje kaneel, grof gebroken
- 4 el vloeibare honing
- 8 grote vijgen

Voor het hazelnotenijs

- 450 ml room
- 50 g fijne tafelsuiker
- 3 grote eigelen
- ¼ tl vanille-extract
- 75 g hazelnoten
- 75g hazelnoten

1 Verhit voor het ijs de room zachtjes in een pan, tot tegen het kookpunt. Klop intussen suiker en eigelen romig in een kom.

2 Giet wat hete room bij het eimengsel en roer met een houten lepel. Giet terug in de pan en meng goed. Zet op laag vuur en blijf roeren tot het mengsel wat dikker wordt en een beetje aan de achterkant van de lepel blijft plakken. Laat vooral niet koken. Giet de custard in een kom, roer er vanille-extract door en laat afkoelen.

3 Verwarm de oven voor op 180 °C. Leg de hazelnoten op een bakplaat en rooster ze 10-12 minuten, tot ze goudbruin zijn. Laat afkoelen en maal ze fijn in een keukenmachine.

4 Giet de koude custard in een ijsmachine, als u die hebt, en draai tot alles half is opgesteven. Voeg de gemalen hazelnoot toe en blijf draaien tot het ijs dik is. Zet in de vriezer.

5 Maak het ijs met de hand door de custard in een diepvriesbak te gieten en die twee uur in te vriezen. Schep in een kom en klop glad met een mixer of in een keukenmachine. Roer de hazelnoten erdoor en laat in de vriezer half opstijven. Klop nog eens door en laat dan helemaal opstijven in de vriezer.

6 Steek de barbecue aan. Plaats een licht ingevet rooster boven de kolen. Neem het ijs uit de vriezer en laat het wat zachter worden.

7 Doe citroenschil, kaneel, honing en 200 milliliter water in een steelpan en breng langzaam aan de kook. Laat 5 minuten borrelen en laat dan 15 minuten staan.

8 Snijd met een scherp mesje de vijgen bijna in vieren, maar laat de onderkant intact. Leg ze in paren op een dik stuk aluminiumfolie. Vouw ze toe, maar laat de bovenkant open. Giet de honingsiroop rond en over de vijgen en sluit de bovenkanten. Zet op het rooster op halfhoog-hoog vuur en bak 15 minuten.

9 Schik de vijgen op borden, met de kooksappen eromheen. Serveer met bolletjes hazelnotenijs.

VARIANT

Neem pecannoten in plaats van hazelnoten.

Energie 909 kcal; eiwit 8,2 g; koolhydraten 48,7 g (waarvan 48,4 g suikers); vet 77,1 g (waarvan 39,6 g verzadigd); cholesterol 305 mg; calcium 206 mg; vezels 4,2 g; natrium 60 mg.

GEGRILDE MANGO MET LIMOENSORBET

GEBRUIK DE BESTE MANGO'S DIE U KUNT VINDEN VOOR DIT RECEPT, MET ZO VEEL MOGELIJK GEUR EN EEN HEERLIJK ROMIGE TEXTUUR. HET INGESNEDEN VLEES EN HET GERUITE GRILPATROON MAKEN HET TOT EEN VISUEEL ZEER AANTREKKELIJK DESSERT.

VOOR 6 PERSONEN

INGREDIËNTEN
- 250 suiker
- sap van 6 limoenen
- 3 stuks steranijs
- 6 kleine of 3 grote mango's
- arachideolie, om te bestrijken

1 Doe de suiker in een pan met dikke bodem en voeg 250 milliliter water toe. Verhit zachtjes tot de suiker is opgelost. Draai het vuur hoger en kook 5 minuten. Laat helemaal afkoelen. Voeg limoensap en alle pulp uit de pers toe. Zeef het mengsel en doe 200 milliliter in een kom met de steranijs.

2 Giet het overige vocht in een maatbeker en vul met koud water aan tot 600 milliliter. Meng goed en giet in een diepvriesbak. Vries 1½ uur in, roer goed door en zet weer in de vriezer om op te stijven.

3 Doe het sorbetmengsel in een keukenmachine en pulseer tot een gladde ijspuree. Vries nog een uur in. Of maak de sorbet in een ijsmachine; dat kost ongeveer 20 minuten, waarna het ijs nog minstens 30 minuten moet worden ingevroren.

4 Steek de barbecue aan. Giet de bewaarde siroop in een pan en laat 2-3 minuten koken, tot het wat dikker is. Laat afkoelen. Halveer de ongeschilde mango's, verwijder de pit en snijd het vlees in een geruit patroon in. Bestrijk met wat olie. Verhit een grillpan op het rooster boven de kolen. Temper het vuur wat en gril de mangohelften 30-60 minuten, met de snijkant onder, tot ze goudbruine grillstrepen hebben.

5 Keer de helften binnenste buiten op de borden en serveer warm of koud met de siroop erover en wat bolletjes sorbet erbij. Decoreer met steranijs.

KOOKTIP
Als dit dessert deel is van een groter barbecuemaal, gril de mango's dan van tevoren en gebruik de grillpan boven de eerste roodgloeiende kolen. Zet tot gebruik weg en serveer koud.

Energie 250 kcal; eiwit 1,3 g; koolhydraten 64,7 g (waarvan 64,2 g suikers); vet 0,3 g (waarvan 0,2 g verzadigd); cholesterol 0 mg; calcium 40 mg; vezels 3,9 g; natrium 6 mg.

FRUITSPIESEN MET LIMOENKWARK

GEGRILD FRUIT VORMT EEN MOOIE FINALE EN IS EXTRA LEKKER AAN PRIKKERS VAN CITROENGRAS, DIE HET FRUIT EEN SUBTIEL CITROENACCENT GEVEN. DE VRUCHTEN DIE HIER WORDEN GEBRUIKT, VORMEN EEN EXOTISCHE MIX, MAAR KUNT U DOOR VRIJWEL ELKE ANDER ZACHTE SOORT VERVANGEN.

VOOR 4 PERSONEN

INGREDIENTEN

- 4 lange, verse stengels citroengras
- 1 mango, geschild, ontpit en in blokjes
- 1 papaja, geschild, zonder zaad en in blokjes
- 1 sterfruit, in dikke plakken en dan gehalveerd
- 8 verse blaadjes laurier
- versgeraspte nootmuskaat
- 4 el ahornstroop
- 50 g bruine basterdsuiker

Voor de limoenkwark

- 150 kwark of magere roomkaas
- 120 g room
- geraspte schil en sap van ½ limoen
- 2 el poedersuiker

1 Steek de barbecue aan. Plaats een licht ingevet rooster boven de kolen. Snijd de bovenkant van de stengels citroengras tot een punt. Gooi de buitenste bladeren weg. Kneus de stengels met de achterkant van een mes om de aromatische olie los te maken. Rijg aan elke stengel afwisselend de stukken fruit en wat blaadjes laurier.

2 Meng voor de limoenkwark de ingrediënten in een kom.

3 Leg een stuk aluminiumfolie op een bakplaat. Leg de spiesen erop en strooi er wat nootmuskaat over. Besprenkel dan met stroop en bestuif royaal met basterdsuiker. Gril 5 minuten, tot ze licht geblakerd zijn en bedruip zo nodig met de stroop van het folie. Serveer de licht geblakerde fruitspiesen met de limoenkwark.

KOOKTIP

Dit recept werkt alleen met vers citroengras. U kunt geen citroengras uit een pot gebruiken. Die zijn handig voor curry's en dergelijke, maar te zacht voor gebruik als spies.

Energie 360 kcal; eiwit 7,1 g; koolhydraten 43,4 g (waarvan 43,3 g suikers); vet 19,3 g (waarvan 12 g verzadigd); cholesterol 50 mg; calcium 98 mg; vezels 3,7 g; natrium 219 mg.

GEGRILDE ANANAS

Dit is een opvallend en aantrekkelijk dessert, als u het groene blad van de ananas laat zitten. Door de hitte komt de ananassmaak pas echt naar boven en met de ijskoude granita erbij is het de ideale afsluiting van een feestelijke barbecue.

VOOR 8 PERSONEN

INGREDIËNTEN

- 2 middelgrote ananassen
- 1 el fijne tafelsuiker, vermengd met 1 el water

Voor de granita

- 1 el water
- 1 verse, lange, milde rode peper, zonder zaad en fijngehakt
- 900 ml ananassap of verse puree

KOOKTIP

Rode peper is een normaal ingrediënt in fruit- en citrusgranita's omdat het contrasteert met de scherpe fruitsmaak.

1 Verhit voor de granita langzaam suiker, rode peper en 2 eetlepels ananassap in een steelpan met dikke bodem, tot de suiker is opgelost. Laat dan 30 seconden flink doorkoken. Giet het overige sap in een ruime, ondiepe diepvriesbak. Het ideale formaat is 25 x 14 centimeter. Roer er het pepermengsel door en zet 2 uur in de vriezer.

2 Roer met een vork de bevroren randjes van de sorbet naar het midden en vries nog eens 1½ uur in. Roer dan nogmaals door met een vork en zet weer in de vriezer, waar hij een week kan worden bewaard.

3 Steek de barbecue aan. Zet de granita 10 minuten voor het serveren in de koelkast en bewerk hem met een vork om de ijskristallen te breken.

4 Snijd elke ananas, vanaf de bladeren, in de lengte in vier parten. Verwijder het hart uit de parten.

5 Verhit een grillpan op het rooster boven de kolen. Temper het vuur wat. Kwast de snijkanten van de ananas in met het suikermengsel en gril ongeveer 1 minuut aan elke kant, tot ze bruin worden. Serveer warm met de granita.

Energie 112 kcal; eiwit 0,9 g; koolhydraten 28,4 g (waarvan 28,4 g suikers); vet 0,4 g (waarvan 0 g verzadigd); cholesterol 0 mg; calcium 34 mg; vezels 1,5 g; natrium 12 mg.

GEFLAMBEERDE BANAAN

ZACHTE EN ROMIG GEBAKKEN BANANEN, GEFLAMBEERD MET CALVADOS, ZIJN HEERLIJK MET EEN RIJKE BUTTERSCOTCH-SAUS. DE SAUS KUNT U VAN TEVOREN MAKEN EN DE BANANEN ZIJN SNEL GAAR. LAAT EEN VERSTANDIG IEMAND DE CALVADOS AANSTEKEN, VOOR EEN SPECTACULAIR EINDE VAN DE MAALTIJD.

VOOR 6 PERSONEN

INGREDIËNTEN
- 120 g suiker
- 150 ml water
- 2 el boter
- 150 ml room
- 6 net niet-rijpe bananen
- 90 ml calvados

1 Verhit suiker en water langzaam in een pan, tot de suiker is opgelost. Draai het vuur hoger en kook tot het mengsel een volle goudbruine karamelkleur krijgt. Neem van het vuur en voeg voorzichtig boter en room toe; het mengsel zal opschuimen in de pan. Zet weer op laag vuur en roer tot een gladde saus. Giet dan in een kom en laat afkoelen. Dek af en zet zolang in de koelkast.

2 Steek de barbecue aan. Wikkel de bananen in aluminiumfolie. Plats een rooster boven de kolen. Gril de ingepakte bananen 10 minuten op hoog vuur.

3 Leg de bananen op een schaal, open de pakketjes en maak de bovenzijde van elke banaan open.

4 Verwarm intussen langzaam de calvados in een steelpan en giet wat over elke banaan. Leg ze terug op de barbecue en wacht een paar seconden voor u de calvados aansteekt met een lange lucifer. Serveer met de saus zodra de vlammen zijn gedoofd.

Energie 359 kcal; eiwit 1,7 g; koolhydraten 43,7 g (waarvan 41,4 g suikers); vet 17,2 g (waarvan 10,6 g verzadigd); cholesterol 43 mg; calcium 29 mg; vezels 1,1 g; natrium 33 mg.

GEGRILDE PAPAJA MET GEMBER

Amaretti en stemgember vormen een smakelijke vulling voor papaja en de warme smaak van gember verdiept de zoetheid van het fruit. Het gerecht kost maar 10 minuten om te maken. Gril de papaja niet te lang want dan wordt het vlees erg waterig.

VOOR 4 PERSONEN

INGREDIENTEN
- 2 rijpe papaja's
- 2 stukjes stemgember in siroop, uitgelekt, plus 15 ml siroop uit het potje
- 8 amaretti of andere dessertkoekjes, grof gekneusd
- 3 el rozijnen
- fijngesneden reepjes schil en sap van 1 limoen
- 25 g pistachenoten, gehakt
- 1 el lichtbruine basterdsuiker
- 4 el crème fraîche, plus extra om te serveren

VARIANT
Gebruik, voor een subtiele variant op de vulling, yoghurt en amandelen in plaats van crème fraîche en pistachenoten.

1 Steek de barbecue aan. Plaats een licht ingevet rooster boven de kolen. Halveer de papaja's, schep er de pitjes uit en gooi die weg. Snijd de stemgember met een scherp mes in luciferformaat.

2 Meng amaretti, stemgember en rozijnen in een kom en wrijf er met uw vingers een grof, droog mengsel van.

3 Roer er limoenschil en -sap door en tweederde van de noten, en daarna suiker en crème fraîche. Goed mengen.

4 Leg elke papajahelft op een dik stuk aluminiumfolie. Vul de helften met het amaretti-mengsel en sprenkel er wat gembersiroop over. Bestrooi met de rest van de noten en vouw het folie dicht. Leg op het rooster boven hete kolen en gaar zo'n 25 minuten of tot alles zacht is. Serveer met de extra crème fraîche.

Energie 292 kcal; eiwit 3,6 g; koolhydraten 44,6 g (waarvan 35,7 g suikers); vet 12,3 g (waarvan 5,7 g verzadigd); cholesterol 17 mg; calcium 84 mg; vezels 4,2 g; natrium 127 mg.

FRUITPARTEN MET GRANITA

DEZE WATERMELOEN- EN SINAASAPPELGRANITA'S ZIJN PERFECT VOOR EEN WARME ZOMERDAG EN IDEAAL ALS AFSLUITING VAN EEN MAAL. MAAK ZE VAN TEVOREN, MAAR ZORG DAT ZE NIET TE STIJF ZIJN BIJ HET SERVEREN. VERSE ANANAS, MANGO EN BANAAN GAREN SNEL EN VORMEN EEN PRACHTIG CONTRAST.

VOOR 6-8 PERSONEN

INGREDIËNTEN
- 1 ananas
- 1 mango
- 2 bananen
- 3-4 el poedersuiker

Voor de watermeloengranita
- 1 kg watermeloen, zonder pitten
- 250 g fijne tafelsuiker
- 150 ml water
- sap van ½ citroen
- 1 el oranjebloesemwater
- ½ tl kaneel

Voor de sinaasappelgranita
- 900 ml water
- 350 g suiker
- 5-6 kruidnagels
- 1 tl gemberpoeder
- ½ tl kaneel
- 600 ml vers sinaasappelsap
- 1 el oranjebloesemwater

1 Pureer voor de watermeloengranita het watermeloenvlees in een blender. Roer suiker en water om in een pan tot de suiker is opgelost. Breng aan de kook, laat 5 minuten pruttelen en laat afkoelen.

2 Roer er citroensap, oranjebloesemwater en kaneel door en klop er dan de watermeloenpuree bij. Giet het mengsel in een kom en vries in. Roer 2 uur lang elke 15 minuten om en daarna met een interval van 1 uur, zodat het mengsel wel bevriest maar wat papperig blijft.

3 Verhit voor de sinaasappelgranita water en suiker in een pan met de kruidnagel, tot de suiker is opgelost. Breng aan de kook en laat 5 minuten pruttelen. Laat afkoelen en roer er gember, kaneel, sinaasappelsap en oranjebloesemwater door.

4 Verwijder kruidnagel, giet het mengsel in een kom en dek af. Vries op dezelfde manier in als de granita hierboven.

5 Steek de barbecue aan. Plaats een licht ingevet rooster boven de kolen. Maak de ananas schoon en snijd in parten. Schil de mango, snijd het vlees van de pit en dan in plakken. Pel en halveer de bananen. Bestrooi het fruit met poedersuiker en gril 3-4 minuten op hoog vuur, tot het zachter is en wat gebruind. Schik op een schaal en schep de granita in schaaltjes. Meteen serveren.

Energie 433 kcal; eiwit 2 g; koolhydraten 111,8 g (waarvan 111,2 g suikers); vet 0,7 g (waarvan 0,2 g verzadigd); cholesterol 0 mg; calcium 71 mg; vezels 1,6 g; natrium 16 mg.

MELOEN MET GEGRILDE AARDBEIEN

DOOR DE AARDBEIEN TE BESTROOIEN MET WAT SUIKER EN ZE DAN TE GRILLEN, KOMT HUN SMAAK BETER NAAR BOVEN. SERVEER DIT HEERLIJKE, VETARME DESSERT ZO OF MET EEN BOL VAN DE FRISZURE, VERKWIKKENDE CITROENSORBET DIE LATER IN DIT HOOFDSTUK VOORKOMT.

VOOR 4 PERSONEN

INGREDIENTEN

- 120 g aardbeien
- 1 el poedersuiker, plus extra om te bestuiven
- ½ cantaloupe-meloen

1 Leg vier houten prikkers 40 minuten in water. Schep intussen met een lepel de pitten uit de halve meloen en gooi die weg. Verwijder dan met een scherp mesje de schil, snijd het vlees in parten en schik ze op een serveerschaal.

2 Steek de barbecue aan. Verwijder groen en halveer de aardbeien. Schik het fruit in één laag, met de snijkant boven, op een bakplaat en bestuif met poedersuiker.

3 Rijg de aardbeien aan prikkers en leg ze op het rooster boven hoog vuur. Gril 3-4 minuten, tot de suiker gaat borrelen en goudbruin wordt. Neem de aardbeien van de prikkers, verdeel ze over de meloen en bestuif met de rest van de poedersuiker.

KOOKTIPS

- Leg de aardbeien het liefst in een grillmand op het rooster.
- Neem de aardbeien van het vuur zodra de suiker gaat borrelen. Als hij aanbrandt, is de smaak bedorven.

Energie 46 kcal; eiwit 1 g; koolhydraten 10,9 g (waarvan 10,9 g suikers); vet 0,2 g (waarvan 0 g verzadigd); cholesterol 0 mg; calcium 32 mg; vezels 1,6 g; natrium 12 mg.

GEBAKKEN BANAAN MET VANILLE-IJS

GAAR GEBAKKEN BANAAN IS DE PERFECTE PARTNER VOOR HEERLIJK VANILLE-IJS, AFGETOPT MET HAZELNOTENSAUS. DIT IS EEN SNEL EN MAKKELIJK DESSERT, DAT MET NAME POPULAIR ZAL ZIJN BIJ KINDEREN.

VOOR 4 PERSONEN

INGREDIENTEN
- 4 grote bananen
- 1 el citroensap
- 4 grote bollen vanille-ijs

Voor de saus
- 2 el boter
- 50 g hazelnoten, geroosterd, grof gehakt
- 3 el schenkstroop
- 2 el citroensap

1 Steek de barbecue aan. Plaats een licht ingevet rooster boven de kolen. Bestrijk de bananen met citroensap en wikkel ze individueel in een dubbele laag aluminiumfolie. Gril ze 20 minuten.

2 Maak intussen de saus. Smelt de boter in een steelpan op het rooster. Voeg de hazelnoten toe en kook 1 minuut zachtjes door. Voeg stroop en citroensap toe en verhit, al roerende, nog 1 minuut extra.

3 Snijd met een mes de bananen open en vouw de schil open. Verdeel over borden en serveer met bolletjes ijs. Giet de saus erover.

Energie 413 kcal; eiwit 6 g; koolhydraten 53,5 g (waarvan 49,6 g suikers); vet 19,9 g (waarvan 8,6 g verzadigd); cholesterol 32 mg; calcium 103 mg; vezels 2,2 g; natrium 115 mg.

BRIOCHETOAST MET VANILLE-IJS

WARME EN STROPERIG-ZOETE PLAKKEN BRIOCHE MET SINAASAPPEL-KANEELSMAAK VORMEN EEN VERRUKKELIJK CONTRAST MET VANILLE-IJS, IN DEZE ONGEWONE VARIANT OP GEROOSTERD BROOD. FIJNGERASPTE CITROENSCHIL EN -SAP DOEN HET NET ZO GOED ALS SINAASAPPEL.

VOOR 4 PERSONEN

INGREDIENTEN

- boter, om in te vetten
- fijngeraspte schil en sap van 1 sinaasappel, zoals een navel of een bloedsinaasappel
- 50 g fijne tafelsuiker
- 90 ml water
- ¼ tl kaneel
- 4 kleine brioches
- 1 el poedersuiker
- vanille-ijs, om te serveren

1 Doe sinaasappelschil en -rasp, suiker, kaneel en water in een pan met dikke bodem. Verhit zachtjes en roer tot de suiker is opgelost. Kook dan, zonder te roeren, 2 minuten stevig door, tot het dik en stroperig is.

KOOKTIP
U kunt ook plakken van een grotere brioche nemen, of madeleines die in de lengte zijn gehalveerd. Die bevatten traditioneel citroen of oranjebloesemwater, wat ze extra smakelijk maakt.

2 Neem de siroop van het vuur en giet in een ondiepe ovenschaal. Steek de barbecue aan. Plaats een licht ingevet rooster boven de kolen. Snijd elke brioche in drie dikke plakken. Gril ze op hoog vuur tot ze aan beide kanten licht geroosterd zijn.

3 Neem de plakken brioche snel achter elkaar met een tang van het rooster en doop één kant in de siroop. Leg ze, met de siroopkant boven, op een schaal.

4 Bestuif de bovenkant licht met poedersuiker en leg de plakken brioche weer op het rooster. Gril 1-2 minuten, of tot de bovenkant borrelt en de onderkant goudbruin is.

5 Verdeel de brioche over borden en leg er bolletjes ijs naast. Schep er de resterende siroop over en serveer meteen.

VARIANT
Voor een subtiel verschil in smaak vervangt u de kaneel door eenzelfde hoeveelheid kardemom.

Energie 458 kcal; eiwit 9,1 g; koolhydraten 67,9 g (waarvan 45,8 g suikers); vet 18,5 g (waarvan 10,2 g verzadigd); cholesterol 1 mg; calcium 189 mg; vezels 1,8 g; natrium 253 mg.

CREPES MET GEBAKKEN APPEL

ALS DE KOLEN NOG HEET ZIJN NA DE BARBECUE KUNT U TWEE KOEKENPANNEN VERHITTEN EN EEN PAAR VLIESDUNNE CREPES BAKKEN MET WAT GOUDGEEL GEBAKKEN APPELS. SPRENKEL WAT HONING EN ROOM OVER DE CREPES VOOR EEN ZEER GESLAAGD EINDE VAN HET MAAL.

VOOR 4 PERSONEN

INGREDIËNTEN

- 120 g bloem
- snufje zout
- 2 grote eieren
- 175 ml melk
- 120 ml zoete cider
- boter, om te bakken
- 4 handappels
- 4 el fijne tafelsuiker
- 120 ml vloeibare honing en 150 ml room, om te serveren

1 Zeef voor het beslag bloem en zout boven een kom. Voeg eieren en melk toe en klop glad. Roer er cider door en laat 30 minuten staan. Steek de barbecue aan. Plaats een licht ingevet rooster boven de kolen.

2 Verhit een kleine koekenpan met dikke bodem op het rooster. Voeg een klontje boter toe en genoeg beslag voor een dun laagje op de bodem. Bak ongeveer 1 minuut, draai om en bak tot ook de onderkant goudbruin is. Leg op een bord, houd warm en herhaal met de rest van het beslag voor nog zeven crêpes.

3 Verwijder de klokhuizen en snijd de appels in dikke plakken. Verhit 15 gram boter in een ruime koekenpan. Bak hierin de appels aan beide kanten goudbruin. Schep de plakjes op een bord en bestrooi met suiker.

4 Vouw de crêpes twee keer dubbel tot een horentje en vul ze met wat appel. Leg twee gevulde crêpes op elk bord. Besprenkel met wat honing en serveer meteen, met room erbij.

KOOKTIP

Gebruik voor het beste resultaat volle melk voor het beslag

Energie 524 kcal; eiwit 8,3 g; koolhydraten 71,1 g (waarvan 49,2 g suikers); vet 24,1 g (waarvan 13,8 g verzadigd); cholesterol 149 mg; calcium 140 mg; vezels 2,1 g; natrium 71 mg.

VERSE FRUITSALADE

NA EEN ZWAAR MAAL IS ER NIETS ZO OP ZIJN PLAATS ALS EEN FRIS SMAKENDE, VERSE FRUITSALADE. DEZE SALADE HEEFT EEN HONING-PASSIEVRUCHTENDRESSING DIE DE SMAAK VAN HET EXOTISCHE FRUIT FRAAI ACCENTUEERT. SERVEER MET EEN BOLLETJE KOKOS- OF VANILLE-IJS.

VOOR 6 PERSONEN

INGREDIENTEN

- 1 mango
- 1 papaja
- 2 kiwi's
- kokos- of vanille-ijs, om te serveren

Voor de dressing

- 3 passievruchten
- dunne reepjes schil en sap van 1 limoen
- 1 tl hazelnoot- of walnootolie
- 1 el vloeibare honing

KOOKTIP

Een heldere, goudgele honing, geparfumeerd met oranjebloesem of acacia, is perfect voor de dressing.

1 Schil de mango, snijd in drie plakken en dan in blokjes. Doe ze in een ruime schaal. Schil de papaja en halveer. Schep de pitten eruit en gooi weg. Snijd het vlees klein en doe het bij de mango.

2 Snijd de uiteinden van de kiwi's en zet ze op een plank. Snijd met een scherp mes de schil van boven naar onder weg. Halveer ze in de lengte en snijd dan in dikke plakken. Meng met het fruit in de schaal.

3 Halveer voor de dressing de passievruchten en schep de pulp in een zeef boven een kommetje. Druk de pulp aan om het sap eruit te persen. Klop de overige dressingingrediënten lichtjes door het sap en giet dan over het fruit. Schep zachtjes om. Zet 1 uur in de koelkast en serveer met een bolletje kokos- of vanille-ijs.

Energie 57 kcal; eiwit 0,9 g; koolhydraten 12,4 g (waarvan 12,3 g suikers); vet 0,7 g (waarvan 0,1 g verzadigd); cholesterol 0 mg; calcium 21 mg; vezels 2,4 g; natrium 6 mg.

CITROENSORBET

DEZE GLADDE, FRISZURE SORBET VORMT EEN LICHT EN VERFRISSEND DESSERT DAT OP ZICHZELF KAN WORDEN GESERVEERD OF BIJ VERS FRUIT. NA DE BEREIDING VAN EEN STEVIGE BARBECUEMAALTIJD, KAN DIT VERKWIKKENDE DESSERT WEL EENS PRECIES DE JUISTE KEUS ZIJN OM MEE AF TE RONDEN.

VOOR 6 PERSONEN

INGREDIËNTEN

- 200 g fijne tafelsuiker
- 300 ml water
- 4 citroenen
- 1 eiwit (van een groot ei)
- wat suiker, om te bestrooien

1 Breng suiker en water langzaan aan de kook in een pan met dikke bodem. Roer nu en dan, tot de suiker is opgelost.

2 Haal met een dunschiller de schil van twee van de citroenen. Doe in de pan en laat zo'n 2 minuten trekken, zonder te roeren, en neem de pan dan van het vuur. Laat de siroop afkoelen en zet in de koelkast.

3 Pers het sap uit alle citroenen en zeef het boven de siroop, zodat alle pitjes worden verwijderd. Neem de citroenschil uit de siroop en bewaar die tot u gaat decoreren.

4 Zeef de siroop en doe hem in een ijsmachine, als u die hebt. Draai 10 minuten, tot hij dikker wordt.

5 Klop het eiwit los met een vork en doe het bij de siroop. Laat 10-15 minuten draaien tot het stijf genoeg is om te scheppen.

6 Als u met de hand werkt, zeeft u de siroop boven een plastic bakje of een ondiepe diepvriesbak die u 4 uur in de vriezer zet, tot het mengsel papperig is.

7 Schep het mengsel dan in een blender of keukenmachine en draai het glad. Klop het eiwit met een vork schuimend. Doe de sorbet terug in de bak en klop het eiwit erdoor. Vries 1 uur in.

8 Voor de gesuikerde decoratie gebruikt u de geblancheerde schil uit stap 2. Snijd hem in erg dunne reepjes en bestrooi op een bord met kristalsuiker. Schep de sorbet in kommen of glazen en decoreer met de gesuikerde schil.

VARIANTEN

Van alle citrusfruit kunt u sorbet maken. Als regel hebt u 300 milliliter vers fruitsap en de schil van de helft van de uitgeperste vruchten nodig. Gebruik bijvoorbeeld vier sinaasappels of twee sinaasappels en twee citroenen, of voor een grapefruitsorbet de schil van een roze grapefruit en het sap van twee.

Energie 133 kcal; eiwit 0,7 g; koolhydraten 34,8 g (waarvan 34,8 g suikers); vet 0 g (waarvan 0 g verzadigd); cholesterol 0 mg; calcium 18 mg; vezels 0 g; natrium 12 mg.

CRANBERRY-APPELFIZZ

Denk ook aan de gasten die geen alcohol drinken – maar al te vaak moeten die het doen met frisdrank of kraanwater. Deze kleurrijke, flitsende opfrisser combineert friszure cranberry's met vers appelsap en een subtiele, geurige hint van vanille.

VOOR 6-8 GLAZEN

INGREDIËNTEN
- 6 rode handappels
- 375 g verse of ingevroren cranberry's, plus extra ter decoratie
- 3 el vanillesiroop
- ijsklontjes
- bruisend mineraalwater

KOOKTIP
Verhit voor de vanillesiroop een vanillestokje met 50 gram suiker en 30 milliliter water, tot de suiker oplost. Laat 5 minuten pruttelen en dan afkoelen.

1 Snijd appels in vieren, verwijder klokhuizen en snijd dan in kleine stukjes voor de sapmachine. Draai appels en cranberry's tot sap en voeg de vanillesiroop toe aan het sap. Zet tot serveren koel weg.

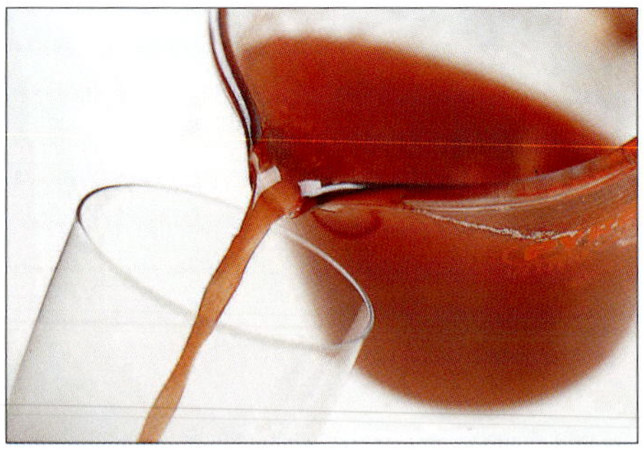

2 Schenk het sap in glazen en doe er 1 of 2 ijsklontjes bij. Top af met mineraalwater en decoreer met wat extra cranberry's aan een cocktailprikker. Meteen serveren.

Energie 51 kcal; eiwit 0,3 g; koolhydraten 13,1 g (waarvan 13,1 g suikers); vet 0,1 g (waarvan 0 g verzadigd); cholesterol 0 mg; calcium 5 mg; vezels 1,6 g; natrium 17 mg.

GRAPEFRUIT-FRAMBOOSOPFRISSER

Maak veel versgeperste mixen als deze verrukkelijke combinatie en uw gasten komen terug voor meer. Grapefruit en framboos vormen een geweldig duo, zeker als u wat kaneelsiroop toevoegt als contrast voor eventuele bitterheid in het fruit.

VOOR 8 HOGE GLAZEN

INGREDIËNTEN
- 1 pijpje kaneel
- 50 g fijne tafelsuiker
- 4 roze grapefruits
- 250 g verse of ingevroren frambozen
- part watermeloen
- ijsschaafsel
- bernagiebloemen, om te decoreren (eventueel)

KOOKTIP
Maak alcoholvrije drankjes interessanter door ze aan te kleden met extra fruit.

VARIANTEN
Geef alternatieve roerstaafjes als pijpjes kaneel of besuikerde staafjes, zodat de gasten hun drankje naar eigen smaak zoeter kunnen maken.

1 Verhit kaneel en suiker zachtjes in een steelpan met 200 milliliter water, tot de suiker is opgelost. Breng dan aan de kook en laat 1 minuut doorkoken. Laat afkoelen.

2 Verwijder schil en vliezen van de grapefruit. Snijd het vlees in kleine stukjes voor de sapmachine. Draai grapefruit en frambozen tot sap en giet in een kan.

3 Verwijder de kaneel uit de siroop en doe de siroop bij het grapefruit-frambozensap in de kan.

4 Snijd de watermeloen in lange, dunne parten en doe deze in acht hoge glazen. Vul de glazen half met ijsschaafsel en bestrooi desgewenst met bernagiebloemen. Giet het roze sap erover en serveer meteen met veel servetten zodat de gasten ook de watermeloen kunnen eten.

Energie 57 kcal; eiwit 1,1 g; koolhydraten 13,4 g (waarvan 13,4 g suikers); vet 0,2 g (waarvan 0 g verzadigd); cholesterol 0 mg; calcium 30 mg; vezels 1,8 g; natrium 4 mg.

ALCOHOLISCHE FRUITPUNCH

HET WOORD 'PUNCH' KOMT VAN HET HINDI-WOORD PANCH *(VIJF), VANWEGE DE VIJF INGREDIENTEN DIE ER TRADITIONEEL IN ZATEN: ALCOHOL, CITRUS, THEE, SUIKER EN WATER. EN EEN PUNCH IS NOG STEEDS EEN COMBINATIE VAN DRANK, SMAAKMAKERS EN BRUISWATER OF SAP.*

VOOR ONGEVEER 15 GLAZEN

INGREDIËNTEN
- 2 grote papaja's
- 4 passievruchten
- 300 g lychees, gepeld en ontpit
- 300 ml versgeperst sinaasappelsap
- 200 ml Grand Marnier of andere sinaasappellikeur
- 8 stuks steranijs
- 2 kleine sinaasappels
- ijsblokjes
- 1½ l spuitwater

1 Halveer de papaja's en gooi de pitten weg. Halveer de passievruchten en druk de pulp door een zeef in een kom.

2 Werk de papaja door een sapmachine en voeg 100 milliliter water toe om het wat te bespoedigen. Draai sap van de lychees. Meng de sappen in een kom met het sinaasappelsap, de likeur en steranijs. Snijd de sinaasappel dun en doe in de kom. Zet minstens 1 uur of tot het serveren in de koelkast.

3 Doe veel ijsklontjes in de kom en top af met spuitwater. Schep de punch in bekers of glaasjes om te serveren.

KOOKTIP
Deze heerlijke punch vormt ook een geweldige alcoholische fruitsiroop voor een dessert van papajahelften gevuld met yoghurtijs, of een fruitsorbet.

Energie 65 kcal; eiwit 0,5 g; koolhydraten 11,6 g (waarvan 11,6 g suikers); vet 0,1 g (waarvan 0 g verzadigd); cholesterol 0 mg; calcium 10 mg; vezels 0,9 g; natrium 6 mg.

BIER MET APPEL

PILSENER BIER KRIJGT EEN HEEL ANDERE DIMENSIE IN DIT GRAPPIGE EN FRUITIGE DRANKJE. VERDUND MET VERSGEPERST APPELSAP EN GEPARFUMEERD MET GEMBER EN STERANIJS IS HET EEN HEERLIJK DRANKJE, DAT FRIS EN MINDER ALCOHOLISCH IS DAN GEWOON BIER.

VOOR 8-10 GLAZEN

INGREDIËNTEN
- 8 handappels
- 25 g verse gember
- 6 stuks steranijs
- 800 ml pils
- ijsschaafsel

1 Snijd appels in vieren en verwijder klokhuizen. Snijd dan kleiner voor de sapmachine. Hak de gember grof. Werk de helft van de appels door de machine, dan de gember en dan de rest van de appels.

2 Doe 100 milliliter van het sap in steelpan met de steranijs en verhit langzaam tot tegen het kookpunt. Giet bij de rest van het sap en zet minstens 1 uur in de koelkast.

3 Voeg het bier bij het sap en roer door tot het schuim wat is afgenomen. Giet het gekruide bier over ijsschaafsel in hoge glazen, laat tot rust komen en serveer meteen.

Energie 42 kcal; eiwit 0,4 g; koolhydraten 4,8 g (waarvan 4,8 g suikers); vet 0,1 g (waarvan 0 g verzadigd); cholesterol 0 mg; calcium 6 mg; vezels 0,9 g; natrium 7 mg.

MAALTIJDBEGELEIDERS

U weet inmiddels wat u gaat barbecueën, maar dan zijn er ook nog tal van maaltijdbegeleiders die kunnen bijdragen aan het aangename maal dat u gaat bereiden op het rooster. Hapjes houden de trek in stand terwijl het voorgerecht gaart, dus probeer een van de geweldige dips voor bij rauwe groente of reepjes pitabrood. Het zijn ook goede sauzen bij vlees en groente en dressings voor salades. Dit deel bevat ook zelfgemaakte barbecuesaus, tomatenketchup en sauzen, voor een extra feestelijk accent. Er zijn ook diverse broodsoorten, zoals pitabrood, dat zich zo handig laat vullen, maar dat geldt ook voor tortilla's. En dan is er nog het gouwe ouwe sesambolletje, ideaal voor uw verrukkelijke, zelfgemaakte burgers. Er zijn ook wat heerlijke zoete sauzen om simpel gegrild fruit te transformeren of bij ijs te serveren als een snel dessert. Kortom, alles wat u nodig hebt voor een succesvolle barbecue.

HUMMUS

DIT KLASSIEKE, OOSTERSE GERECHT IS GEMAAKT VAN TOT PASTA GEMALEN, GEKOOKTE KIKKERERWTEN, GEKRUID MET KNOFLOOK, CITROENSAP, TAHINI, OLIJFOLIE EN KOMIJN. HET IS HEERLIJK MET STUKKEN GEROOSTERD PITABROOD EN RAUWE GROENTE.

VOOR 4-6 PERSONEN

INGREDIENTEN

- blik van 400 g kikkererwten, uitgelekt
- 4 el tahini
- 2-3 tenen knoflook, fijngehakt
- sap van ½-1 citroen
- cayennepeper
- snufje of ¼ tl komijnpoeder
- zout en vers gemalen zwarte peper

VARIANT
Werk 2 geroosterde paprika's door de kikkererwten en ga dan verder zoals hiernaast. Serveer met licht geroosterde pijnboompitten en paprikapoeder vermengd met olijfolie erover.

1 Prak de kikkererwten grof met een pureestamper of keukenmachine. Als u een gladdere puree prefereert, draai ze dan fijn in een keukenmachine of blender.

2 Meng de tahini door de kikkererwten, roer er dan de overige ingrediënten door en breng op smaak met zout en peper. Voeg zo nodig wat water toe. Serveer op kamertemperatuur met gegrilde pitabroodjes.

Energie 144 kcal; eiwit 7,2 g; koolhydraten 11,9 g (waarvan 0,4 g suikers); vet 7,9 g (waarvan 1,1 g verzadigd); cholesterol 0 mg; calcium 98 mg; vezels 3,8 g; natrium 149 mg.

GUACAMOLE

DIT MENGSEL VAN ROMIGE AVOCADO, TOMAAT, RODE PEPER, KORIANDER EN LIMOEN IS EEN VAN DE GELIEFDSTE MEXICAANSE SALSA'S EN VERSCHIJNT NU OVER DE HELE WERELD OP TAFEL. SERVEER MET RAUWE GROENTEN, TORTILLACHIPS OF SOEPSTENGELS, OF ALS KLASSIEKE BEGELEIDING BIJ FAJITA'S.

VOOR 6-8 PERSONEN

INGREDIENTEN

- 4 tomaten
- 4 rijpe avocado's
- versgeperst sap van 1 limoen
- ½ kleine ui, gesnipperd
- 2 tenen knoflook, fijngehakt
- bosje verse koriander, gehakt
- 3 verse rode pepers
- zout
- tortillachips of soepstengels, om te serveren

KOOKTIP

Gladde, heldergroene *fuerte*-avocado's zijn het best voor deze dip. Maar met andere avocado's kan het ook. Gebruik in elk geval zo rijp mogelijke avocado's. Test dit door de bovenkant van de avocado in te drukken; die moet een beetje meegeven.

1 Kruis de onderkant van elke tomaat in. Doe ze in een vuurvaste schaal en giet er kokend water over.

2 Laat 30 seconden staan en schep ze dan met een schuimspaan in een kom koud water. Giet af. Het vel zit nu los bij de inkruising. Ontvel en halveer de tomaten. Verwijder de pitjes met een theelepel, hak de rest grof en zet weg.

3 Halveer de avocado's en verwijder de pit. Schep er het vlees uit en doe dit in een keukenmachine of blender. Draai de pulp bijna glad, schep in een kom en roer er limoensap door.

4 Voeg ui en knoflook toe en meng goed. Roer er dan koriander door.

5 Verwijder steeltjes en zaad van de pepers. Hak ze fijn en doe ze bij het avocadomengsel, samen met de grof gehakte tomaten. Meng grondig.

6 Proef de guacamole op smaak en voeg zo nodig zout toe. Dek strak af met plasticfolie of een goed passend deksel en koel 1 uur voor het serveren als dip met tortillachips of soepstengels. Goed afgesloten is guacamole 2-3 dagen houdbaar in de koelkast.

Energie 108 kcal; eiwit 1,6 g; koolhydraten 3,3 g (waarvan 2,4 g suikers); vet 9,9 g (waarvan 2,1 g verzadigd); cholesterol 0 mg; calcium 23 mg; vezels 2,6 g; natrium 10 mg.

BLAUWEKAASDIP

DEZE DIP KAN IN EEN MUM VAN TIJD WORDEN BEREID EN IS HEERLIJK BIJ PEREN OF RAUWE GROENTE. HET IS EEN ERG DIKKE DIP WAARAAN U WAT EXTRA YOGHURT KUNT TOEVOEGEN VOOR EEN ZACHTERE CONSISTENTIE. EN NOG MEER YOGHURT VOOR EEN GEWELDIGE DRESSING.

VOOR 4 PERSONEN

INGREDIËNTEN

- 150 g blauwaderkaas, zoals gorgonzola, roquefort of Danablu
- 150 g roomkaas
- 75 ml yoghurt
- zout en vers gemalen zwarte peper, plus extra om te garneren

1 Verkruimel de blauwe kaas boven een kom. Klop hem wat zachter met een houten lepel.

2 Voeg de roomkaas toe en klop de kazen door elkaar.

3 Klop er geleidelijk de yoghurt door, tot de door u gewenst dikte.

4 Kruid met veel zwarte peper en wat zout. Zet tot gebruik koel weg.

KOOKTIP

Voeg, zo u wilt, een handvol fijngehakte walnoten toe, want die combineren uitstekend met de kaas. Het is aan te raden om ze te malen in een keukenmachine, omdat de dip anders te brokkelig wordt.

Energie 206 kcal; eiwit 12,1 g; koolhydraten 2,6 g (waarvan 2,6 g suikers); vet 16,5 g (waarvan 10,7 g verzadigd); cholesterol 44 mg; calcium 219 mg; vezels 0 g; natrium 473 mg.

KNOFLOOKDIP

TWEE HELE BOLLEN KNOFLOOK LIJKT HEEL WAT, MAAR DOOR HET ROOSTEREN WORDT HET VLEES EEN ZACHTE, ZOETE EN MILDE PULP. SERVEER MET KNAPPERIGE SOEPSTENGELS EN CHIPS. VOOR EEN VETARME VERSIE GEBRUIKT U LIGHT MAYONAISE EN MAGERE YOGHURT.

VOOR 4 PERSONEN

INGREDIËNTEN

2 hele bollen knoflook
1 el olijfolie
4 el mayonaise
75 ml yoghurt (stand)
1 tl grove mosterd
zout en vers gemalen zwarte peper

1 Verwarm de oven voor op 200 °C. Haal de teentjes knoflook los en leg ze in een kleine braadslee.

2 Giet de olijfolie over de teentjes en schep ze om. Rooster ze een klein halfuur, tot ze zacht zijn. Laat 5 minuten afkoelen.

3 Verwijder de onderkant van de teentjes, pel ze en gooi de vliesjes weg. Leg de knoflook op een snijplank en bestrooi met zout. Prak met een vork tot puree.

4 Meng knoflook, mayonaise, yoghurt en mosterd in een kommetje.

5 Proef op smaak, dek af en zet tot gebruik koel weg. Garneer voor het serveren met extra zwarte peper.

KOOKTIP
Als u de bollen op de barbecue gaart, laat ze dan heel en rooster ze tot ze zacht zijn, onder nu en dan keren. Pel en pureer.

Energie 155 kcal; eiwit 1,7 g; koolhydraten 0,8 g (waarvan 0,7 g suikers); vet 16,4 g (waarvan 3,1 g verzadigd); cholesterol 11 mg; calcium 34 mg; vezels 0,2 g; natrium 142 mg.

THOUSAND ISLAND-DIP

DEZE VARIANT OP DE KLASSIEKE DRESSING IS VER VERWIJDERD VAN DE ORIGINELE VERSIE MAAR KAN OP DEZELFDE MANIER WORDEN GESERVEERD: ALS DIP BIJ GEGRILDE GAMBA'S AAN BAMBOEPRIKKERS OF BIJ EEN SIMPELE SALADE VAN GEMENGDE ZEEVRUCHTEN.

VOOR 4 PERSONEN

INGREDIËNTEN
- 4 tomaten
- 150 g roomkaas
- 4 el mayonaise
- 2 el tomatenpuree
- 2 el verse peterselie, gehakt
- 4 zongedroogde tomaten in olie, uitgelekt en fijngehakt
- geraspte schil en sap van 1 limoen
- Tabasco, naar smaak
- 1 tl worcestershiresaus of sojasaus
- zout en vers gemalen zwarte peper

1 Prik de tomaten één voor één aan een vork en houd 1-2 minuten in een gasvlam, of tot het vel rimpelt en scheurt. Laat afkoelen, verwijder het vel en gooi weg. Of dompel de tomaten 30 seconden in kokend water en laat ze schrikken in koud water. Ontvel, halveer en schep de pitjes weg met een theelepel. Hak het vlees fijn en zet weg.

KOOKTIP
Arrangeer een zeevruchtenmedley – gepelde garnalen, inktvisringen en mosselen – bij deze fleurige en populaire partydip.

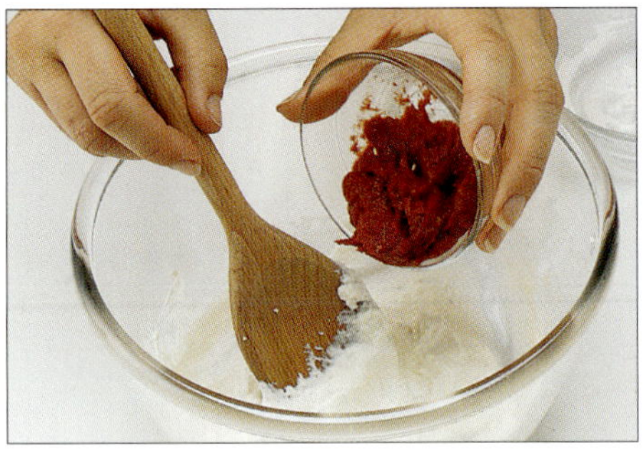

2 Klop de roomkaas los in een kom en meng er dan geleidelijk mayonaise en tomatenpuree door.

3 Roer er peterselie en gedroogde tomaat door en dan de gehakte tomaat en de pitjes. Goed mengen.

4 Doe er citroenschil en -sap bij en Tabasco naar smaak. Roer er worcestershiresaus of sojasaus door en breng op smaak met zout en peper.

5 Schep in een serveerschaaltje, dek af en zet tot gebruik koel weg.

Energie 194 kcal; eiwit 4,7 g; koolhydraten 5,7 g (waarvan 5,6 g suikers); vet 17,1 g (waarvan 5,2 g verzadigd); cholesterol 27 mg; calcium 11 mg; vezels 1,2 g; natrium 184 mg.

TZATZIKI

Deze klassieke Griekse dip, een verkoelende mix van yoghurt, komkommer en munt, is perfect voor een warme zomerdag. Serveer hem met reepjes licht geroosterd pitabrood of als begeleiding bij gegrilde groenten. Het is ook een smakelijke aanvulling op een saladebuffet.

VOOR 4 PERSONEN

INGREDIËNTEN
- 1 kleine komkommer
- 4 lente-uitjes
- 1 teen knoflook
- 200 ml yoghurt
- 3 el verse munt, gehakt
- zout en vers gemalen zwarte peper
- takje verse munt, om te garneren

1 Verwijder de uiteinden van de komkommer, snijd in blokjes van 5 millimeter en zet weg.

2 Maak lente-ui en knoflook schoon en hak zeer fijn.

3 Klop de yoghurt door en roer er dan komkommer, ui, knoflook en munt door.

4 Breng op smaak, schep in een serveerschaal en zet koel weg. Serveer met pitabrood.

KOOKTIPS
- Gebruik volle yoghurt voor dit recept. Die bevat meer vet, maar heeft ook een heerlijk rijke en romige textuur.
- Blaadjes munt of koriander vormen een geschikte garnering.

Energie 62 kcal; eiwit 3,6 g; koolhydraten 1,7 g (waarvan 1,6 g suikers); vet 5,2 g (waarvan 2,6 g verzadigd); cholesterol 0 mg; calcium 84 mg; vezels 0,3 g; natrium 37 mg.

CHILIRELISH

BURGERS OF GEGRILDE WORSTJES ZIJN HEERLIJK MET EEN PITTIGE RELISH EN EEN ZELFGEMAAKTE IS ZOVEEL LEKKERDER DAN EEN UIT EEN POTJE. DEZE RELISH IS EEN WEEK HOUDBAAR IN DE KOELKAST, DUS U KUNT HEM AL EEN PAAR DAGEN VOOR DE BARBECUE MAKEN.

VOOR 8 PERSONEN

INGREDIËNTEN
- 6 tomaten
- 2 el olijfolie
- 1 ui, grof gehakt
- 1 rode paprika, zonder zaad en gehakt
- 2 tenen knoflook, fijngehakt
- 1 tl kaneel
- 1 tl rodepepervlokken
- 1 tl gemberpoeder
- 1 tl zout
- ½ tl vers gemalen zwarte peper
- 75 g lichtbruine basterdsuiker
- handvol vers basilicum, gehakt

1 Prik de tomaten één voor één aan een vork en houd 1-2 minuten in een gasvlam, of tot het vel scheurt. Laat afkoelen, verwijder vel en gooi weg. Of dompel de tomaten 30 seconden in kokend water en laat ze schrikken in koud water. Ontvel, halveer en hak het vlees grof.

2 Verhit de olijfolie in een pan, Voeg ui, paprika en knoflook toe.

3 Bak de groenten zachtjes 5-8 minuten, tot de paprika zacht is. Doe er de tomaten bij, dek af en stoof 5 minuten, tot de tomaten hun vocht loslaten.

4 Roer er de overige ingrediënten door, behalve het basilicum. Breng langzaam aan de kook en roer tot de suiker is opgelost.

5 Laat onafgedekt 20 minuten pruttelen, tot het mengsel moesachtig is. Roer basilicum erdoor en breng op smaak met zout en peper.

6 Laat helemaal afkoelen, doe in een glazen pot of plastic bak met goed sluitend deksel. Bewaar afgesloten in de koelkast.

KOOKTIP

Deze relish wordt iets dikker bij het afkoelen, dus het is niet erg als het mengsel na stap 6 wat vochtig lijkt.

Energie 84 kcal; eiwit 0,9 g; koolhydraten 14,1 g (waarvan 13,1 g suikers); vet 3,1 g (waarvan 0,5 g verzadigd); cholesterol 0 mg; calcium 14 mg; vezels 1,2 g; natrium 8 mg.

MAISRELISH

DIT IS EEN LEKKERE, INDIAAS GEINSPIREERDE RELISH OM TAL VAN BARBECUEGERECHTEN OP TE PEPPEN. SERVEER MET GEBAKKEN OF GEGRILDE GROENTEN, VLEES OF VIS VAN DE GRILL, OF ALS DIP MET PITABROOD OF RAUWE GROENTEN ALS HAPJE VOORAF.

VOOR 4 PERSONEN

INGREDIËNTEN

- 2 el plantaardige olie
- 1 grote ui, gesnipperd
- 1 rode peper, zonder zaad en fijngehakt
- 2 tenen knoflook, fijngehakt
- 1 tl zwart mosterdzaad
- 2 tl heet kerriepoeder
- blik van 320 g maïs, uitgelekt
- geraspte schil en sap van 1 limoen
- 3 el verse koriander, gehakt
- zout en vers gemalen zwarte peper

1 Verhit de olie in een ruime koekenpan en fruit olie, rode peper en knoflook 5 minuten op hoog vuur, tot de ui begint te verkleuren.

2 Roer mosterdzaad en kerriepoeder erdoor en roerbak 2 minuten, tot de zaadjes gaan sputteren en de ui bruin is.

3 Neem van het vuur en laat helemaal afkoelen. Schep het mengsel in een glazen kom.

4 Voeg de maïs toe en roer goed door.

5 Doe er limoenrasp en -sap, koriander, peper en zout bij. Meng, dek af en serveer op kamertemperatuur.

KOOKTIP

Gebruik eventueel diepvriesmaïs. Ontdooi deze snel door hem te begieten met kokend water.

Energie 169 kcal; eiwit 3,2 g; koolhydraten 25,5 g (waarvan 10,7 g suikers); vet 6,7 g (waarvan 0,8 g verzadigd); cholesterol 0 mg; calcium 36 mg; vezels 2,3 g; natrium 221 mg.

SNELLE SATESAUS

Er zijn veel versies van deze pindasaus. Deze is snel gemaakt en hij smaakt heerlijk over gegrilde spiesen of kip. Rijg op een feestje blokjes kip aan prikkers en schik ze rond een kom warme saus.

VOOR 4 PERSONEN

INGREDIËNTEN
- 200 ml kokosroom
- 4 el pindakaas (grof)
- 1 tl worcestershiresaus
- Tabasco, naar smaak
- verse kokos, om te garneren (eventueel)

KOOKTIP
Kokosroom kan worden vervangen door dikke kokosmelk, maar neem dan wel de ongezoete variant.

1 Giet de kokosroom in een steelpan en warm 2 minuten zachtjes door.

2 Voeg pindakaas toe en roer flink door, tot hij is opgelost. Warm door, maar laat niet koken.

3 Voeg worcestershiresaus toe en een scheutje Tabasco naar smaak. Giet in een serveerschaaltje.

4 Schaaf met een dunschiller dunne krullen van een stuk verse kokosnoot. Strooi de kokos over het gerecht van uw keuze en serveer meteen met de saus.

Energie 108 kcal; eiwit 3,6 g; koolhydraten 5,8 g (waarvan 4,9 g suikers); vet 8 g (waarvan 2,1 g verzadigd); cholesterol 0 mg; calcium 30 mg; vezels 0,8 g; natrium 150 mg.

TOMATENKETCHUP

ZOETE, FRISZURE EN KRUIDIGE TOMATENKETCHUP IS PERFECT OM TE SERVEREN BIJ GEBARBECUEDE OF GEGRILDE BURGERS EN WORSTJES. DEZE ZELFGEMAAKTE VARIANT IS ZO VEEL LEKKERDER DAN KANT-EN-KLARE EN HET RECEPT IS GENOEG VOOR ZO'N 15 PERSONEN.

VOOR ONGEVEER 1,3 KG

INGREDIËNTEN
- 2,25 kg zeer rijpe tomaten
- 1 ui
- 6 kruidnagels
- 4 pimentbessen
- 6 zwartepeperkorrels
- 1 takje verse rozemarijn
- 25 g verse gember, in plakjes
- 1 stengel bleekselderij, gehakt
- 2 el bruine basterdsuiker
- 4½ el frambozenazijn
- 3 tenen knoflook, gepeld
- 1 el zout

1 Prik de tomaten één voor één aan een vork en houd 1-2 minuten in een gasvlam, of tot het vel rimpelt en scheurt. Laat afkoelen, verwijder vel en gooi weg. Of dompel de tomaten 30 seconden in kokend water en laat ze schrikken in koud water. Ontvel, verwijder pitjes, hak en doe in een ruime pan. Pel de ui en prik er de kruidnagels in.

2 Wikkel de ui in een dubbele laag kaasdoek (mousseline), samen met de piment, peperkorrels, rozemarijn en gember en leg in de pan. Voeg selderij en overige ingrediënten toe.

3 Breng het mengsel aan de kook op vrij hoog vuur en roer nu en dan. Temper het vuur als het gaat borrelen en laat 1½-2 uur trekken, onder regelmatig roeren, tot het vocht voor de helft is ingekookt.

4 Pureer het mengsel in een keukenmachine, doe het weer in de pan, breng aan de kook en laat nog 15 minuten trekken. Giet in schone potten en bewaar koel. Binnen 2 weken gebruiken.

Energie 586 kcal; eiwit 19,9 g; koolhydraten 116,3 g (waarvan 114,9 g suikers); vet 8,2 g (waarvan 2,5 g verzadigd); cholesterol 0 mg; calcium 329 mg; vezels 29,1 g; natrium 409 mg.

BARBECUESAUS

DEZE TRADITIONELE SAUS KAN VAN TEVOREN WORDEN GEMAAKT EN TEVOORSCHIJN WORDEN GEHAALD ALS U ZIN HEBT IN EEN BARBECUE, WANT HIJ IS IN DE KOELKAST ENKELE MAANDEN HOUDBAAR. SERVEER HEM BIJ UW FAVORIETE BURGERS, WORSTJES, GEGRILDE KIP EN GEBARBECUEDE GROENTEN.

VOOR ONGEVEER 900 ML

INGREDIËNTEN

- 2 el olijfolie
- 1 grote ui, gesnipperd
- 1 teen knoflook, gehakt
- 1 verse rode peper, zonder zaad en fijngesneden
- 2 stengels bleekselderij, in stukjes
- 1 winterwortel, in stukjes
- 1 middelgrote moesappel, in vieren
- ½ tl gemberpoeder
- 150 ml moutazijn
- 1 blaadje laurier
- 4 kruidnagels
- 4 zwartepeperkorrels
- 50 g bruine basterdsuiker
- 2 tl pittige mosterd
- ½ tl zout

1 Verhit de olie in een ruime, zware pan. Voeg de ui toe en fruit 5 minuten op laag vuur.

2 Roer er knoflook, rode peper, selderij en wortel door, stoof 5 minuten en roer regelmatig, tot de ui begint te verkleuren.

3 Doe er appel, tomaten, gemberpoeder en azijn bij en roer door.

KOOKTIP

Voeg wat yogurt toe aan de saus voor een snelle dip

4 Wikkel laurier, kruidnagel en peperkorrels in een stukje kaasdoek (mousseline) en bind met touw af tot een zakje. Leg in de pan en breng alles aan de kook. Temper het vuur, dek af en laat zo'n 45 minuten trekken, onder nu en dan roeren.

5 Voeg suiker, mosterd en zout toe en roer tot de suiker oplost. Laat 5 minuten trekken. Laat 10 minuten afkoelen en verwijder dan het zakje.

6 Werk het mengsel door een zeef en doe het weer in de schoongemaakte pan. Laat 10 minuten pruttelen, tot het wat dikker is. Proef op smaak.

7 Giet de saus in warme, gesteriliseerde flessen of potten en sluit af. Bewaar op een koele, donkere plek en gebruik binnen zes maanden. Bewaar geopende potten in de koelkast nog maximaal twee maanden.

VARIANT

Verhit 2 eetlepels olie in een pan en fruit 1 gesnipperde ui en 2 fijngehakte tenen knoflook. Voeg 200 gram gehakte tomaten uit blik toe, 2 eetlepels tomatenpuree, 1 eetlepel bruine basterdsuiker, 1 eetlepel worcestershiresaus, een scheutje Tabasco, 2 eetlepels azijn en 1 eetlepel mosterd toe. Laat 10 minuten pruttelen en serveer warm of koud.

Energie 723 kcal; eiwit 12,2 g; koolhydraten 114,3 g (waarvan 102,5 g suikers); vet 29,1 g (waarvan 3,8 g verzadigd); cholesterol 0 mg; calcium 243 mg; vezels 14,2 g; natrium 118 mg.

KRUIDIGE TAMARINDEMOSTERD

TAMARINDE HEEFT EEN APARTE, ZOETZURE SMAAK, EEN DONKERBRUINE KLEUR EN EEN PLAKKERIGE TEXTUUR. IN COMBINATIE MET SPECERIJEN EN GEMALEN MOSTERDZAAD VORMT HET EEN PRACHTIG CONDIMENT. SERVEER BIJ STEAKS EN GEGRILD VLEES.

VOOR ONGEVEER 200 G

INGREDIËNTEN
- 120 g tamarinde, aan een blok
- 150 ml warm water
- 50 g geel mosterdzaad
- 1½ el zwart of bruin mosterdzaad
- 2 tl vloeibare honing
- snufje kardemompoeder
- snufje zout

KOOKTIP
De mosterd is na 3-4 dagen eetbaar. Hij moet worden bewaard op een koele, donkere plek en is vier maanden houdbaar.

1 Doe de tamarinde in een kommetje en giet het water erover. Laat 30 minuten wellen. Prak met een vork en werk dan door een fijne zeef boven een kom.

2 Maal het mosterdzaad in een specerij- of koffiemolen en doe het samen met de overige ingrediënten, bij de tamarinde. Schep de mosterd in gesteriliseerde potten en sluit af.

Energie 262 kcal; eiwit 15 g; koolhydraten 18,9 g (waarvan 8,5 g suikers); vet 22,8 g (waarvan 0,8 g verzadigd); cholesterol 2 mg; calcium 207 mg; vezels 1,1 g; natrium 64 mg.

WARME CHOCOLADESAUS

ALS U OP ZOEK BENT NAAR EEN SNEL EN MAKKELIJK BARBECUEDESSERT, KUNT U DEZE GEWELDIGE SAUS MAKEN BIJ IJS OF GEGRILD FRUIT EN HEM IN EEN STEELPAN GEWOON EVEN OPWARMEN OP HET ROOSTER. HIJ IS OOK HEERLIJK IN EEN COUPE MET BANAAN, ROOM, IJS EN AMANDELEN.

VOOR 4 PERSONEN

INGREDIËNTEN
- 4 el lichtbruine basterdsuiker
- 60 ml schenkstroop
- 3 el sterke zwarte koffie
- 1 tl kaneel
- 150 g pure chocolade, in stukjes
- 75 ml slagroom
- 3 el koffielikeur (eventueel)

Om te serveren
- 600 ml vanille-ijs
- 600 ml koffie-ijs
- 2 rijpe bananen
- slagroom en geroosterd amandelschaafsel

1 Meng suiker, stroop, koffie en kaneel in een pan met dikke bodem. Breng aan de kook en kook, onder continu roeren, zo'n 5 minuten.

KOOKTIP
Gebruik goede pure chocolade, met minstens 70% cacaogehalte voor een vollere saus.

2 Neem van het vuur en roer de chocolade erdoor. Roer er, als alles gesmolten en glad is, de room en (eventueel) de likeur door. Laat de saus afkoelen tot lauwwarm, of warm hem op tijdens het samenstellen van de coupes.

3 Neem een ijsschep en vul vier coupes met telkens 1 bol vanille- en 1 bol koffie-ijs.

4 Doe er plakjes banaan op en giet de warme saus erover.

5 Spuit er een royale dot slagroom op en maak af met geroosterde amandel.

Energie 986 kcal; eiwit 13,8 g; koolhydraten 133,7 g (waarvan 128,9 g suikers); vet 44 g (waarvan 29,4 g verzadigd); cholesterol 95 mg; calcium 339 mg; vezels 1,5 g; natrium 266 mg.

SABAYON

DEZE SCHUIMIGE SAUS IS ERG VEELZIJDIG EN KAN OP ZICHZELF WORDEN GESERVEERD, MET BISKWIETJES, OF WARM OVER FRUIT OF IJS. KOUD IS HIJ LEKKER BIJ GEBARBECUEDE DESSERTS, WANT U KUNT HEM AL VAN TEVOREN MAKEN. LAAT HEM BIJ WARM SERVEREN NIET TE LANG STAAN WANT DAN ZAKT HIJ IN.

VOOR 4-6 PERSONEN

INGREDIËNTEN

- 1 ei
- 2 eigelen
- 75 g fijne tafelsuiker
- 150 ml marsala of zoete witte wijn
- fijngeraspte schil en sap van 1 citroen
- biskwietjes, om te serveren

1 Klop ei, eigelen en suiker in een middelgrote kom tot alles bleek en dik is.

2 Zet de kom boven een pan heet, maar niet-kokend water. Voeg geleidelijk en onder continu stevig kloppen de marsala of zoete wijn en citroensap toe.

3 Blijf kloppen tot alles dik genoeg is om sporen te vormen. Bij warm serveren, meteen opdienen.

4 Plaats de sabayon, als u hem koud serveert, boven een kom ijswater en blijf kloppen tot hij is afgekoeld. Voeg de citroenrasp toe en roer door. Giet in glaasjes en serveer meteen, met de biskwietjes.

KOOKTIP

Als u een flinke snuf pijlwortelmeel door eigelen en suiker klopt, voorkomt u dat de saus te snel inzakt.

Energie 105 kcal; eiwit 2,1 g; koolhydraten 14,5 g (waarvan 14,5 g suikers); vet 2,8 g (waarvan 0,8 g verzadigd); cholesterol 99 mg; calcium 23 mg; vezels 0 g; natrium 19 mg.

PAPAJADIP

ZOETE EN ZACHTE PAPAJA COMBINEERT GOED MET CREME FRAICHE IN EEN WEELDERIGE, TROPISCH ZOETE DIP DIE ERG LEKKER IS OM KOEKJES OF VERS FRUIT IN TE DOPEN. ALS U GEEN VERSE KOKOSNOOT KUNT KRIJGEN, KOOP DAN REEPJES KOKOS EN ROOSTER DIE GOUDBRUIN IN EEN HETE OVEN.

VOOR 6 PERSONEN

INGREDIËNTEN

- 2 rijpe papaja's
- 200 ml crème fraîche
- 1 stukje stemgember op siroop
- verse kokos, om te decoreren
- papaja of ander vers fruit, om te serveren

1 Halveer de papaja's in de lengte, maar schil ze niet. Schep het midden eruit en gooi de pitjes weg.

2 Schil de papaja en draai het vlees fijn in een blender of keukenmachine.

3 Roer de crème fraîche erdoor en draai glad. Hak de gember fijn en roer erdoor. Zet tot serveren in de koelkast.

4 Prik een gat in het 'oog' van de kokosnoot en laat het vocht eruit lopen. Doe de noot in een plastic zak. Houd hem met één hand stevig vast en sla er stevig op met een hamer.

5 Verwijder de schil van een stuk kokosnoot en breek het in stukken van maximaal 2½ centimeter. Gebruik een dunschiller om er reepjes van 2 centimeter af te schaven. Strooi deze over de dip. Serveer met extra stukken papaja of ander vers fruit.

Energie 156 kcal; eiwit 1,2 g; koolhydraten 8,1 g (waarvan 8 g suikers); vet 13,4 g (waarvan 9 g verzadigd); cholesterol 38 mg; calcium 39 mg; vezels 1,8 g; natrium 12 mg.

AARDBEIEN-PASSIEVRUCHTENCOULIS

EEN COULIS VAN VERS FRUIT SMAAKT HEMELS BIJ ALLERLEI DESSERTS EN VERANDERT IJS, CREME FRAICHE OF YOGHURT IN IETS SPECIAALS. DE ZOETE EN VERRUKKELIJKE SMAKEN VAN AARDBEI EN PASSIEVRUCHT ZORGEN VOOR EEN PERFECTE SAUS VOOR IJSCOUPES OF YOGHURTIJS.

VOOR 4 PERSONEN

INGREDIËNTEN
- 175 g aardbeien, zonder groen en gehalveerd
- 1 passievrucht
- 2 tl poedersuiker (eventueel)

Om te serveren
- 175 g aardbeien, zonder groen en gehalveerd
- 2 rijpe perziken, ontpit en in stukken
- 8 bolletjes (zo'n 350 g) vanille- of aardbeienyoghurtijs

1 Pureer de aardbeien in een keukenmachine. Schep het passievruchtenpulp los en voeg het bij de coulis. Zoet zo nodig bij met poedersuiker.

2 Schep de helft van de aardbeien en de stukken perzik in vier ijscoupes.

3 Doe er een bol yoghurtijs bij. Bewaar wat fruit als decoratie en gebruik de rest voor een tweede laag in de coupe. Top af met nog een bolletje yoghurtijs.

4 Giet de aardbeien-passievruchtencoulis erover en decoreer met wat bewaarde aardbei en perzik. Meteen serveren.

VARIANT

U kunt van elke bosvrucht een coulis maken, met of zonder passievrucht. Met name frambozen zijn geschikt omdat ze een delicate en zoete smaak hebben.

KOOKTIP

Verse zomeraardbeien hebben meestal geen suiker nodig, maar sommige soorten wel. Proef de coulis dus voordat u suiker toevoegt.

Energie 126 kcal; eiwit 4,8 g; koolhydraten 26,6 g (waarvan 26,6 g suikers); vet 0,8 g (waarvan 0,4 g verzadigd); cholesterol 4 mg; calcium 150 mg; vezels 1,7 g; natrium 63 mg.

SAFFRAANBROODSPIESEN

Deze zogenoemde dampers zijn vooral erg populair in Australie. Het is leuk om ze te bakken bij een lange, luie strandbarbecue. Het is gebruikelijk om ze te bakken in de sintels van het vuur, maar rozemarijnspiesen zijn een stijlvol alternatief.

VOOR 8 PERSONEN

INGREDIËNTEN

- 24 rozemarijntakken of houten prikkers (of 12 van elk)
- 500 g bloem
- 1½ tl bakpoeder
- 250 g boter, plus 2 el extra
- 2 el verse rozemarijn, gehakt, plus extra takje
- flinke pluk saffraandraadjes, in 15 ml kokend water
- 175 ml melk
- zout

1 Leg de rozemarijntakken of houten prikkers 30 minuten in koud water. Zeef bloem, bakpoeder en zout boven een ruime kom. Wrijf er 200 g boter door tot het mengsel oogt als fijn broodkruim en doe er dan de gehakte rozemarijn bij.

2 Zeef het saffraanwater bij de melk en doe deze in één keer bij het bloemmengsel. Meng met uw handen en kneed het deeg glad en elastisch. Smelt de rest van de boter en roer om met het takje rozemarijn om hem smaak te geven.

3 Steek de barbecue aan. Giet de takken of spiesen af. Verdeel het deeg in 24 gelijke stukken en kneed ze rond de takken of spiesen.

4 Plaats een licht ingevet rooster boven de kolen. Gril het deeg 5 minuten op halfhoog-hoog vuur en draai regelmatig, tot het gaar en goudbruin is. Bestrijk nu en dan met het in boter gedrenkte takje rozemarijn en serveer het saffraanbrood warm.

KOOKTIP

Als u soep maakt in de buitenlucht, kunt u deze broodjes daar geweldig in dopen.

Energie 456 kcal; eiwit 6,8 g; koolhydraten 49,8 g (waarvan 2,2 g suikers); vet 26,9 g (waarvan 16,6 g verzadigd); cholesterol 68 mg; calcium 119 mg; vezels 1,9 g; natrium 201 mg.

SESAMBOLLETJES

STOP U ZELFGEMAAKTE BURGERS IN EEN TRADITIONEEL ZACHT SESAMBOLLETJE. ZACHTE RONDE BROODJES WERKEN VAN OUDSHER BETER MET VLEES- OF GROENTEBURGERS, HOUDEN MAKKELIJKER VAST EN ZIJN MAKKELIJKER TE ETEN DAN EEN KNAPPERIG LANG BROODJE. VOEG ALLEEN NOG SAUS TOE!

VOOR 6 STUKS

INGREDIËNTEN

- 500 g patentbloem
- 1½ tl zout
- 25 g boter, zacht
- 10 g gedroogde gist
- 1 el suiker
- 150 ml lauwe melk
- ongeveer 150 ml lauw water
- 2 tl sesamzaad

1 Zeef bloem en zout boven een kom en wrijf met uw vingertoppen de boter erdoor. Voeg gist en suiker toe en meng goed. Maak een kuiltje in het midden en giet er melk en water in. Roer het vocht vanuit het midden door de bloem tot een soepel deeg.

2 Kneed het deeg 10 minuten op een licht bebloemd aanrecht, leg het in een schone kom en dek af met licht ingevet plastic folie. Laat op een warme plek rijzen tot twee keer de omvang (ongeveer 1 uur).

3 Sla de lucht uit het deeg en verdeel het in zes gelijke stukken. Maar er rondjes van en leg ze op een ingevette bakplaat. Dek af met licht ingevet plastic folie en laat 1 uur rijzen tot dubbele omvang.

4 Verwarm de oven intussen voor op 220 °C. Bestrijk de broodjes met wat melk en bestrooi met sesamzaad. Bak 15-20 minuten, tot ze goudbruin zijn. Laat afkoelen op een rooster.

VARIANT

Vervang bij gebruik van een broodmachine melk en water door 300 milliliter water en 2 eetlepels melkpoeder. Doe de ingrediënten in de volgorde van de gebruiksaanwijzing in de machine. Stel hem in op basisdeeg, verdeel het deeg in broodjes en ga verder als boven.

Energie 352 kcal; eiwit 9,2 g; koolhydraten 68,6 g (waarvan 5,1 g suikers); vet 6,4 g (waarvan 2,8 g verzadigd); cholesterol 10 mg; calcium 166 mg; vezels 2,8 g; natrium 39 mg.

MAISTORTILLA'S

DEZE HEERLIJKE EN VEELZIJDIGE MEXICAANSE SPECIALITEIT IS SNEL KLAAR. GRIL ZE OP DE BARBECUE EN NEEM EEN SCHONE THEEDOEK OM DE STAPEL WARM TE HOUDEN.

VOOR ONGEVEER 14 STUKS

INGREDIËNTEN
- 275 g masa harina
- 250-350 ml water

KOOKTIPS

• Bij het maken van tortilla's is de deegtextuur erg belangrijk. Als het te droog en kruimelig is, voeg dan water toe; als het te nat is wat extra masa harina. Als u de bal niet meteen in een mooie platte ronde krijgt, rol hem opnieuw uit en probeer het opnieuw.

• Deze tortilla's kunt u ook in de oven bakken op 150 °C.

1 Steek de barbecue aan. Doe de masa harina in een kom en roer er 250 milliliter water door. Meng tot een soepel deeg. Voeg wat extra water toe als het te droog is. Dek de kom af met een doek en zet 15 minuten weg.

2 Kneed het deeg lichtjes, verdeel het in 14 stukken en rol er balletjes van.

3 Rol elke bal tussen twee vellen plasticfolie met een deegrol uit tot een cirkel van 15 centimeter doorsnee.

4 Zet een grillpan boven de kolen en gril de eerste tortilla 1 minuut. Draai om en bak nog 1 minuut. Wikkel in een schone theedoek en houd warm. Herhaal met de overige tortilla's.

KOOKTIP

In plaats van een deegrol kunt u ook een tortillapers gebruiken. Open hem en bekleed beide kanten met plastic folie. Maak balletjes van het deeg, leg een balletje in de pers en sluit de pers om er een mooi rondje van te maken. Open de pers, verwijder het bovenste folie en til met het onderste vel folie de tortilla uit de pers. Pel deze laag plastic af en herhaal met de rest van de deegballetjes.

Energie 72 kcal; eiwit 1,9 g; koolhydraten 14,4 g (waarvan 0 g suikers); vet 0,7 g (waarvan 0 g verzadigd); cholesterol 0 mg; calcium 1 mg; vezels 0,4 g; natrium 0 mg.

TARWETORTILLA'S

ZELFGEMAAKTE TORTILLA'S ZIJN ERG LEKKER ALS ZE ZIJN GEVULD MET GEBARBECUEDE GROENTEN EN DUNGESNEDEN KIP OF VLEES. U KUNT ZE VAN TEVOREN MAKEN EN LATER OPWARMEN.

VOOR ONGEVEER 14 STUKS

INGREDIËNTEN
- 225 g bloem
- 1tl zout
- 1 el reuzel of ossenwit
- 120 ml water

1 Zeef bloem en zout boven een ruime kom. Wrijf er geleidelijk reuzel of ossenwit door met uw vingertoppen, tot het mengsel op grof broodkruim lijkt.

2 Voeg geleidelijk water toe en meng tot een soepel deeg. Kneed lichtjes, maak tot een bal, dek af met een doek en laat 15 minuten rusten. Steek de barbecue aan.

3 Verdeel het deeg in zo'n 14 porties en maak er balletjes van. Rol deze één voor één uit op een licht bebloemd aanrecht tot cirkels van 15 centimeter doorsnee. Snijd eventueel de randjes bij.

4 Verhit een platte grillpan op halfhoog vuur. Bak de tortilla's 1½-2 minuten aan elke kant. Draai om met een pannenkoekmes of metalen spatel als de onderkant bruin wordt. Wikkel in een theedoek en houd warm tot serveren.

KOOKTIPS
- Maak tarwetortilla's als u lastig aan masa harina kunt komen. Om ze zacht en plooibaar te houden, moet u ze tot het serveren warm houden en dan zo snel mogelijk eten.
- Deze tortilla's kunt u ook bakken in een oven van 150 °C.

Energie 64 kcal; eiwit 1,5 g; koolhydraten 12,5 g (waarvan 0,2 g suikers); vet 1,3 g (waarvan 0,5 g verzadigd); cholesterol 1 mg; calcium 23 mg; vezels 0,5 g; natrium 141 mg.

PITABROOD

ALS U BIJ EEN ONTSPANNEN BARBECUE TOCH DE VINGERS REDELIJK SCHOON WILT HOUDEN, GAAT ER NIETS BOVEN PITABROODJES ALS VERPAKKING VOOR ALLERLEI VOEDSEL. U KUNT HET DEEG VAN TEVOREN MAKEN EN HET AFBAKKEN IN EEN ZWARE PAN OP DE BARBECUE.

5 Steek de barbecue aan. Verhit een zware pan op halfhoog-hoog vuur. Als hij begint te roken, legt u er een stukje plat deeg in. Bak 15-20 seconden. Draai voorzichtig om en bak de andere kant ongeveer 1 minuut.

6 Als er grote bellen ontstaan op het brood, draait u het weer om. Het moet opzwellen. Duw met een schone theedoek zachtjes op de plek waar de bellen zijn ontstaan. Bak in totaal 3 minuten en neem dan uit de pan. Herhaal met het overige deeg.

7 Stapel de pitabroodjes op en wikkel ze in een schone doek. Serveer de broodjes warm, als ze nog zacht en vochtig zijn.

VOOR 12 STUKS

INGREDIENTEN

- 500 g patentbloem, of half bloem en half volkorenmeel
- 7 g gedroogde gist
- 1 el zout
- 1 el olijfolie
- 250 ml water

1 Meng bloem, gist en zout. Meng in een ruime kom olie en water en roer er dan de helft van het bloemmengsel door. Roer in één richting, tot het deeg stijf is. Kneed de rest van het mengsel erdoor.

2 Doe het deeg in een schone kom, dek af met een schone theedoek en laat minstens 30 minuten en maximaal 2 uur rijzen op een warme plek.

3 Kneed het deeg 10 minuten, of tot het soepel is. Vet de kom licht in, dek weer af en laat ongeveer 1 uur rijzen op een warme plek, tot het in omvang is verdubbeld.

4 Verdeel het deeg in twaalf gelijke porties. Maak elke portie met licht bebloemde handen plat en rol hem uit tot een rondje met een diameter van 20 centimeter. Houd de uitgerolde broodjes bedekt met een theedoek terwijl u de rest maakt.

VARIANT

Om ze in de oven te bakken, verwarmt u de oven voor op 220 °C. Zet een ongeglazuurde of deels geglazuurde schaal met heet water op de bodem van de oven. Of leg een handvol ongeglazuurde tegels op de bodem van de oven. Gebruik bakpapier of een licht ingevette bakplaat en verhit die een paar minuten in de oven. Leg twee of drie stukken deeg op de hete bakplaat en schuif in het heetste deel van de oven. Bak 2-3 minuten. Ze moeten opzwellen. Herhaal met de rest van het deeg, tot alle pita's zijn gebakken.

Energie 150 kcal; eiwit 3,9 g; koolhydraten 32,4 g (waarvan 0,6 g suikers); vet 1,5 g (waarvan 0,2 g verzadigd); cholesterol 0 mg; calcium 59 mg; vezels 1,3 g; natrium 493 mg.

Ciabatta

Het erg natte deeg voor ciabatta-brood resulteert in een licht en luchtig kruim. Het is een van de populairste broodsoorten en ook heerlijk zelf te maken. Het kan als maaltijdbegeleider dienen of, in plakjes, worden belegd met allerlei heerlijks en worden gegrild.

VOOR 3 BRODEN

INGREDIENTEN

Voor het startdeeg
- 7 g verse gist
- 175-200 ml lauw water
- 350 g patentbloem, plus extra om te bestuiven

Voor het deeg
- 15 g verse gist
- 400 ml lauw water 60 ml lauwe melk
- 500 g patentbloem
- 2 tl zout
- 3 el extra vergine olijfolie

1 Maak de gist voor het startdeeg los in wat water. Zeef de bloem boven een ruime kom. Werk er geleidelijk het gistmengsel door en genoeg van het resterende water om een stevig deeg te vormen.

2 Leg het startdeeg op een licht bebloemd aanrecht en kneed het in 5 minuten soepel en elastisch. Doe het weer in de kom, dek af met licht ingevet plastic folie en laat 12-15 uur op een warme plek staan, of tot het zover is gerezen dat het begint in te storten.

3 Bestuif drie bakplaten met bloem. Meng de gist voor het deeg met wat water tot hij romig is en voeg dan de rest van het water toe. Doe dit mengsel bij het startdeeg en meng het er geleidelijk door.

4 Meng er de melk door en klop grondig met een houten lepel. Meng er met de hand geleidelijk bloem door; til het deeg daarbij steeds op. Het mengen kost 15 minuten of meer en er ontstaat een nogal nat mengsel, dat onmogelijk te kneden is op een aanrecht.

5 Klop er zout en olijfolie door. Dek af met licht ingevet plastic folie en laat 1½-2 uur rijzen op een warme plek, tot de omvang is verdubbeld.

6 Schep met een lepel voorzichtig telkens een derde van het deeg op de bakplaten, zonder daarbij de lucht eruit te kloppen.

7 Maak er met bebloemde handen langwerpige broden van, van ongeveer 2½ centimeter dik. Druk met gespreide vingers wat platter. Bestuif met bloem en laat 30 minuten rijzen op een warme plek.

8 Verwarm de oven intussen voor op 220 °C. Bak 25-30 minuten, tot het goudbruin is en hol klinkt als u op de bodem klopt. Laat afkoelen op een rooster.

Energie 1074 kcal; eiwit 27,3 g; koolhydraten 221,1 g (waarvan 5,2 g suikers); vet 15 g (waarvan 2,4 g verzadigd); cholesterol 1 mg; calcium 421 mg; vezels 8,8 g; natrium 1327 mg.

KNOFLOOK-KRUIDENBROOD

DIT ONWEERSTAANBARE KNOFLOOKBROOD BEVAT VOLOP GEMENGDE VERSE KRUIDEN. U KUNT DE SMAAK OOK WIJZIGEN EN ANDERE KRUIDEN GEBRUIKEN. MAAK HET VAN TEVOREN EN WARM HET IN DE OVEN OF OP HET ROOSTER OP ALS U HET NODIG HEBT.

VOOR 3-4 PERSONEN

INGREDIËNTEN
- 1 baguette of ander stokbrood

Voor de knoflook-kruidenboter
- 120 g boter
- 5-6 grote tenen knoflook, fijngehakt
- 2-3 el verse kruiden (zoals peterselie, kervel en dragon), gehakt
- 1 el verse bieslook, gehakt
- grof zout en vers gemalen zwarte peper

1 Verwarm de oven voor op 200 °C. Maak de knoflook-kruidenboter door de boter te kloppen met knoflook, kruiden, zout en peper.

VARIANTEN
- Gebruik 100 milliliter extra vergine olijfolie in plaats van boter
- Kruid de boter met knoflook, wat gehakte rode peper, geraspte limoenschil en gehakte verse koriander.
- Voeg gehakte, ontpitte olijven of gedroogde tomaat bij de boter, en wat citroenrasp.

2 Snijd in 1 centimeter dikke plakken maar laat deze aan de onderkant nog wel aan elkaar zitten, zodat het brood intact blijft.

3 Smeer de knoflook-kruidenboter gelijkmatig en voorzichtig tussen de plakken, zodat ze niet losbreken en smeer eventueel resterende boter over de bovenkant.

4 Verpak het brood in aluminiumfolie en bak het 20-25 minuten in de oven, tot de boter is gesmolten en de korst krokant en goudbruin is. Snijd in plakken en serveer.

KOOKTIP
Dit brood past uitstekend bij de barbecue. Leg het brood, als u de ruimte hebt, op het rooster van de barbecue en bak het even lang als in de oven. Draai een paar keer om zodat het gelijkmatig bakt.

Energie 920 kcal; eiwit 22,1 g; koolhydraten 135,1 g (waarvan 7,2 g suikers); vet 36,2 g (waarvan 20,8 g verzadigd); cholesterol 82 mg; calcium 317 mg; vezels 6,3 g; natrium 1714 mg.

UIEN-ROZEMARIJNBROOD

EEN VERRUKKELIJK ITALIAANS BROOD, MET EEN TOPPING VAN ROZEMARIJN EN RODE UI, VOOR BIJ UW BARBECUEFESTIJN. U KUNT HET SERVEREN MET EEN SALADE VAN TOMAAT, BASILICUM EN MOZZARELLA ALS SNEL EN SIMPEL VOORGERECHT TERWIJL U WACHT TOT DE KOLEN HEET GENOEG ZIJN OM TE BARBECUEËN.

VOOR 4-5 PERSONEN

INGREDIËNTEN

- 450 g patentbloem, plus extra om te bestuiven
- 1 tl zout
- 7 g verse gist of 4 g gedroogde gist
- ½ tl lichtbruine basterdsuiker
- 250 ml lauw water
- 60 ml extra vergine olijfolie, plus extra om in te vetten
- 1 tl zeer fijn gehakte verse rozemarijn, plus 6-8 takjes
- 1 rode ui, dun gesneden
- grof zout

1 Zeef bloem en zout boven een kom. Zet weg. Prak de verse gist met de suiker en roer er geleidelijk de helft van het water door. Roer bij droge gist de suiker door het water en strooi de gist erover.

2 Zet de gist 10 minuten op een warme, maar niet hete plek, tot hij schuimt.

3 Voeg gist, resterend water, 1 eetlepel olie en de gehakte rozemarijn bij de bloem. Meng alles tot een deegbal en kneed deze 5 minuten door op een bebloemd aanrecht, tot hij glad en elastisch is. Voeg eventueel wat extra bloem toe als het erg plakkerig is.

4 Leg het deeg in een licht ingevette kom, dek af met plastic folie en laat rijzen. De duur hangt af van de temperatuur: een hele dag op een koele plek, een nacht in de koelkast, of 1-2 uur op een warme, niet hete plek.

5 Vet een bakplaat licht in met olie. Kneed het deeg tot een plat brood rond of een vierkant van ongeveer 30 centimeter. Leg op de bakplaat, bedek met ingevet plastic folie en laat opnieuw 40-60 minuten rijzen op een warme plek.

6 Verwarm de oven voor op 220 °C. Maak met uw vingers deukjes in het brood, Schep de ui om in 1 eetlepel olie en strooi met de takjes rozemarijn en wat grof zout over het brood. Bak in 15-20 minuten goudbruin. Serveer het meteen of laat het brood wat afkoelen op de bakplaat en serveer het warm.

Energie 496 kcal; eiwit 11 g; koolhydraten 90,4 g (waarvan 3,8 g suikers); vet 12,5 g (waarvan 1,8 g verzadigd); cholesterol 0 mg; calcium 167 mg; vezels 4 g; natrium 496 mg.

REGISTER